理论经济学本科系列教材

LILUN

JINGJIXUE

国家重点学科、国家精品课程教材

微观经济学

（第四版）

WEIGUAN JINGJIXUE

主　编　吴开超　史继刚

西南财经大学出版社

中国·成都

图书在版编目（CIP）数据

微观经济学 / 吴开超,史继刚主编.—4 版.—成都:西南财经大学出版社,2022.12
ISBN 978-7-5504-5665-5

Ⅰ.①微… Ⅱ.①吴…②史… Ⅲ.①微观经济学 Ⅳ.①F016

中国版本图书馆 CIP 数据核字(2022)第 224907 号

微观经济学(第四版)

主编:吴开超　史继刚

责任编辑:杨婧颖
责任校对:雷　静
封面设计:张姗姗
责任印制:朱曼丽

出版发行	西南财经大学出版社(四川省成都市光华村街 55 号)
网　　址	http://cbs.swufe.edu.cn
电子邮件	bookcj@ swufe.edu.cn
邮政编码	610074
电　　话	028-87353785
照　　排	四川胜翔数码印务设计有限公司
印　　刷	郫县犀浦印刷厂
成品尺寸	185mm×260mm
印　　张	16.75
字　　数	377 千字
版　　次	2022 年 12 月第 4 版
印　　次	2022 年 12 月第 1 次印刷
印　　数	1— 2000 册
书　　号	ISBN 978-7-5504-5665-5
定　　价	42.80 元

序

随着我国市场化改革的推进和发展，以及对西方国家经济学理论的不断引进，我国传统的经济学理论也在不断发展。各种流派的经济学思想日新月异，并在我国经济改革中激烈碰撞，使得我国的经济学教育面临进一步普及和进一步深化的双重使命。为此，在我国的高等教育中必须实行经济学的教学改革。

本教材主要适用于经济管理类的高年级本科生和低年级研究生，定位在初级微观经济学和中级微观经济学之间。根据我们的理解，我们进行了多方面的尝试，也形成了本教材的主要特色。

第一，体现了明显的逻辑性和对称性。全书共分为18章69节，这些篇章节体现了这样的逻辑：从研究竞争家庭、竞争厂商到研究竞争市场，从研究完全竞争市场到考察非完全竞争市场，从透视产品市场到触摸要素市场，从分析经济效率到关注分配公平的逻辑。在结构安排中，读者不仅能够发现如第四章与第五章、第六章与第七章之间有严格的外在对称性，还能在许多章节中发现"经济现象—效率评价—治理对策"这样的内在对称性。

第二，突出经济学思维和方法的培养。经济学思维的核心就是用利益驱动来解释人和组织的行为。首先，在非常抽象和极端不现实的假设条件下建立一个基本经济模型，然后，根据实际情况一步一步放宽假设条件来逐渐接近真实的世界，这就是经济学的基本方法。本教材在前三章专门介绍了微观经济学的基础假设、研究方法，第四至二十章则具体地体现了经济学思维和方法。实际上，"完全竞争模型"是经济学理论体系中在严格假设条件下建立的一个理论模型。它既是经济学家分析现实世界的起点模型，又是经济学家改造现实世界的理想模版。在完全竞争模型的基础上，逐渐放宽竞争模型中或明或暗的假设，可分析现实世界中的完全垄断市场、寡头垄断市场、垄断竞争市场、外部性、公共物品、公共资源、不对称信息、要素市场和公平问题。

第三，具有适度的层次性和差异性。通常情况下，经济学在内容难度上有初级、中级和高级之分。初级经济学大量采用文字和图表，高级经济学基本运用数理函数，而中级经济学的表达方式则介于初级和高级之间。在难度系数和表达方式上，国内外流行的教材都过度强调一致性，缺乏一定的层次和差异。根据经济管理类本科生的数学知识和培养要求，本教材尝试在基本竞争模型、外部性、公共物品、不对称信息和要素市场等部分主要采用文字和图形来表达，而在完全垄断、寡头垄断、垄断竞争、不确定性的选择等部分更多地采用数学函数来表达经济关系。我们期待通过这样的努力，既让学生逐渐熟悉经济学的数学语言，又使他们了解数学知识中的经济学原理，从而搭建更有效的交流平台。

2007年8月，本教材出版了第一版，2014年8月，本教材出版了第二版。本教材第二版发行两年之后，2017年出版第三版。第三版出版之后，受到了出版界、同行和读者的广泛关注。他们肯定了本教材在结构上"突出经济学思维和方法的培养"，在内容难度上"体现适度的层次性和差异性"的探索和创新；同时，他们也在语言、图表、标点符号和内容等方面提出了很好的意见和建议。为此，本教材第四版基本保持了原有的整体结构和特色，增加了部分新的理论，并运用理论对政策进行了分析，还对局部内容进行了调整，使全书的结构更加紧凑合理，语言表达更加通顺，图形更加美观。本教材第四版由吴开超执笔完成第一、二、三、四、五、六、七、八、九章的修改，史继刚执笔完成第十、十一、十二、十三、十四、十五、十六、十七、十八章的修改。

在本教材的写作和修改过程中，我们参阅了国内外大量的经济学专著、教材和论文，吸收了经济学学界同仁的丰富成果，在此对他们表示衷心的感谢！当然，书中疏漏和不足之处在所难免，我们也殷切期待得到各位同仁的帮助、批评、赐教，以便我们改正、提高。

在本教材的出版和再版过程中，得到了许许多多人的关心和帮助。西南财经大学教务处和西南财经大学经济学院提供了经费上的支持，冯卫东教授从本教材的修订再版规划、立项到出版都给予了有益的指导和极大的帮助，西南财经大学出版社的编辑杨婧颖、王艳、金欣蕾也为本教材修订再版付出了大量的时间和精力，我们在此一并致谢。

编　者
2022年7月于柳林

目　录

3

第一章
微观经济学的研究对象

- -

第一节　市场活动的现象和事实

图 1.1 是我们绘制的市场活动循环图，它几乎涵盖了经济学所要研究的全部问题，说明了市场经济中的市场主体、市场空间、市场活动。

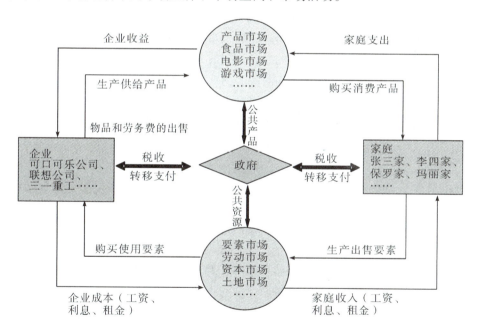

图 1.1　市场活动循环

一、家庭、企业和政府

家庭（family，household，purchasers）由同居一家的所有人组成。由于经济学研究家庭的行为集中在研究它的市场消费行为，因此很多时候我们说的家庭实际上说的是消费者（consumer）。家庭或者消费者是生产要素的最终所有者，通过向要素市场提供劳动、资本和土地获得工资、利息和租金。这些要素价格构成消费者的收入。

1

消费者拥有的收入就是他的"货币选票"，通过支付相应的价格，在产品市场中购买所需要的食品、服装、理发等产品和服务，以满足自己的各种需要。当然，消费者还要与政府发生关系：一方面，消费者要向政府缴纳社会保障税和个人所得税，以获得政府提供的公共产品和服务；另一方面，政府还要对消费者进行福利开支等转移支付。

企业（company，businesses，producers）是生产某种产品或提供某些服务的组织。大多数企业生产产品或提供服务是为了营利，但同时也存在非营利性企业，比如大学和一些医院。就企业而言，它是产品和服务的生产者和所有者，通过向产品市场提供消费者所需要的食品、服装、理发等产品和服务获得相应的收益。企业拥有的收入成为它的"货币选票"。企业运用这些选票在要素市场上购买其进行生产所必需的劳动、资本、土地等要素；同时，向消费者支付工资、利息、租金等。当然，厂商也要与政府发生关系：一方面，企业要向政府缴纳间接税（关税、营业税、消费税等）、社会保障税和企业所得税，以获得政府提供的公共产品和服务；另一方面，政府也要对企业进行福利开支等转移支付。

政府（government）是国家公共行政权力的象征体、承载体和实际行为体。政府发布的行政命令，以及行政决策、法规、司法、裁决、惩处、监察等，都应遵循宪法和有关法律的原则和精神，对其规定的所有适用对象产生效力。消费者和企业仅仅是市场活动的参与者，而政府的角色则是多重的。作为市场活动的参与者，政府在产品市场上，既提供公共物品和服务，又通过政府购买的形式购买产品和服务；在要素市场上，既提供公共资源，同时又要雇佣要素。作为经济活动的调控者，政府还通过财政、货币政策和产业政策来引导经济运行，以弥补市场的失灵。

二、产品市场和要素市场

无论家庭、企业还是政府，经济活动都是在产品市场或要素市场中进行的，因此产品市场和要素市场是各个市场主体的基本活动空间。

产品（product）包括有形产品和无形产品。有形产品，如书籍、计算机或DVD播放器；无形产品就是服务，是为他人进行的活动，如给人理发或提供投资咨询。在产品和服务市场上，家庭购买产品和服务，并支付相应的产品和服务的价格，企业生产和供给产品和服务，当然应得到相应的收入。

生产要素（factors of production）包括劳动力、资本、土地和企业家才能。在要素市场上，家庭向企业提供生产要素，获得相应的要素报酬，这构成家庭的收入。企业向家庭购买生产要素，并支付相应的要素价格，这构成企业的生产成本。

土地（land）又称自然资源，指的是生产过程中大自然所赋予的礼物。土地包括农业、住房、工厂和道路等所使用的土地；给汽车加油或给房屋供暖的能源；还有诸如铜、铁矿石和沙等非能源资源。在今天这个拥挤的世界，我们必须把清新的空气和适合饮用的水等环境资源也视为一种自然资源。

劳动（labour）是指人们花费在生产过程中的时间和精力。比如，在汽车制造厂上班，在土地上耕种，在学校里教学，或者制作点心等。在各种技术水平层面，千百万种工作和任务都是由劳动完成的。对于一个发达的工业化国家来说，劳动曾一度是最熟悉和最重要的生产要素。

资本（capital）是指人们在生产过程中使用的过去所生产的物品。比如，厂房、机器、办公楼、计算机、铁锤、汽车、洗衣机、建筑物等。这些产品不直接进入消费领域，而是被投入生产中去，因而被称为资本品。资本主要是通过储蓄转化为投资形成的。如果人们愿意节制眼前的消费以备未来消费，就会形成储蓄，储蓄可以通过投资建厂直接转化成为资本，也可以通过购买金融资产等间接形成资本。如果一个国家有强大的资本形成能力，它就具备社会生产增长的重要推动力。

企业家才能（entrepreneurial talent）是指企业家综合组织和管理劳动、资本和土地等生产要素的能力。在厂商中，劳动资本和土地等要素是分散存在的，而生产是各种生产要素组合配合的过程，企业家就是要把它们有机结合起来。在厂商中，企业家是一个群体、一个阶层，比如，企业的高管层。正是他们的作用，使得企业的生产正常进行。

第二节　经济选择与机会成本

一、资源稀缺性

我们把土地、劳动、资本和企业家才能等生产要素看成经济资源，却不把阳光、雨水和空气等生产要素看成经济资源，是因为经济资源具有稀缺性，阳光、雨水和空气不具有稀缺性。简单地说，资源的稀缺性就是人们对资源的欲望超过了人们可以得到的资源。

欲望是指人们那种缺乏的感觉和求得满足的愿望，它是不足之感与求足之愿的统一体。在自然和社会生活中，饥饿、干渴、寒冷、疲劳、恐惧等都可以是人们的不足之感。比如，饥饿是源于食品匮乏；干渴是源于饮水短缺；寒冷是源于衣衫单薄；疲劳是源于休息不够；恐惧是源于安全保障不足。在产生不足之感的同时，人们也会生成求足之愿。比如，他们可能要求用面包充饥、用可乐解渴、用皮衣御寒、用休息消除疲劳，他们也可能以保险和保安来消除恐惧。在现实生活中，人们缺乏的感觉是丰富多彩的，求得满足的愿望也是多种多样的，这构成了人们吃、喝、玩、乐等千姿百态的欲望。

按照美国著名心理学家马斯洛的划分，人的多种欲望可以被分为生理需要、安全需要、社交需要、尊重需要和自我实现需要五个层次。尽管在一定的时间和地点，人们的某种欲望会逐渐得到满足，其相应的不足之感和求足之愿会逐渐减弱；但是，从根本上讲，当人们的某种欲望得到一定程度的满足之后，其又会产生新的欲望，即人们的欲望永远也不能得到完全的满足，人的欲望是无限的。比如，当人们的吃、喝、玩、乐等生理需要得到满足之后，人们就会产生安全需要；当这些低层次的需要得到满足之后，又会产生社交、尊重和自我实现等更高层次的需要。

"终日奔波只为饥，方才一饱便思衣；衣食两般皆俱足，又想娇容美貌妻；娶

3

得美妻生下子，恨无田地少根基；买到田园多广阔，出入无船少马骑；槽头扣了骡和马，叹无官职被人欺；县丞主簿还嫌小，又要朝中挂紫衣；做了皇帝求仙术，更想登天跨鹤飞；若要世人心里足，除非南柯一梦西。"清代闲书《解人颐》的这一首打油诗，形象地说明了人的欲望的无限性。人类正是为了满足自己不断产生、永无止境的欲望而劳作。欲望的无限性是推动社会前进的巨大动力。

人的欲望需要用资源、产品和服务来满足，且最终还是需要用经济资源来满足。但世界上能够用来满足人们需要的经济资源是有限的，使用这些资源生产的每一种物品都有一个有限的最大数量，远远少于人们的无限欲望对经济资源的需要。

如果把所有的需要加总起来，你立刻就会发现现有的物品和服务根本就无法满足每个人消费欲望的很小的一部分！且不说在非洲、亚洲和南美洲还有十亿左右的人口每天只靠不到 1 美元的收入生活，即使是美国这个世界上公认的富足之国，实事求是的观察家都不会否认，尽管经历了两个世纪的经济增长，美国的生产能力还是不能完全满足每个人的欲望，其国民产出还必须扩大很多很多倍，才有可能使普通的美国人都能达到医生和棒球手那样高的生活水准。有调查表明，只有 38% 的美国人认为自己拥有了他们想要的 "绝大部分东西"，还有 21% 的美国人认为自己只拥有了他们想要的 "一些和非常少的东西"。

没有稀缺性的社会是不存在的。我们不妨设想，如果社会能够无限量地生产出各种各样的商品和服务，或者人们的欲望能够得到完全满足，那么，会产生什么样的后果呢？当人们拥有了自己想拥有的一切东西，家庭自然不用担心花光有限的钱，企业再也不必为劳动成本、医疗保健问题犯愁，政府则不用再为税收、支付和环境污染等问题而大伤脑筋，因为谁都不会在乎这些问题。此外，既然我们每一个人都能随心所欲地得到自己想要的东西，也就没有人去关心不同国家之间的贫富差距，在意不同人之间的收入分配是否公平，同样也不用关心失业、通货膨胀和经济停滞了。

在一个没有稀缺性的世界里，所有的物品都可以免费得到，所有的价格都变成了 "零"，所有的物品仿佛沙漠中的沙子和大海的海水一般，只要你不愿意付钱，你就可以不付钱。然而，任何现实社会都绝不是那种拥有无限可能性的乌托邦，而是一个充满着稀缺的世界。稀缺性决定了每一种经济资源都有一个大于零的价格。房地产开发商要得到土地，就得支付土地的价格——地租；老板要雇用员工，就得支付劳动的价格——工资；商人要获得资本，就必须支付资本的价格——利息；企业要聘请职业经理人，还要支付企业家才能的价格——利润。

二、经济选择

由于可利用的资源是稀缺的，并不是每一个人都能拥有海景别墅和名贵跑车，都能到夏威夷度假，甚至不是每一个人都能拥有最基本的食品和医药；企业可能因为没有足够的资本去购买专利、聘请职业经理人，只能眼睁睁地看着赚大钱的机会从身边溜走；一个国家可能因为没有足够的资源，无法同时提供充足的消费品和军需品。当今世界，许多地方缺粮、缺水、缺电、缺药……在这个资源稀缺的世界里，很多事情并不是想得到就能得到的，我们都受到资源的约束。面对约束，我们不得不选择，而不选择本身也是一种选择。如前所述，经济选择中的生产选择问题（生产什么、怎样生产）和分配选择问题（为谁生产）的实质是效率和公平。

任何产品和服务的生产都离不开土地、劳动、资本和企业家才能，因此每一种经济资源都具有多种用途。经济资源的多种用途取决于它所生产的产品和服务的用途。比如，土地可以用于栽种大豆、小麦和白菜，而这些大豆、小麦和白菜既可能用于农民、教师和经济学专业的学生消费，也可能用作军人的消费；劳动既可以投入时装、银行管理和账务处理等民用事业中去，也可以投入国防事业中去。同样地，资本可以用来生产播种机、收割机、小汽车，供民众生产和生活使用；也可以用来生产导弹、航空母舰、远程轰炸机，供军队使用。

资源的用途的多样性，意味着不同的资源之间可以替代。也就是说，土地、劳动、资本和企业家才能等资源是能够相互替代的。比如，在中国，许多企业用劳动替代资本；在美国和日本，许多企业用资本替代劳动。各种生产要素之间的替代程度受许多因素的影响，尤其是要素之间的相对价格。一般而言，人们总是用相对低廉的资源来替代相对昂贵的资源。劳动成本高的国家，比如美国、日本等，通常大量使用资本要素，从而存在大量的资本密集型产业；而劳动成本低的国家，比如中国、印度等，则大量使用劳动资源，从而存在大量的劳动密集型产业。当然，各种要素之间通常不是完全替代的，因为我们不能只使用一种生产要素就生产出产品和服务来。

经济资源的稀缺性使人们必须选择，经济资源的多用性又让人们可以选择，这就是我们所面临的经济选择。无论是下意识的选择，还是有意识的选择，每一个人每时每刻都面临选择，而且也都在进行选择。厂商的要素投入选择、产出选择、定价选择、广告选择和营销选择，消费者的购买选择、劳动–闲暇选择和消费–储蓄选择，以及政府的政策选择都可能是微观经济学中典型的经济选择。

三、机会成本

一般说来，每一种稀缺资源都具有两种或者两种以上的用途，而且每一种用途的生产率都不一样。所以，当人们在某种用途上使用一定数量的资源，就不能同时在其他用途上使用这些资源，因而就会失去其他用途可能为自己带来的利益。机会成本就是你为得到某种东西而放弃的另一些东西的最大价值。

如果资源可以用于两种以上的用途，当你选择了某种用途，就必然会失去其他用途，而且在所失去的那些用途中，有的用途带来的利益可能大一些，有的可能小一些。那么，机会成本又该如何衡量呢？在经济学中，我们以所放弃的用途中的最佳用途的利益作为其机会成本，而不能以其他任何一种用途的利益作为其机会成本，也不能以所放弃的所有用途的总利益作为机会成本。比如，高中毕业后的四年时间里，你可以在读大学、学修汽车、开发游戏、办公司和写剧本中选择，如果它们的利益分别为 5 万元、3 万元、1 万元、2 万元和 4 万元，那么，你选择读大学的机会成本就是你所失去的写剧本的机会可能带来的 4 万元的好处，而不是以你所失去的学修汽车、开发游戏和办公司的总收益（3万+1万+2万=6万）来衡量。那么，为什么也不能把读大学的机会成本看成是除读大学之外的其他机会的总利益（3万+1万+2万+4万=10万）呢？主要原因在于即便不选择读大学，你也只能选择其他机会中的一种，不可能同时拥有所有机会。

如果资源仅有两种用途，那么，一种用途的机会成本自然就是另一种用途可能带来的利益。比如，如果我们的时间仅可用于劳动和闲暇，那么，劳动的机会成本就是闲暇可能给我们带来的享受，闲暇的机会成本就是劳动可能给我们带来的收入，即劳动的价格——工资。又比如，如果我们的钱仅可用于消费和储蓄；那么，储蓄的机会成本就是消费可能为我们带来的满足，而消费的机会成本就是储蓄可能为我们带来的利益，即储蓄的利息。

四、生产可能性边界

在一定的生产技术条件下，我们投入某个水平的资源，就会得到某个数量的产品。如果生产两种产品，那么投入一定量的资源就可以生产出一系列产品组合。生产可能性边界表示在一定的技术和要素投入下所能生产的两种产品的最大组合点的轨迹。企业运用它的全部资源生产得到的生产可能性边界，就是企业的生产可能性边界曲线。社会运用它的全部资源生产就可以得到社会生产可能性边界曲线。

在图 1.2 中，横轴代表 A 产品的量 X，纵轴代表 B 商品的量 Y，曲线 PP' 就是生产可能性边界曲线。图中，每一个点就代表 X 和 Y 的组合。曲线内的点，比如 g 代表既定资源投入能够生产的产品组合，但是资源没有被充分利用和合理配置。曲线外的点，比如 f，代表既定资源投入不能生产的产品组合。曲线上的点，比如 a、b、c、d、e 点，代表既定数量的资源可生产的最大组合，也就是说如果把资源用来 b 量的 B 产品，那么 A 产品的最大量就只能为 0，或者如果不生产 B 产品，A 产品的量最多为 a。生产可能性边界反映了稀缺性。

生产可能性边界曲线也被称为产品转移曲线。在生产可能性曲线上，一种产品数量的增加是以另一种产品数量的减少为代价的，即只有通过减少一种产品的数量才能增加另一种产品的数量。生产可能性曲线上两种产品的相互转换比率称为边际转换率，用公式表示为

$$\mathrm{MRT}_{x,y} = \frac{\Delta Y}{\Delta X}$$

式中，$\mathrm{MRT}_{x,y}$ 为边际转换率，它表示在技术条件不变、资源充分合理利用时，增加单位 A 产品必须放弃 B 产品数量。按照边际成本的定义，ΔY 是我们生产 ΔX 的边际成本，因为我们用一定资源生产 ΔX，就必须放弃 ΔY。同样的道理，ΔX 也是增加生产 ΔY 的机会成本。因此，生产可能性边界也反映了机会成本。

在图 1.2 中，随着 A 商品的增加，B 商品不断减少，边际转换率是不断增加的。这表明，随着 A 产品的增加，为了多生产一单位 A 产品，我们必须放弃越来越多的 B 产品，也就机会成本是增加的。不断递增的边际转换率，在图中表现为生产可能性曲线的斜率是不断增大的，从而生产可能性曲线凹向原点。

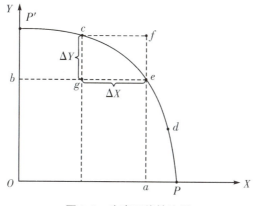

图 1.2　生产可能性边界

第三节　微观经济学研究的问题

一、如何决定数量和价格

虽然家庭、企业和政府的经济活动纷繁复杂，但是归纳起来不外乎关于价格决定、数量决定的两类决策活动。

1. 价格（price）决定是一种最为基本的决策活动

在产品市场上，家庭需要决定自己以什么价格来购买，企业也要决定以什么价格来销售。在要素市场上，家庭要决定自己以多高的价格来提供要素，当然，企业也要决定支付多高的工资、利率、租金和利润。就政府而言，如果购买产品，政府当然也要决定买价，如政府的各种购买支出；如果是提供产品，还要决定卖价，如公共产品的收费和税收；如果是提供要素，自然要决定要素卖价，如国有土地的价格；如果是购买要素，也要支付相应的价格，如公务员的工资等。

2. 除了决定价格，还要决定数量（quantity）

在产品市场上，企业要决定生产哪些产品，每一种产品生产多少？家庭需要决定自己购买哪些产品，每一种产品购买多少？在要素市场上，家庭要决定把多少要素供自己使用，多少要素供市场上的企业使用？比如，家庭要决定如何把一天、一月、一年，甚至一辈子的时间在闲暇、家务劳动和市场劳动之间进行分配，家庭还要决定把自己的收入的多大部分用来消费，多大部分用来储蓄和投资。当然，为了进行生产，企业也要决定购买和使用哪些生产要素，每一种要素购买和使用多少？就政府而言，政府不仅要决定产品和服务的采购量和生产量，还要决定要素的购买量和生产量。

二、如何实现效率与公平

1. 经济效率

资源是稀缺的，因此就一项经济活动而言，最重要的事情就是实现经济效率。

简单地讲，效率就是资源合理配置，也就是不存在资源的浪费。因此，资源的合理配置就是有效率，资源没有合理配置就是没有效率或者缺乏效率。换句话说，如果能以最好的方式来利用有限的资源，最大限度地满足人类的需要，便是有效率。那么，怎么才算以最好的方式来利用稀缺资源呢？经济学中是这样讲的：如果一项经济活动，在不减少一种产品或者服务的情况下，就不可能增加另一种产品或者服务，这项经济活动便是有效率的。关于效率，有技术效率和经济效率之分。

按照这样的标准，如果厂商能够以尽可能少的要素投入量生产出既定的产品量，或者以既定的要素投入量生产出尽可能多的产品量，我们就说厂商在该种产品的生产上具有技术效率。因为在这种条件下，厂商要想多生产其他产品，就必须减少该种产品的生产。假如，在现有技术条件下，投入 5 个单位的生产要素最多可以生产10 个单位的鱼竿和 8 个单位的鱼饵。那么，如果某渔具制造商投入 5 个单位的生产要素，生产出了 10 个单位的鱼竿和 8 个单位的鱼饵，该渔具制造商就是具有生产技术效率的。如果该渔具制造商投入 5 个单位的生产要素，只生产出 8 个单位的鱼竿和 8 个单位的鱼饵，那么，它的生产就没有技术效率，因为它可以在仍然生产 8 个单位鱼饵的同时，把鱼竿的产量从 8 个单位增加到 10 个单位。生产的技术效率反映了一定的生产技术水平，并随着生产技术水平的提高而变化。因此，在现有技术条件下，有效率的生产，可能在技术进步之后就变得没有效率了。

生产技术效率反映的仅仅是生产中投入-产出的技术关系，没有反映投入要素和产品的价格。经济效率就是用来反映涉及价格因素的投入-产出关系的。当厂商以尽可能少的成本生产了既定的产量，或者以既定的成本生产了尽可能多的产量，那么，它的生产就具有经济效率。显然，厂商以最低的单位产品成本进行生产，它的生产就是有经济效率的；否则，生产就是缺乏经济效率的。假如在现有技术和价格条件下，生产两台电视机至少需要投入的劳动和资本的市场成本为 300 元。如果某电视制造商现在生产这样两台电视机的成本刚好等于 300 元，那么，我们可以说该生产商的生产是有经济效率的。原因在于，在这种条件下，要想减少成本耗费，就必须减少电视机的生产；如果仍然生产两台电视机，根本就不可能减少成本支出。与之不同的是，该电视制造商现在生产两台电视机的成本为 500 元，那么，它的生产就缺乏经济效率。这是因为，按照效率原则，它完全可以保持生产两台电视机不变，同时把多的 200 元投入到其他产品生产中去。显然，如果企业能够以既定的成本生产得到最大的收益，或者以最小的成本生产得到既定的收益，从而获得最大的利润，企业的生产就是有经济效率的。

显然，效率问题是和资源的配置直接联系在一起的。对任何经济而言，实现效率就是要解决好生产什么和怎样生产这两大基本经济选择问题。由于经济中没有足够的资源去生产社会想要的所有商品和服务，因而我们必须决定把有限的资源用来生产哪一些商品和服务，以及其中的每一种商品和服务各自应该生产多少。生产什么的问题，实际上就是寻找各种商品的最佳组合问题。比如，我们应该生产面包还是建造住房？如果既要生产面包又要建造住房，那么，面包应该生产多少、住房应该建造多少？我们是建造更多的普通百姓买得起、住得起的住房，还是建造更多的花园别墅？我们应该利用有限的资源生产更多地用于现在消费的商品和服务，还是应该生产较多的资本品，从而让今后有更多的产出和消费？在市场经济条件下，选择生产什么主要是通过市场来实现的。生产什么和生产多少的选择主要取决于厂商和消费者之间的关系，但政府也起着重要作用。在产出决策上，价格因素是关键。价格引导着消费，也引导着生产。所以，经济学关注的中心问题是：商品之间相对价格的高低如何决定，以及价格上升或下降的原因是什么。

即使生产的产品和服务是既定的，也还存在一个怎样生产的问题。比如，养殖农场主知道众多不同的谷物和其他饲料都可以把鸡养肥。他们还可以改变喂养方式、光照强度和温度。在饲养过程中，他们既可以使用更多人工，也可以使用更多的机器。在如此多的选择中，养鸡农场主会设法找到养鸡的最佳途径。怎样生产的问题不仅是怎样在既定的投入下得到最大的产出问题，还包括我们对环境资源的利用问题。我们是应该允许养鸡场的垃圾肆意污染地下水或者当地河流，还是应该对废水进行净化处理以备他用？我们是应该随意处置活鸡，还是应该尽量减少对它们的伤害？怎样生产的问题包括上述所有方面。虽然人们对这些问题的看法不一，但是都有一个共同的目标：找到一种生产商品和服务的最佳方式。解决问题的最佳方案不仅要符合生产要素的使用效率，还要对环境及其他社会利益给予充分保障。在市场经济条件下，生产方式的选择主要是由厂商按效率原则自主决策，但政府也会以管理的法规、条文、规范等方式施加重要影响。经济学非常关注厂商在生产方式上的选择，重视决策对技术进步的各种影响的分析。

2. 经济平等

稀缺资源不仅带来了效率问题，还带来了公平问题。公平问题主要涉及的是另一个基本经济选择问题，即为谁生产的问题。回答了生产什么和怎样生产的问题，就像决定了应该烤一个多大的蛋糕以及怎样来烤，紧接着就是回答如何分蛋糕的问题了。蛋糕是平均分配，还是给有些人分大块，给有些人分小块？换句话说，为谁生产的问题关注的是产出如何在社会成员中进行分配。

一块蛋糕可以有多种分法。每个人都希望分到一大块蛋糕，尽管这样会使别人分到的少些。这样必定引起许多争论。也许我们应该选择平均分配，但是如果有些人什么都不干，他们应该被分得和那些参与了蛋糕制作的人同样大小的蛋糕吗？那么，是否应该采取基于劳动平等意义上的方式分配全部产品呢？

马克思对共产主义理想国的想象给为谁生产的问题提供了一个完全不同的答案，那就是"各尽所能，按需分配"。在那个理想国中，所有人都按照自己的能力参与蛋糕的制作，并把蛋糕按照各人的需要而不是对生产的贡献进行分配。按需分配蛋糕带来了一个风险：如果不工作的人也得到同样多的蛋糕，参加制作蛋糕的人就会认为自己吃亏了。更糟糕的是，如果参加制作蛋糕的人得不到切实的利益，他们可能就不会再那么卖力了。如此下去，蛋糕就会缩小，每一个人的利益都会受损。

以上也是福利计划和税收体系面临的问题。福利计划试图帮助那些没有足够收入的人，满足他们的一些基本需要。但是，福利计划会导致工作热情下降。如果人们宁愿选择福利支票而不是工资支票，那么，整个社会的产出就会下降。如果对张三课以重税来为李四提供福利，张三可能就会觉得努力工作和事业成功并没有给自己带来多大的好处。如果税收负担太重，以至于打击了人们对工作、生产和投资的积极性，那么，我们的"蛋糕"就会变小。对于税收、福利和工作的权衡，并不要求我们废除税收并取消所有的福利计划，但是，它们确实使我们更难回答为谁生产的问题。最佳的分配方案既要满足我们对公平的要求，还要满足我们对更多产出的欲望。

在市场经济条件下，高收入者才能是高消费者。但是，收入与工资的高低又是由什么决定的呢？简单地说，收入的高低主要取决于居民户和厂商之间的相互作用；同时，政府会用收入再分配计划进行参与，对收入分配产生重大影响。而且，我们还得面对一些问题，如运气、教育、遗产、储蓄、经验、勤奋等对收入高低的作用。

三、如何划分市场与政府的边界

从决策变量看，微观经济学主要研究市场中如何决定数量和如何决定价格；从经济目标看，微观经济学研究如何实现经济效率和如何实现经济平等。对于在数量和价格的决定中，在经济效率和经济平等的实现中，就自然会引出市场机制的作用领域和政府调节的作用领域问题。

在经济学看来，一定数量和价格水平，可能是有效率的，也可能是无效率的，可能是经济平等的，也可能不是经济平等的。那么，为了实现效率，为了实现公平，市场机制这只看不见的手应该在哪些方面发挥作用呢？政府调节这只看得见的手又应该在哪些方面发挥作用呢？换句话说，市场和政府各自在哪些领域更擅长起作用呢？这就是市场与政府的作用边界划分问题，也是它们的职能划分问题。

根据微观经济学观点，在产权明晰、信息对称和竞争完全的市场中，依靠市场机制来配置资源是能够实现效率的。因此，完全市场中，产量和价格的决定，经济资源的配置，应该由市场机制来发挥作用，而政府仅仅作为"守夜人"，负责一个国家的安全稳定，负责制定法律和规章，负责保护产权。这就是一般说的"大市场、小政府"。

完全市场是不现实，因为实际生活中，有些领域产权是不明晰的，有些领域信息是不对称的，还有不少领域是存在垄断的。在一个不完全产权、不完全信息和不完全竞争的市场中，依靠市场来配置资源并不是完全有效的，而且还可能加剧不平等，所以政府调节就是必需的。比如，政府可以对垄断者进行价格管理，还可以根据反垄断法对垄断者进行处罚。又比如，在信息不对称的市场上，政府可以利用行政手段来治理隐藏特征，也可以通过设计有效的制度解决隐藏行为。还比如，在产权不完全的市场中，政府可以通过庇古税来治理外部性。因此，在不完全市场中，尽管市场是配置资源的重要手段，但是政府也是资源配置的重要手段，它具有管制垄断的职能，传递信号的职能，治理外部性、提供公共物品、管理公共资源的职能。

总之，微观经济学要回答有限市场还是无限市场，有效市场还是无效市场，同时也要回答有限政府还是无限政府，有效政府还是无效政府，以及有为政府还是无为政府。

第二章
微观经济学的研究假定

由于人们的选择受经济制度、市场结构和行为目标的影响，因此尽管人们面临的选择可能是几乎相同的，但是选择后所得到的结果却可能大不相同。为了更好地理解人们的选择，经济学对人们选择的经济制度、市场结构和行为目标进行了界定和区分，形成了经济学理论的基础性的假定。

第一节　经济体制假定

经济制度是一个社会做出私人选择的方式，或者说解决私人物品中的生产什么、怎样生产和为谁生产的方式。通常认为，经济体制主要包括产权组织形式、经济决策结构形式、经济调控机制和经济激励机制四个方面。根据这四个方面的不同组合，经济制度大致可以分为自由经济制度、指令经济制度和混合经济制度。

一、自由经济制度

早在 1776 年，亚当·斯密在《国富论》中就提出了"看不见的手"决定生产和分配问题。自由经济制度是政府不对经济选择施加任何影响，完全由那只"看不见的手"来选择的经济体制。

在这样的经济体制中，财产权主要为私人所有，产权明晰确定，千千万万的个人和企业在物质利益的激励下，根据市场价格信号独立地、分散地做出自己的经济决策。市场、价格、盈亏、刺激与奖励的一套机制解决了生产什么、怎样生产和为谁生产的问题。

为了获得最大的利润，企业通过观察市场价格找到最廉价的生产方法，并会采取生产成本最低的生产技术（如何生产），生产那些利润最高的商品和服务（生产什么）。在自由经济制度中，政府不能强迫企业生产，甚至企业自身也不能决定生产多少，生产多少完全由市场来决定。成千上万的人通过展览并购买某种产品来表达他们的购买意愿，他们给生产者发出需求信号，使企业看到更多的盈利潜力。于是，厂商将会增加这种产品的生产。如果人们不购买这种产品，利润就会消失，企业就会减少生产、解雇工人，甚至关闭工厂来回应。消费者和生产者之间的相互影响共同决定了生产多少的问题。消费者则根据自己的收入和市场价格信号决定购买哪些商品，哪一些商品多买，哪一些商品少买，即如何去花费自己的钱（为谁生产）。当然，消费者的钱来自他所拥有和提供的各种生产要素的价格。在自由经济制度中，市场把产品分配给出价最高的人，愿意而且能够支付最多的消费者将会获得那种产品。

显然，依靠"看不见的手"来解决经济选择问题，不需要消费者和生产者之间的直接联系，他们之间的沟通是间接地通过市场价格信号来完成的。如果你想要某种产品并拥有足够的钱，你就能够买到它。如果有足够的人这样做，该产品的价格就会上升。厂商看到价格上升，就会想到要获得这个潜在利润。于是，他们将设法获取更多的资源来生产人们想要的产品。

二、指令经济制度

指令经济制度完全是由政府做出有关生产和分配的所有重大决策。在指令经济体制中，财产权主要为国家所有，个人和企业在大量精神奖励下，根据中央政府的计划指标做出自己的经济决策。计划、指标、配额、表扬、批评等一套机制解决了生产什么、怎样生产和为谁生产的问题。政府不仅占有大部分土地和资本，拥有并指挥大多数行业中企业的经济管理，而且成为大多数工人的雇主，指挥他们如何工作。政府还决定社会产出在不同产品和服务之间的分布结构，决定每一个公民能够获得哪些产品和服务，因为几乎所有生产要素的价格——工资、地租、利息和利润都由政府来决定。

显然，在指令经济制度中，政府这只"看得见的手"决定着生产什么、怎样生产和为谁生产的问题。其中，所有的决策都是由中央政府集中做出的，它向厂商发出生产要素的采购指令（很多时候采用生产要素的直接调拨），也发出企业的产出和价格指令，消费者也按照政府的指令来购买商品。所有生产和分配决策都不需要企业和个人之间直接联系，沟通是依靠自上而下的等级体系，通过计划指标间接完成的，市场、价格、利益、盈亏等都失去了激励和约束作用。

三、混合经济制度

市场这只"看不见的手"和政府这只"看得见的手"代表了两种截然不同的基本经济决策方式。正如我们看到的，现实中没有一个国家完全依靠一种机制。在被认为经济最为自由的美国，政府也会对经济决策进行干预。正如萨缪尔森所说，我们的经济是私人组织和政府机构都实施经济调节的混合经济制度。

在混合经济制度中，大量财产为私人所有和处置，也有部分财产由国家或者政府拥有。生产什么、怎样生产和为谁生产的问题，主要依靠市场信号来解决，也有部分必须依靠政府指令。一般说来，凡是市场能够很好解决的生产和分配问题都由市场来决定，而市场不能解决的问题则交给政府来解决，如公共产品的生产和提供问题。除此之外，政府还解决市场作用的不利影响，诸如环境污染、疾病防治和垄断等问题。

　　显然，混合经济就是一个自由经济和指令经济的混合物。在实际经济生活中，由于产权的私有和公有、市场和计划的成分差异，存在各种各样的混合经济。随着科学技术、国际关系和资源环境的变化，一方面，原来的指令经济国家都在经历一个前所未有的经济和社会转型，有些甚至已经变成一个混合经济国家，如中国、俄罗斯、罗马尼亚、越南等，即使还没有成为混合经济的国家，如朝鲜、古巴、老挝、利比亚，也都开始了向混合经济的转变；另一方面，原来的自由经济国家，即使是像美国这样的国家，也在越来越多地依靠政府来调节经济。我们所说的市场经济，其实是混合经济中的一种，是更加靠近自由经济制度的混合经济制度。

第二节　市场结构假定

一、市场结构的划分标准

　　市场是人们从事物品和要素买卖的交易场所，如农贸市场、汽车市场、房地产市场、劳动力市场、债券市场、股票市场、期货市场等。经济学更重视从市场结构，即市场的竞争和垄断程度来研究市场。市场结构的划分标准主要有三个：行业的市场集中度、行业的进入限制、产品的差异程度。

　　1. 行业的市场集中度

　　行业的市场集中度是指行业中大企业在市场中的控制程度，主要受行业中厂商数目多少和规模大小的影响。一个行业，企业规模越大，企业数量越少，大企业对市场的控制程度就越高，即市场集中度就越高，这个市场的竞争程度就越低，垄断程度就越高；反之，一个行业，企业规模越小，企业数量越多，大企业对市场的控制程度就越低，即市场集中度就越低，这个市场的竞争程度就越高，垄断程度就越低。行业的市场集中度一般用 4 家企业集中率和赫芬达尔-赫西曼指数（HHI）两个标准来判断。

　　4 家企业集中率是某一市场上最大 4 家企业占整个市场销售额的比重。比如，某个市场的销售总额为 100 亿元，其中最大 4 家企业的销售额分别为 20 亿元、16 亿元、14 亿元和 10 亿元，那么，该行业的 4 家企业集中率为 60%［（20＋16＋14＋10）/100＝60%］。当然，我们也可以根据需要计算其中 3 家企业的集中率、5 家企业的集中率，或者其他企业的集中率，计算方法依此类推。

　　HHI 是计算某一市场上 50 家最大企业（如果少于 50 家企业就是所有企业）的每一家企业市场占有额的平方之和。显然，HHI 越大，市场集中度就越高，市场竞争就越弱，垄断程度就越高；反之，HHI 越小，市场集中度就越低，市场竞争就越强，垄断程度就越低。假如 S_i 表示第 i 家企业的市场占有额，某个市场上前 50 家企业的市场占有额分别为 $S_1=10$，$S_2=9$，$S_3=8.5$，$\cdots$，$S_{50}=0.1$，则 $HHI=10^2+9^2+8.5^2+\cdots+0.1^2$。

　　2. 行业的进入限制

　　行业的进入限制也是划分市场结构的重要标准。一个行业的进入门槛越低，企业越容易进入，竞争程度就越高；反之，一个行业的进入门槛越高，企业进入越困难，垄断程度就越高。行业的进入限制主要来自三个方面。一是资源控制。如果某个企业控制了某个行业的关键要素，其他企业不能得到这种资源，就无法进入这个行业。例如，南非德比尔斯公司控制了全世界钻石资源的80%，其他企业就很难进入钻石行业。二是规模经济。在一个行业中，如果生产技术性质决定了只有生产规模越大，平均成本才越低，且只要几家这样的大企业就可以满足整个市场需求，其他企业要进入这个行业就很不容易。例如，在自来水、供电和天然气等行业中，只有一家企业的时候平均成本才最低，其他行业就无法进入；又如在汽车行业，只要几家大汽车公司就可以满足市场需求，其他企业就很难进入并进行竞争。三是立法限制。政府采取特许经营、许可证制度和专利制度等形成行业进入壁垒。特许经营时政府通过立法把某个行业的经营权交给某个企业，其他企业不得从事该行业的经营活动。比如，许多国家的邮政由国家邮政局独家经营，我国长时期由中国邮政独家经营邮政业务。许可证制度是指政府通过给某些企业发放经营许可证允许其经营，没有许可证的企业就不能进入，这就增加了进入的难度。比如，在许多国家，开出租车要有许可证，当职业医生要有行医执照。专利制度是政府给予某些产品在一定时期内的排他性权力，其他企业不得从事这种产品的生产，因而也就无法进入该行业。

3. 产品的差异程度

产品差别源于消费者对同类产品的不同偏好。产品差别可能来自产品在质量、商标、形式、包装、销售地点等方面实实在在的差异，它主要通过厂商的产品变异或者质量竞争来形成；产品差别还可能仅仅来自消费者的主观感受，因为收入水平、社会地位、文化教育、宗教信仰、历史传统等的不同，以及厂商的广告宣传，市场上的每一个消费者对同一产品会有不同的看法。在市场上，产品差别就构成产品的特色，每种产品都以自己的某些特色吸引消费者，从而每种产品都在喜爱这一特色的消费群中形成自己的垄断地位。显然，产品差别越大，市场垄断程度越高；产品差别程度越小，市场竞争程度越高。产品差别正是为了满足消费者的不同偏好。

二、市场结构的类型

根据上述三个标准，我们把市场划分为完全竞争市场和不完全竞争市场两大类。

1. 完全竞争市场

完全竞争市场是一种竞争不受任何限制和干扰的市场结构。这种市场的基本条件为：一是市场集中度低。由于这个市场上厂商数量很多很多，而且每一家厂商的规模都很小很小，每家企业都不能通过改变自己的产量来影响市场的价格，市场价格是由整个市场来决定的，没有任何企业能够控制市场，因而市场是高度分散的。二是在这个市场上，除了时间的限制之外，进出该行业没有任何限制。也就是说，除非因为时间太短，资源在短期内不能够自由流动，该市场没有任何其他因素构成资源流动的壁垒。三是产品无差别。显然，完全竞争市场中是根本不存在垄断的。在现实经济中，绝对意义的完全竞争市场是不存在的，不过由于农产品市场与其相当接近，因而通常被看成是完全竞争市场的典型。

根据完全竞争市场的基本条件，完全竞争市场具有几个方面的特征：一是完全竞争市场的任何单个参与者都是既定价格的接受者。即在完全竞争市场上，厂商和消费者都不能够仅仅依靠自己的行为选择来影响市场价格。因而，竞争性市场上的参与人都没有任何意义上的价格控制力或者垄断力。二是完全竞争市场上的厂商和消费者都具有完全的信息。一方面，任何一个市场参与者都没有私人信息，双方对有关信息的掌握完全对称；另一方面，所有的行为人都是在确定条件下进行完全无风险的决策。三是完全竞争市场上不涉及任何外部性问题，而且交易成本为零。

2. 非完全竞争市场

非完全竞争市场是除了完全竞争市场外的市场结构。显然，在一个非完全竞争市场上，厂商或者消费者能够依靠自己的行为选择来影响市场价格，因而他们都有一定的价格控制力或者垄断力；厂商和消费者的信息可能不是完全的，可能面临着风险和存在不对称信息。此外，非完全竞争市场可能存在交易成本，涉及外部性问题。典型的非完全竞争市场包括垄断竞争市场、寡头垄断市场和完全垄断市场。

垄断竞争市场是既存在竞争，又存在垄断，但更接近完全竞争的市场结构。这种市场与完全竞争的相同之处是市场的集中度低，而且没有进入限制。但是，它们的关键差别在于，完全竞争市场的产品是无差别的，而垄断竞争市场的产品是有差别的。产品存在差别就会形成垄断，因为有差别的产品会在喜爱这种差别的消费者中形成自己的垄断地位。同时，由于产品差别又是同一产品的差别，产品间存在相当强的替代性，从而就会产生竞争。在现实经济中，垄断竞争市场大量存在，餐饮业、小商品市场都是常见的例子。

寡头垄断市场是既存在竞争，又存在垄断，但更接近完全垄断的一种市场结构。这种行业的主要市场特点为：一是市场集中度高。一般认为4家企业集中率都在60%以上，HHI在800以上。由于寡头市场形成的关键原因是规模经济，因而在这个行业中，只有为数不多且生产规模都很大的几家企业，它们对市场的控制力强，可以通过改变产量来影响价格，因而行业的集中程度高。但是，在这种市场结构中，不仅大企业与其他小企业之间存在竞争，即使是各个寡头之间也会进行激烈的竞争，因而寡头市场也存在竞争。二是由于这种市场上每家大企业就是一个寡头，它们不仅生产规模大，而且还可以采取很多有效的市场策略，所以其他企业进入难度很大。在寡头市场上，寡头间的产品可能是有差别的，也可能是没有差别的。在实际经济生活中，汽车业、彩电业、钢铁业、石油业及银行业都是寡头市场结构。

完全垄断市场是没有任何竞争因素存在的市场。在垄断市场中，一家企业就控制了整个市场，因而一家企业集中率就达到100%；由于资源控制和规模经济形成的自然垄断，以及由于特许经营、许可证制度和专利制度形成的立法垄断，使得任何其他企业都无法进入。此外，在这个市场上，没有相近的替代品，因而就不存在竞争。在现实经济中，大量的公共部门，如供水、供电、供气和邮政行业，容易形成完全垄断市场。

第三节 经济人假定

为了更好地理解生产什么、怎样生产和为谁生产的问题，我们已经就解决这些问题的制度背景（经济制度）、市场条件（市场结构）进行了梳理和区分，接下来我们还要对解决这些问题的行为人及其行为动机进行划分。在实际经济生活中，不仅存在个人、厂商和政府三种不同类型的经济行为人，而且不同的个人或者家庭、不同的企业和不同的政府在不同的时间、地点和领域都可能有不同的行为动机。但是，在经济学中，对行为人及其行为动机的划分，主要可以分为（完全）理性的经济人、有限理性的经济人和新经济人假定。

一、理性经济人

尽管亚当·斯密没有直接提出"经济人"概念，但是他在《国富论》中的对于（完全）理性经济人的阐述最为典型。"每个人都在力图应用他的资本，来使其生产品能得到最大的价值。一般地说，他并不企图增进公共福利，也不知道他所增进的公共福利为多少。他所追求的仅仅是他个人的安乐，仅仅是他个人的利益。在这样做时，有一只看不见的手引导他去促进一种目标，而这种目标绝不是他所追求的东西。由于追逐他自己的利益，他经常促进了社会利益，其效果要比他真正想促进社会利益时所得到的效果大。"显然，在斯密看来，理性经济人有以下几个方面的思想：

首先，经济人是个自利的人。也就是说，任何一个行为人的经济行为，在主观上都是追求自身利益的实现，而不是为了实现他人的利益和社会的利益。生产什么、生产多少、怎样生产和为谁生产等一切经济选择问题，都是基于自己经济利益的考虑来进行的，而不是别的什么东西。

其次，理性经济人能够实现经济利益极大化。人在做出经济决策时，总是理智地、深思熟虑地对各种可能的选择机会进行权衡比较，力图寻求以最小的代价去获得自身的最大经济利益，这被称为行为目标最优化准则，即决策目标的最大化（或最小化）原则。这就意味着，经济行为人具有完全的、充分有序的偏好，完备的信息和无懈可击的计算能力，能够根据所面对的环境条件判断得失，并使自己的行为利益尽可能最大化。

比如，家庭及其成员是市场中最基本的经济单位。作为要素供给者，家庭或者个人向要素市场提供土地、劳动、资本和企业家才能等各种生产要素，并相应地获得租金、工资、利息和利润等收入。作为产品需求者，家庭运用自己可支配的个人收入，以便消费和储蓄。作为经济人，无论在商品购买中，还是在要素的供给中，家庭或者个人的行为都是追求并能够使自己的满足或者效用最大化。

又比如，厂商也是市场上最重要的经济单位。厂商作为管理生产过程的专业化组织，主要有个人业主制、合伙制和公司制三种形式，其主要功能是实现批量生产的优势、为大规模生产筹集资金和对生产过程进行管理和监督。厂商的产生和存在主要在于能够节约交易成本。一般来说，交易成本就是为了达成和实施市场交易。交易者之间围绕交易和约所产生的成本，主要包括获得和评价信息、确定谈判立场、选择谈判对象、协商正式或非正式合约、监督履行合约的成本。作为产品市场上物品和劳务的供给者，厂商通过提供物品获得销售收入。作为要素市场的购买者，厂商运用获得的收入购买各种生产要素。它的根本目标还是获得最大化的利润。无论在商品生产中，还是在要素的需求中，厂商的行为都是追求并能够使自己的利润最大化。

还比如，在现代市场经济中，政府也是一个经济行为人。在产品市场和要素市场上，政府既是生产者，又是购买者。此外，政府还是最为重要的经济调控者。尽管政府的多重角色使得它的动机和目标复杂多样，但是经济学假定政府的行为动机还是使自身利益最大化。那么，什么是政府自身的利益呢？经济学认为，政府是一个公共部门，是公众和社会的代表，因而政府的利益就是公共利益或者公共福利。因此，作为一个经济人，政府的行为动机就是社会福利最大化或者公共福利最大化。

最后，理性经济人的自利行为会增进他人利益和社会利益。一个人追求自身利益经济选择，可能是利己利人的，还可能是利己损人的。如果一个社会存在完备的道德约束、有效的市场约束，以及良好的法律和制度做保证，人们追求自身利益的自由行为会无意识地、卓有成效地增进社会的利益。正因如此，在约束完备的条件下，自利便会利他，利他方能利己。

"理性经济人"假定未必完全合乎事实，但是对人的行为目标做出一致性假定，在影响人的经济行为的众多因素中，抽出主要的基本的因素来建立模型，在此基础上提出一些重要的理论结论，并据此对人们的经济行为做出预测，这显然是有意义的。可以设想：要是没有这个假定，如果人们对得失、利弊抱着无所谓的态度，那么，经济学就很难提出什么有用的理论了。再者，任何理论总是建立在给定的前提或假定之上的。如果我们采用非功利主义的人类行为假定，如同情心、利他主义、政治原则、道德伦理规范等，也许就更加不合乎经济生活的事实了。

如果我们假设个人、厂商和政府是完全理性的经济人，那么，我们至少可以把他们的所有行为看成是对他们最有利的行为，从而理解他们的行为原因，即使我们不能认为他们的利己一定有利于他人或者社会。完全理性经济人背后的哲学基础就是"存在的就是合理的"。基于这个认识，古典和新古典经济学的理论首先就是解释人们的行为的。

二、有限理性的经济人

完全理性经济人的假设不断受到批评，西蒙的"有限理性的经济人"就是针对理性经济人假设的非现实性提出来的。有限理性经济人思想主要包括以下内容：

首先，经济行为人的动机还是自身的经济利益。在伦理学上，对于人的本性究竟是善还是恶，是利他还是利己，无论东西方对此都一直存在争论。我国有性善、性恶之争。孔孟一向重义轻利，主张"人之初，性本善"，后天恶行乃环境所致，遂有"孟母三迁"之说。荀子则认为"人之性恶，其善者伪也"，故必有"师法之化，而归于治"。西方也有利己、利他之争，尽管有基督教教义，但功利主义始终占上风。利己主义者认为，利己是人类的天性，没有自利心，人类就会灭亡。实际上，人性的争论还将继续。多数人认为，尽管每一个人都有善有恶，既利己又利他，但是经济人首先是一个自利的人，这一点与理性经济人没有差异。

其次，由于客观环境的复杂性和不确定性，以及知识和计算能力等方面的局限性，经济行为人只是遵循一个可以得到的程序，以实现自己满意的经济利益。西蒙等认为，理性经济人的假定存在着一系列不可回避的缺陷。比如，经济行为人缺乏完整的、统一的、能够对所有可能选择进行排序的偏好；由于信息是不完全的，而且获得信息是有成本的，因而人们只能找到备用的一部分选择方案，而不是全部备选方案；由于人不能准确无误地接受、储存、传递和处理信息，也无力运用文字、数据和几何图形来表达其全部和真实的诉求，这会使得人们在评估各种备选方案时遇到困难；等等。因此，人们的理性只是程序理性，只能寻找到一个达到一定标准或者超过标准的替代方案，并不是也不可能选择到在任何意义上都是最优的方案。

最后，有限理性经济人的行为"机会主义"。理性经济人假定有这样一个隐含之意，即由于人的完全理性，人们可以洞察和预测一切，所有机会主义行为都是不可能得逞的。但由于人的有限理性，人们为了谋取更大经济利益，就可以随机应变，投机取巧。比如，交易者之间的相互"欺骗"，交易者之外的其他人的"搭便车"行为，以及人们逃避责任的行为，等等。

三、新经济人

通过放松完全理性经济人的苛刻条件，人们提出了"有限理性"经济人。近年来，一些经济学家通过修改新古典经济学的某些苛刻条件，进一步扩展了经济人假设的适用空间，"新政治经济学"的一些学者提出了广义的"新经济人"。

"新经济人"假定的主要内容包括：其一，无论人们是完全理性还是有限理性，追求自身利益是所有行为人的普遍倾向；其二，人们除了追求经济利益之外，也追求非经济利益。

显然，"新经济人"假定对经济人思想有所发展。一方面，对原来所使用的一些概念，如个人利益、资源、成本等，赋予了新的广义解释，把经济人从经济领域扩大到非经济领域，用于解释人们面临"非商业性选择领域"时的行为；另一方面，结合交易成本和信息成本等新的学术成果来修改新古典经济人中那种"标准化理性选择"和"完全信息"假设，从而增强了经济人抽象的解释力。新经济人的抽象使得经济人模式具有了一般意义，从而推动了经济学大规模侵入社会学、政治学、法学等几乎所有社会科学的传统领域。"新经济人"把经济人思想扩大到几乎所有的领域，究竟是进步还是退步不好妄断，但是当一种思想能够用来解释几乎所有的行为时，它的解释是值得担忧的！

第四节　经济均衡假定

均衡是物理学上的概念，英国经济学家马歇尔把它引入经济学，就出现了经济均衡概念。在物理学上，一个物体是受多个外力作用的，这些外力的作用大小和作用方向就决定了物体的状态。如果一个物体受到两个大小相同的方向相反的力作用，这个物体就处于相对静止状态。只要这些力的大小和方向不变，物体就始终保持静止状态不变。比如，悬挂在天花板上的小球，如果向上的拉力和向下的重力刚好相等，那么小球就会自然下垂并保持静止不动的状态。如果因为其他因素使小球偏离了这个自然下垂状态，小球会经过不断的摇摆慢慢向自然下垂状态运动，最终回到自然下垂状态。在物理学上，均衡是指一定条件下物体所处的相对静止状态，也指物体的运动方向和运动趋势。

在经济学家看来，人们的市场行为或者存在的经济现象，也是多种因素综合影响的结果。这些结果是理性经济人追求自己利益极大化的结果，它反映了市场行为人实现了利益极大化的行为状态。既然如此，一旦人们达到了这种状态，行为人就没有改变这种状态的动机和愿望，这种状态就会保持下去，除非有些因素发生了变化。同时，如果行为人的行为还没有使自己达到最大利益，即使其他条件不变，理性经济人也会不断调整自己的行为，使之向利益最大的状态运动。因此，经济学家把行为人在一定条件下的利益极大化状态称为经济均衡。

比如，对家庭而言，在它的产品购买决策中，如果家庭购买某个商品量能够获得最大利益（福利），那么我就可以把家庭的这个购买状态称为消费者购买均衡。同样，在它的劳动供给决策中，如果家庭提出某一个劳动量能够获得最大利益，我们也把这种状态称为劳动供给均衡。

又比如，对厂商而言，在一定条件下，厂商生产一定量的产品能够获得极大化的利润，这就说明实现了厂商的产出均衡。同理，在一定条件下，厂商投入一定数量的劳动和资本，能够获得极大化利润，这就是厂商的投入均衡。

还比如，就一个市场而言，在一定条件下，市场的某个交易量和交易价格能够带给市场最大化的福利，这就意味着达到市场均衡。

就一个社会而言，如果某个数量的产品或要素投入，能给社会带来最大利益，我们就说实现社会经济均衡，又称为有效均衡。

实际上，在经济学中，行为人的数量和价格决定问题就是经济均衡实现问题，也就是求解经济均衡的问题，即经济均衡分析。经济均衡分析有静态的均衡分析、比较静态的均衡分析和动态均衡分析。

静态均衡分析不考虑时间因素，不考虑均衡达到和变动的过程，只在一定假设前提下分析均衡达到和变动的条件，因而静态分析是一种状态分析。在均衡分析中，我们一般假定自变量是已知的和既定的，并考虑因变量达到均衡状态的条件和在均衡状态下的情况，这种分析又被称作静态均衡分析。

如果自变量中的一部分和全部发生了变化，可对变化之后的自变量再做一次静态分析。先分析自变量变化后因变量达到均衡状态的情况，再对变化前后两套自变量条件下的因变量值进行比较，这种分析方法被称作比较静态均衡分析。

静态均衡分析和比较静态均衡分析有一个共同特点，那就是不考虑两个均衡状态之间的变化过程。如果要考察两个均衡状态之间的变化过程，这种方法就被称为动态分析。通过动态分析，我们可以了解在外界条件发生变化后，经济活动达到新的均衡状态所需的时间、经过的路径等。某些经济活动在受到外界干扰、偏离原均衡点后，会迅速收敛，重新达到均衡状态；有些则需要一段漫长的调整；还有一些可能永远也达不到理论中的新的均衡状态，而是呈周期性上下波动，甚至向外发散，越来越背离均衡点。

动态分析由于引入时间因素，分析均衡实现和变动的过程，因而动态分析是一种过程分析。按照英国经济学家希克斯的观点，动态分析方法又可以分成稳态分析和非稳态分析。稳态分析承认经济变量随着时间的推移而变化，但同时假定变动的比率或幅度为常数。例如，经济增长率每年为5%。稳态分析与静态分析之间只存在量的差异。非稳态分析则认为，动态分析和静态分析之间存在着质的差异。由于时间的不可逆性，过去和未来是不相同的。过去发生的事情是确定的，未来则具有不确定性。过去发生的事情，现在已无法更改，要更改也只能通过今后的步骤加以改变。而现在所做的事情，对将来的影响也无法确知。因此，以过去的经验来推断未来，其结果常常是错误的。为了对不确定的未来进行跟踪研究，就需要在动态分析中采用一些专门用来分析不确定性的概念。例如，厂商之所以保持一定数量的存货，就是为了避免因不可预见的变化而措手不及。

第三章
微观经济学的研究方法

- -

　　基于对经济行为人的理性假设，微观经济学采用最优化分析来说明家庭、企业和市场的定量和定价决策，也就是通过分析成本、收益和利润来求解经济均衡的方法来分析经济决策。为了分析的方便，针对不同的决策问题会采用不同的分析方法。归纳起来，微观经济学有边际分析、无差异分析和博弈分析这三种分析方法。

第一节　边际分析法

　　利润是收益与成本的差值，总利润也就是总收益与总成本的差值。为了实现自己的利润最大化，行为人要通过权衡行为的利弊得失来做出选择，也就是要分析行为的成本和收益来进行决策。

一、成本和边际成本分析

　　成本就是人们因某种行为而付出代价的货币价值，也就是用货币额来衡量的人们某种行为的代价。比如，消费者因为购买商品而付出的费用就是消费者的商品购买成本，企业因为购买劳动力而付出的费用就是企业的劳动购买成本。

　　成本是受多种因素影响的。比如，消费者的商品购买成本受商品购买量和购买价格影响，企业的劳动购买成本受劳动购买量和购买价格影响。在价格一定的情况下，购买成本就随着购买量的变化而变化。

　　如果成本用 C 表示，用 x 表示行为量，那么成本函数就可以表示为 $C = C(x)$。在经济学中，衡量行为成本大小的指标有总成本、平均成本和边际成本。

　　假设我们根据某个企业或者家庭的行为，得到了它的行为量 X 与成本 C 的一系列数据，从而编制出表 3.1。

　　总成本是人们为一定的行为水平所付出的总费用，用函数表示为 $TC = C = C(x)$，其中，TC 或者 C 表示总成本，这意味着总成本 C 是行为量 x 的函数，要随着行为量 x 的变化而变化。比如，当行为量 $x = 4$ 时，行为总成本为 20。

表 3.1　行为成本指标

行为量 x	总成本 TC(x)	平均成本 AC(x)	边际成本 MC(x)
0	$TC_0 = 0$	—	—
1	$TC_1 = 4.5$	$AC_1 = 4.5$	$MC_1 = 4.5$
2	$TC_2 = 9$	$AC_2 = 4.5$	$MC_2 = 4.5$
3	$TC_3 = 14$	$AC_3 = 4.7$	$MC_3 = 5$
4	$TC_4 = 20$	$AC_4 = 5$	$MC_4 = 6$
5	$TC_5 = 28$	$AC_5 = 5.6$	$MC_5 = 8$
6	$TC_6 = 40$	$AC_6 = 6.7$	$MC_6 = 12$
7	$TC_7 = 58$	$AC_7 = 8.3$	$MC_7 = 18$
8	$TC_8 = 84$	$AC_8 = 10.5$	$MC_8 = 26$
9	$TC_9 = 120$	$AC_9 = 13.3$	$MC_9 = 36$
10	$TC_{10} = 170$	$AC_{10} = 17$	$MC_{10} = 50$

平均成本是总成本除以行为水平，它反映在一定行为水平内，行为人为平均一单位行为量所付出的成本。平均成本函数表示为 $AC = TC(x)/x$，也就是 $AC = C(x)/x$。比如，当行为量 $x = 4$ 时，平均一单位行为的成本就是 5。当然，用平均成本乘以行为量就可以得到总成本，即 $TC = AC(x) \times x$。

边际成本是人们改变单位行为量所引起的总成本的变化值，也就是如果行为量增加一个单位会使总成本改变多少量，或者行为量减少一个单位又会使总成本改变多少量。边际成本用函数表示为 $MC = \dfrac{\Delta C(x)}{\Delta x}$，其中，MC 表示边际成本，$\Delta x$ 为行为量 x 的改变量，$\Delta C(x)$ 表示因为行为量 x 变化了 Δx 所导致的总成本的变化量。

在表 3.1 中，当行为量 x 从 3 增加到 4 时，总成本从 $TC_3 = 14$ 增加到 $TC_4 = 20$，也就是增加第 4 单位行为量引起了总成本增加 6。因此，如果行为量的刚好改变 1 单位，也就是 $\Delta x = 4 - 3 = 1$，那么总成本的变化量 $\Delta C(x) = TC_4 - TC_3 = 6$，所以 $MC_4 = TC_4 - TC_3 = 6$。当然，总成本是边际成本的总和，也就是说各个单位的边际成本可以加总得到总成本。比如，$TC_4 = MC_1 + MC_2 + MC_3 + MC_4$。

在总成本函数时连续可导的条件下，如果行为量 x 仅仅发生了很小很小的变化，也就是变化了一个微量，即 $\Delta x \approx dx$，那么总成本也会变化一个一个微量，即 $\Delta C(x) \approx dC(x)$，从而有边际成本 $MC = \dfrac{dC(x)}{dx}$，其中，$\dfrac{dC(x)}{dx}$ 为总成本的一阶导数。也就是说，边际成本是总成本的一阶导数。

二、收益与边际收益分析

收益就是人们因某种行为而获得好处的货币价值，也就是用货币额来表示的行为好处。比如，个人因为提供劳动而得到工资就是个人劳动供给的收益，企业因为销售商品而得到的货币额就是企业商品销售的收益。

收益是受多种因素影响的。比如，个人的劳动供给收益受劳动供给量和劳动价格影响，企业的劳动购买成本受劳动购买量和劳动价格影响。在价格一定的情况下，行为收益就随着行为量的变化而变化。

如果收益用 R 表示，用 x 表示行为量，那么收益函数就可以表是为 $R = R(x)$。

假设我们根据某个企业或者家庭的行为，得到了它的行为量 x 与收益 R 的一系列数据，从而编制出表 3.2。

表 3.2 行为收益指标

行为量 x	总收益 TR(x)	平均收益 AR(x)	边际收益 MR(x)
0	$TR_0 = 0$	—	—
1	$TR_1 = 25$	$AR_1 = 25$	$MR_1 = 25$
2	$TR_2 = 41$	$AR_2 = 20.5$	$MR_2 = 16$
3	$TR_3 = 51$	$AR_3 = 17$	$MR_3 = 10$
4	$TR_4 = 57$	$AR_4 = 14.25$	$MR_4 = 6$
5	$TR_5 = 60$	$AR_5 = 12$	$MR_5 = 3$
6	$TR_6 = 61$	$AR_6 = 10.17$	$MR_6 = 1$
7	$TR_7 = 61.6$	$AR_7 = 8.8$	$MR_7 = 0.6$
8	$TR_8 = 61.9$	$AR_8 = 7.38$	$MR_8 = 0.3$
9	$TR_9 = 61.9$	$AR_9 = 6.68$	$MR_9 = 0$
10	$TR_{10} = 61.7$	$AR_{10} = 6.17$	$MR_{10} = -0.2$

总收益是人们在某个行为水平所得到的总金额，总收益函数表示为 $TR = R = R(x)$，其中，TR 或者 R 表示总收益，这意味着总收益 R 是行为量 x 的函数，要随着行为量 x 的变化而变化。比如，当行为量 $x = 4$ 时，行为总收益为 57。

平均收益是总收益除以行为水平量，它反映在一定行为水平内，行为人为平均 1 单位行为量所得到的收益。平均收益函数表示为 $AR = TR(x)/x$，也就是 $AR = R(x)/x$。比如，当行为量 $x = 4$ 时，平均一单位行为的收益就是 14.25。当然，用平均收益乘以行为量就可以得到总收益，即 $TR = AR(x) \times x$。

边际收益是人们改变单位行为量所引起的总收益的变化值，也就是如果行为量增加一个单位会使总收益改变多少量，或者行为量减少一个单位又会使总收益改变多少量。边际收益用函数表示为 $MR = \dfrac{\Delta R(x)}{\Delta x}$，其中，MR 表示边际成本，$\Delta x$ 为行为量 x 的改变量，$\Delta R(x)$ 表示因为行为量 x 变化了 Δx 所导致的总收益的变化量。

在表 3.2 中，当行为量 x 从 3 增加到 4 时，总收益从 $TR_3 = 51$ 增加到 $TR_4 = 57$，也就是增加第 4 单位行为量引起了总收益增加 6。因此，如果行为量的刚好改变 1 单位，也就是 $\Delta x = 4 - 3 = 1$，那么总收益的变化量 $\Delta R(x) = TR_4 - TR_3 = 6$，所以 $MC_4 = TC_4 - TC_3 = 6$。当然，总成本是边际成本的总和，也就是说各个单位的边际成本可以加总得到总成本。比如，$TC_4 = MC_1 + MC_2 + MC_3 + MC_4$。

在总收益函数连续可导的条件下，如果行为量 x 仅仅发生了很小很小的变化，也就是变化了一个微量，即 $\Delta x \approx \mathrm{d}x$，那么总收益也会变化一个一个微量，即 $\Delta R(x) \approx \mathrm{d}R(x)$，从而有边际收益 $\mathrm{MR} = \dfrac{\mathrm{d}R(x)}{\mathrm{d}x}$，其中，$\dfrac{\mathrm{d}R(x)}{\mathrm{d}x}$ 为总收益的一阶导数。也就是说，边际收益是总收益的一阶导数。

三、最优行为选择或者经济均衡分析

在分析了行为成本和行为收益之后，行为人就可以进行最优行为选择了，也就是可以进行均衡分析了。理性的行为人以利润极大化为目标。

利润就是人们因某种行为而获得收益与付出成本的差额。比如，个人因为提供劳动而得到工资与付出的成本的差额就是个人的劳动利润，企业因为销售商品而得到的收益与付出成本的差额就是企业的利润。既然利润是收益与成本的差额，而成本和收益受人们对行为量的影响，那么行为利润也就随着行为量的变化而变化。如果利润用 π 表示，用 x 表示行为量，那么利润函数就可以表是为 $\pi = \pi(x)$。

我们根据表 3.1 和 3.2，得到它的行为量 x 与利润 π 的一系列数据，从而编制出表 3.3。

表 3.3　行为利润指标

行为量 x	总利润 $\pi(x)$	平均利润 $\pi(x)/x$	边际利润
0	0	—	
1	20.5	20.5	20.5
2	32	16.5	11.5
3	37	12.3	5
4	37	9.3	0
5	32	6.4	− 5
6	21	3.5	− 11
7	3.6	0.5	− 17.4
8	− 22.1	− 3.1	− 25.7
9	− 58.1	− 6.6	− 36
10	− 108.3	− 10.8	− 50.2

总利润是人们在某个行为水平所得到的全部利润，它等于总收益减去总成本，$\pi = \pi(x) = R(x) - C(x)$。比如，当行为量 $x = 4$ 时，总利润 $= 37$。

平均利润是总利润除以行为水平量，等于平均收益减去平均成本，$\pi/x = \mathrm{AR}(x) - \mathrm{AC}(x) = R(x)/x - C(x)/x$。比如，当行为量 $x = 4$ 时，平均利润 $= 9.3$。

边际利润是人们改变单位行为量所引起的总利润的变化值，它等于边际收益减去边际成本，即 $\Delta\pi/\Delta x = \mathrm{AR}(x) - \mathrm{MC}(x)$。比如，当行为量 $x = 4$ 时，边际利润 $=0$。

根据表 3.3，我们可以画出总利润曲线、平均利润曲线和边际利润曲线。图 3.1 画出了总利润曲线和边际利润曲线。

24

微观经济学

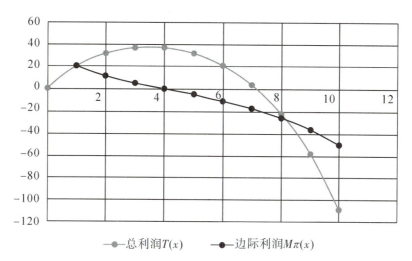

图 3.1　总利润和边际利润

从表 3.3 和图 3.3 可见，当行为量 $x = 4$ 时，行为人利润极大，此时边际利润就等于 0。边际利润等于零，意味着增加 1 单位行为量，行为人增加的利润为零，因此增加这一单位行为量并不能使总利润增大；边际利润等于零，意味着减少 1 单位行为量，行为人增加的利润为零，因此减少这一单位行为量并不能使总利润增大。

同时，结合表 3.1 中的边际成本数据，表 3.2 中边际收益数据和表 3.3 中边际利润的数据，我们可以画出图 3.2。从图 3.2 中可得，边际收益 = 边际成本时，边际利润 = 0，总利润最大，它等于 37。

在经济学中，边际成本 = 边际收益，就是等边际原理，被称为利润极大化原则。为什么边际成本等于边际收益就达到利润极大呢，或者说边际成本等于边际收益就达到行为均衡了呢？因为：

在某个行为水平时，如果边际收益 > 边际成本，也就是边际利润大于 0，这意味着增加 1 单位行为可以使总利润增加，也就是行为人可以通过增加行为来套利，因此，在这个行为水平时，总利润没有达到最大。

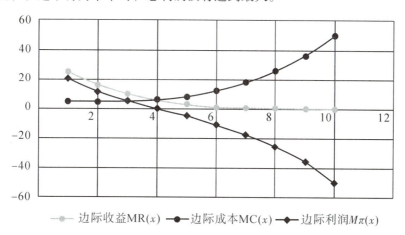

图 3.2　边际成本、边际收益和边际利润

在某个行为水平时，如果边际收益 < 边际成本，也就是边际利润小于 0，这意味着减少这 1 个单位的行为可以使总利润增加，也就是行为人可以通过减少行为来套利。因此，在这个行为水平时，总利润也没有达到最大。

在某个行为水平时，如果边际收益 = 边际成本，也就是边际利润等于 0，这意味着无论是增加还是减少这 1 个单位的行为都不能使总利润增加，也就是行为人不可以通过改变行为量来套利。因此，在这个行为水平时，总利润就达到最大。因此，边际成本 = 边际收益，也称为无套利条件。

边际分析的数理证明如下：

已知收益函数 $R = R(x)$，

成本函数 $C = C(x)$，

那么利润函数为 $\pi = \pi(x) = R(x) - C(x)$，

要实现利润极大化，最优行为量 x 必须满足的一阶条件：

$$\pi' = \frac{\Delta \pi}{\Delta x} = \frac{\Delta R}{\Delta x} - \frac{\Delta C}{\Delta x} = 0 \Rightarrow \frac{\Delta R}{\Delta x} = \frac{\Delta C}{\Delta x}$$

或者

$$\frac{d\pi}{dx} = \frac{dR}{dx} - \frac{dC}{dx} = 0 \Rightarrow MR(x) = MC(x)$$

四、边际分析方法的总结

在经济学中，边际分析方法是人们进行最优决策最为有效的方法。它根据决策变量所产生的得失，分析行为的边际成本、边际收益，并根据边际成本曲线和边际收益曲线的交点来决定最优行为量。

边际分析方法作为最为常用的经济管理决策方法，本质上在于思考未来的每一个行为是否值得，是否有利可图的。因为，如果边际收益大于边际成本，那就说明增加行为量是值得的；如果边际收益小于边际成本，那就说明减少行为量是值得的；如果边际收益等于边际成本，那就说明改变行为量与不改变行为量是一样的，所以人们的行为量就保持稳定不变。

边际分析的工具就是两条线一个交点，它是遵循一般套利逻辑的。只要不在边际收益曲线和边际成本曲线的交点上，意味着边际成本就不等于边际收益，那就要存在进一步套利的机会，决策者就应该继续调整行为，直至满足边际成本等于边际收益的无套利条件。

边际分析方法常用来分析单一变量的最优化决策。比如，在分析企业一种产品的产量决策、一种要素的购买决策中，经济学习惯运用边际分析方法。还比如，在家庭的一种商品的购买决策中，经济学也用边际分析方法。此外，在一种产品的和一种要素的市场交易中，经济学实际上也运用边际分析。

第二节　无差异分析法

与边际分析方法一样，无差异分析法也要分析行为的成本和收益，从而做出最优决策。

一、行为量组合与总成本的无差异曲线

如果行为成本 C 是受两种行为变量 X 和 Y 的影响，那么行为成本函数就可以表示为 $C=C(X,Y)$。

任何一个 (X,Y) 的组合就意味着某一个总量的成本。有些行为组合的总成本更大，也有些行为组合的总成本更小，还有些组合的总成本来相同。在表 3.4 中，$(0,4)$、$(2.5,2)$ 和 $(0,5)$ 三个行为组合都需要耗费 40 元的成本，$(0,6)$、$(2.5,4)$ 和 $(5,2)$ 三个行为组合都需要耗费 60 元的成本。

表 3.4　行为组合的总成本

总成本C		X的量									
		0	1	1.5	2	2.5	3	3.5	4	4.5	5
Y的量	0	0	8	12	16	20	24	28	32	36	40
	1	10	18	22	26	30	34	38	42	46	50
	1.5	15	23	27	31	35	39	43	47	51	55
	2	20	28	32	36	40	44	48	52	56	60
	2.5	25	33	37	41	45	49	53	57	61	65
	3	30	38	42	46	50	54	58	62	66	70
	3.5	35	43	47	51	55	59	63	67	71	75
	4	40	48	52	56	60	64	68	72	76	80
	4.5	45	53	57	61	65	69	73	77	81	85
	5	50	58	62	67	70	74	78	82	86	90
	5.5	55	63	67	72	75	79	83	87	91	95
	6	60	68	72	77	80	84	88	92	96	100
	6.5	65	73	77	81	85	89	93	97	101	105

总成本的无差异曲线可以称为等成本曲线，就是由那些需要付出相同成本的行为组合点的构成曲线。根据表 3.4 可以画出图 3.3，图 3.3 中画出了总成本为 40 的等成本曲线。

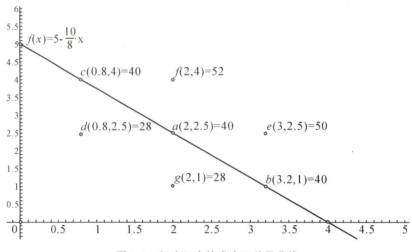

图 3.3　行为组合的成本无差异曲线

二、行为组合与总收益的无差异曲线

如果行为成本 R 受两种行为变量 X 和 Y 的影响，那么行为收益函数就可以表示为 $R=R(X, Y)$。

任何一个 (X, Y) 的组合就意味着某一个总量的收益。有些行为组合的总收益更大，也有些行为组合的总收益更小，还有些组合的总收益来相同。在表 3.5 中，行为组合（2，0.5）、（1，1）和（0.5，2）都能给行为人带来 1 的收益，行为组合（4，1）、（2，2）和（1，4）都能给行为人带来 4 的收益，行为组合（6，1.5）、（4.5，2）（3，3）和（2，4.5）都能给行为人带来 9 的收益。

表 3.5　行为组合的总收益

总收益 R	X 的量									
	0.5	1	1.5	2	2.5	3	3.5	4	4.5	5
	0.25	0.5	0.75	1	1.25	1.5	1.75	2	2.25	2.5
	0.5	1	1.5	2	2.5	3	3.5	4	4.5	5
	0.75	1.5	2.25	3	3.75	4.5	5.25	6	6.75	7.5
	1	2	3	4	5	6	7	8	9	10
	1.25	2.5	3.75	5	6.25	7.5	8.75	10	11.25	12.5
	1.5	3	4.5	6	7.5	9	10.5	12	13.5	15
Y 的量	1.75	3.5	5.25	7	8.75	10.5	12.25	14	15.75	17.5
	2	4	6	8	10	12	14	16	18	20
	2.25	4.5	6.75	9	11.25	13.5	15.75	18	20.25	22.5
	2.5	5	7.5	10	12.5	15	17.5	20	22.5	25
	2.75	5.5	8.25	11	13.75	16.5	19.25	22	24.75	27.5
	3	6	9	12	15	18	21	24	27	30
	3.25	6.5	9.75	13	16.25	19.5	22.75	26	29.25	32.5
	3.5	7	10.5	14	17.5	21	24.5	28	31.5	35

　　行为组合收益的无差异曲线可以称为等收益曲线。等收益曲线就是由那些能带来相同的总收益的一系列行为组合点构成的曲线。在图 3.4 中，我们画出了收益等于 1、4、9 的三条等收益曲线。

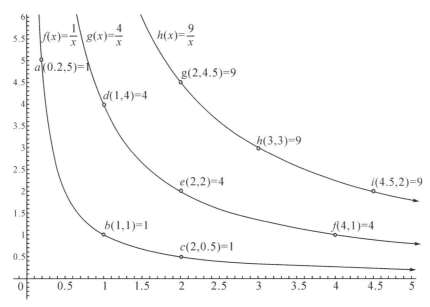

图 3.4　行为组合的收益无差异曲线

三、经济均衡：最优行为组合选择

　　理性经济人的最佳行为组合，就是在其他条件一定时利润极大化的行为组合。

　　1. 既定成本下的收益　极大化⇒利润极大化

　　利润极大化的行为组合可以是行为成本既定条件下收益最大的行为组合。在图 3.5 中，最佳要素组合就是一条既定的等成本曲线与等收益曲线的切点所对应的组合。

　　既定成本下总收益最大化的数理证明如下：

　　已知目标函数 $\max R = R(x, y)$，

　　满足约束条件 $s.t.\ C = tp_x + yp_y$，

　　根据拉格朗日法构造格朗日函数：

　　$L = R(x, y) - \lambda(C - xp_x - yp_y)$

　　要实现收益极大化或者利润极大化，必须满足三个边际条件：

　　$\dfrac{\partial L}{\partial x} = \dfrac{\partial R}{\partial x} - \lambda p_x = 0 \Rightarrow MR_x = \lambda p_x$……（1）

　　$\dfrac{\partial L}{\partial y} = \dfrac{\partial R}{\partial y} - \lambda p_y = 0 \Rightarrow MR_y = \lambda p_y$……（2）

　　$\dfrac{\partial L}{\partial \lambda} = C - xp_x - yp_y = 0 \Rightarrow C = xp_x + yp_y$……（3）

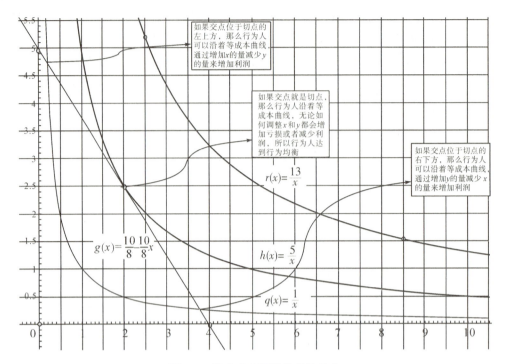

图3.5 既定成本下的总收益最大

（1）除以（2）可得

$$\frac{MR_x}{MR_y}=\frac{p_x}{p_y}\text{或者}\frac{MR_x}{p_x}=\frac{MR_y}{p_y}=\lambda$$

因此，在既定条件下实现收益最大化或利润极大化的条件为

$$\begin{cases}\dfrac{MR_x}{MR_y}=\dfrac{p_x}{p_y}\\C=xp_x+yp_y\end{cases}\text{或者}\begin{cases}\dfrac{MR_x}{p_x}=\dfrac{MR_y}{p_y}=\lambda\\C=xp_x+yp_y\end{cases}$$

2. 既定收益下的成本　极小化⇒利润极大化

利润极大化的行为组合也可以是行为收益既定条件下总成本最小的行为组合。在图3.6中，最佳要素组合就是一条既定的等收益曲线与等成本曲线的切点所对应的组合。

既定收益下总成本最小化的数理证明如下：

已知目标函数 $\max C=xp_x+xp_y$，

约束条件 $s.t.\ R\ (x,\ y)\ =R^*$，

根据拉格朗日法构造拉格朗日函数：

$L=xp_x+yp_y-\theta\left[R\ (x,\ y)\ -R^*\right]$

要实现收益极大化或者利润极大化必须满足三个边际条件：

$$\frac{\partial L}{\partial x}=p_x-\theta\frac{\partial R}{\partial x}=0\Rightarrow MR_x=\frac{1}{\theta}p_x\cdots\cdots\ （1）$$

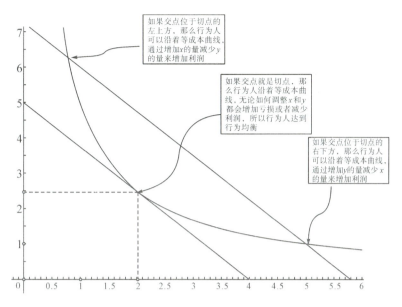

图 3.6　既定收益下的总成本最小的组合

$$\frac{\partial L}{\partial y}=p_y-\theta\frac{\partial R}{\partial y}=0\Rightarrow MR_y=\frac{1}{\theta}p_y\cdots\cdots（2）$$

$$\frac{\partial L}{\partial\theta}=R^*=R（x,y）\cdots\cdots（3）$$

（1）除以（2）可得

$$\frac{MR_x}{MR_y}=\frac{p_x}{p_y}或者\frac{MR_x}{p_x}=\frac{MR_y}{p_y}=\frac{1}{\theta}$$

因此，在既定条件下实现成本极小化或利润极大化的条件为

$$\begin{cases}\dfrac{MR_x}{MR_y}=\dfrac{p_x}{p_y}\\R^*=R（x,y）\end{cases}或者\begin{cases}\dfrac{MR_x}{p_x}=\dfrac{MR_y}{p_y}=\dfrac{1}{\theta}\\R^*=R（x,y）\end{cases}$$

如果只是等收益曲线与等成本曲线的交点（不是切点），那么人们就可以通过调整行为量组合来减少亏损或者增加利润。

在图 3.5 和 3.6 中的 a 点，等收益的无差异曲线比等成本的无差异曲线更陡峭，意味着行为人还可以通过增加 x 并同时减少 y 来套利。因为在图 3.5 中，行为人可以从 a 点沿着等成本曲线向切点运动，实现在不增加成本的条件下增加总收益，从而增加总利润。因为在图 3.6 中，行为人可以从 a 点沿着等收益曲线向切点运动，实现在不减少收益的条件下减少总成本，从而增加总利润。

在图 3.5 和 3.6 中的 b 点，等收益的无差异曲线比等成本的无差异曲线更平缓，意味着行为人还可以通过增加 y 并同时减少 x 来套利。在图 3.5 中，行为人可以从 b 点沿着等成本曲线向切点运动，实现在不增加成本的条件下增加总收益，从而增加总利润。在图 3.6 中，行为人可以从 b 点沿着等收益曲线向切点运动，实现在不减少收益的条件下减少总成本，从而增加总利润。

四、无差异分析方法总结

无差异分析就是通过成本无差异曲线和收益无差异曲线来求解最优组合的分析方法，其基本分析逻辑就是在一系列成本无差异的组合中选择收益最大的组合，或者在一些收益无差异的组合中选择成本最小的组合。

无差异分析的工具就是两条线和一个切点，即成本无差异曲线、收益无差异曲线和这两条线的切点。它也仍然遵循一般套利逻辑。只要不在两条曲线的切点上，意味着存在进一步套利的机会，决策者就应该继续调整行为，直至满足无套利条件。

在微观经济学中，分析两种或者多种行为量组合的决定时习惯用无差异分析法。比如，在家庭的两种或者多种商品的购买组合决策中，经济学习惯运用无差异分析。在企业两种或者多种产品的产出组合决策中，在企业两种或者多种要素的购买组合决策中，经济学也习惯运用无差异分析。

第三节　静态博弈分析法

一、博弈的基本要素与分类

设想两个人参与一个博弈，博弈的规则规定：每个人在 0 到 9 的 10 个自然数当中选择 5 个写下来装入一个信封，如果两个人写的完全一样，他们可以获得奖励。每个人都为了自己利益的实现而希望选择"正确的"数字组合，但是他必须正确地猜测到另一个人所选择的数字组合才能赢得奖励。在这个博弈当中，我们知道参与者是谁，他们需要选择行动，以及他们不同的行动组合的结果如何。这些都是一个博弈的基本要素。

一般来说，博弈的基本要素包括参与人、行动、信息、策略、支付。

参与人是指做决策的主体，其目标是通过选择策略得到最偏好的结果，同样我们可以用最大化自身的效用水平的假设来理解他的选择。参与人可以是自然人，也可以是团体，如市场竞争中的企业、国际贸易冲突中的国家等。

每个参与人都有一些行动供他选择。参与人 i 的行动用 a_i 表示，这是他的决策变量。一个行动组合是由博弈中所有参与人（例如 n 个）每人选取一个行动组成的向量，可以表示为 $a=(a_1, a_2, \cdots, a_i, \cdots, a_n)$。

在博弈当中，我们还需要知道行动的顺序，也就是需要说明何时何种行动可行。如果所有的参与者同时选择行动，这被称为同时行动博弈，这时决策是同时做出的，没有参与者能够观测到其他参与者的行动，并做出相应的决策。而在另一种情况下，参与者的行动有先后顺序，后行动的参与者在先行动的参与者选择了行动之后再选择自己的行动，这被称为相继行动博弈。

但是，有人会马上指出，即便存在行动上的先后顺序，但是后行动的参与者如果无法观测到先行动的参与者的行动，这种相继行动博弈和同时行动博弈有什么区别呢？确实如此，对于同时行动博弈而言，我们关心的是没有参与者能够获得其他参与者的行动信息。在后行动的参与者看来，如果无法观测到先行动的参与者的行动，那么，他仍然在玩一场"同时行动"的博弈。因此，区分的关键不是时间上的先后顺序，而是信息问题，下面我们就来澄清这一点。

如果没有参与者能够获得其他参与者的行动信息，也就是说，当参与者做选择的时候并不知道其他参与者的选择，被称为不完美信息博弈。简单地说，如果把其他参与者的行动理解为一个参与者做决策的时候所面对的环境，信息不完美是说决策者不知道自己所处的决策环境。显然，同时行动的博弈一定是信息不完美博弈，而即便存在行动上的先后顺序，如果后行动的参与者无法观测到先行动的参与者的行动，这种博弈同样是不完美信息博弈。在博弈论当中，我们用"静态博弈"这一术语表示这两种情况。

如果存在行动上的先后顺序，而且后行动的参与者可以观测到先行动的参与者的行动，这种博弈被称为完美信息博弈。但是，需要注意的是，如果后行动的参与者选择了自己的行动后，先行动的参与者又可以根据这一行动调整自己的行动，这就会使我们进入一种比较复杂的情况（这样的一个无限的动态反应过程的稳定状况将会是静态博弈的结果）。因此，先行动的参与者的行动是否可以调整同样重要。我们把先行动的参与者不能调整行动的完美信息博弈称为动态博弈。因此，静态博弈和动态博弈是我们对博弈进行分类的基本方法。动态博弈将是下一章介绍的主题，本章只关注静态博弈。

信息是参与人有关博弈的知识，除了参与者的行动之外，还包括参与者的类型。博弈论中的类型包括所有会影响参与者偏好的内容。例如，参与市场竞争的企业的成本是高还是低；参与市场交易的卖者提供的产品是高质量的还是低质量的。每个参与者都知道自己的类型，但是并不一定知道其他参与者的类型。据此，我们可以把博弈分为完全信息博弈和不完全信息博弈。如果每个参与人都了解其他参与人的类型，我们称这种博弈为完全信息博弈，否则为不完全信息博弈。在不完全信息博弈中，一个参与者的不被其他参与者了解的类型信息被称为该参与者的私人信息，如果只有个别参与者拥有私人信息，这种不完全信息博弈被称为不对称信息博弈，这是信息经济学的核心内容。

总结上面的分析，我们可以根据信息结构的不同，把博弈分为四类模型，见表3.6。一般来说，不完全信息博弈属于更高级的经济学课程讨论的主题，因此我们在这一章和下一章仅仅讨论完全信息博弈的特征以及求解均衡的方法。

表3.6　博弈分类表

信息掌握情况	静态博弈	动态博弈
完全信息	完全信息静态博弈	完全信息动态博弈
不完全信息	不完全信息静态博弈	不完全信息动态博弈

博弈论的核心内容是考察参与者如何根据其他参与者的行动选择自己的最优行动，这被称为策略。参与人的策略是一个相机行动方案，它规定参与人如何对其他

参与人的行动做出反应。策略分为两种，如果参与人在每一种可以识别的情况下选择一种特定的行动，这被称为纯策略，而如果是以某种概率分布随机地选择不同的行动，我们称之为混合策略。在这里，我们仅仅介绍纯策略。

值得注意的是，策略是针对其他参与者的行动的反应规则。但是在静态博弈当中，由于没有参与人能够观察到其他参与者的行动，因此策略的概念意义不大，在这种情况下，一个参与者可以选择的策略就是他可以选择的行动。举个例子来说，两个人分别从 1 到 99 个自然数当中选一个写下来，如果两个数加起来之和为偶数，参与者甲赢得 1 元钱；如果加起来为奇数，参与者乙赢得 1 元钱。对于甲来说，如果他知道乙写的是奇数，则会选择奇数；如果乙写的是偶数，则会选择偶数。但是对于静态博弈来说，上述的策略没有意义，因为甲不知道乙的选择，因此甲的策略就只有两个，选择偶数或者奇数。他选择偶数的策略应该理解为：不论乙选择奇数还是偶数，甲都选择偶数。而由于可选择的策略就是可选的行动，因此在静态博弈当中，策略和行动是一回事。

为了分析得到每个参与者的最优选择，我们需要知道每个参与人对所有的行动组合或策略组合的偏好。为了分析方便，我们用支付的高低来反映偏好中的排序，支付一般可以理解为参与人的效用。当然，对于市场竞争博弈而言，支付就是企业的利润。博弈论用于分析相互依存下的决策，因此每个参与人的支付都取决于所有参与人的策略或行动。

在后面对寡头市场的分析当中，根据寡头厂商的行动变量是价格还是产量，以及进行的是静态博弈还是动态博弈可以分为四个基本模型，它们是能更深入地理解寡头市场运行规律的基础（如表 3.7 所示）。

表 3.7　寡头市场一次性博弈

行动变量	静态博弈	动态博弈
产量竞争	古诺模型	（斯塔克尔伯格）产量领导模型
价格竞争	伯特兰模型	（斯塔克尔伯格）价格领导模型

二、完全信息静态博弈的描述方法：策略式

为了说明一个完全信息静态博弈，我们需要说明：参与人的集合，即都有哪些参与人；每个参与人的行动集合，即每个参与人都有哪些可供选择的行动；每个参与人的支付函数。我们可以用策略式（也被称为标准式）来描述这些内容。因此，完全信息静态博弈也被称为策略式博弈。

如果一个博弈中的参与人的个数是有限的，而且每个参与人的可选的行动是有限的，这种博弈被称为有限博弈。两个参与人的有限博弈的策略式可以用一个矩阵来表示，我们称之为支付矩阵。

例如，在图 3.7 的博弈中，参与人甲可以选择的行动是上、下，参与人乙可以选择的行动是左、右，这样就可以设定四个方格：左上方、左下方、右上方、右下方，分别表示相应的策略组合。我们在每个方格内标上参与人的支付，其中左边的

数字表示参与人甲的支付、右边的数字表示参与人乙的支付。例如，如果参与人甲选择上、参与人乙选择左，我们在支付矩阵的左上角的方格内得到参与人选择这个策略组合时参与人甲的支付为1、参与人乙的支付为-1。

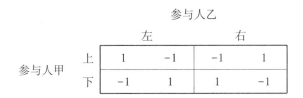

图 3.7　支付矩阵

三、占优策略均衡与重复剔除劣策略均衡

知道如何描述一个博弈之后，我们接下来思考：在一个由理性参与人参加的博弈中，应该预期能够观察到什么结果。也就是说，如果我们知道了一个博弈的必要的信息之后，我们如何推测每个参与者的策略以及支付。显然，我们需要理解每个人如何做出自己的选择。在静态博弈中，由于每个参与人并不了解其他参与人的行动信息，因此必须根据对其他参与人行动的预期来选择最优的行动。

一般来说，在博弈当中，每个参与者的最优选择都依赖于其他参与者的策略。但是在一种特殊的情况下，一个参与人的最优选择独立于其他参与人的策略。也就是说，不论其他参与人选择什么策略，有一个策略能使这个参与人获得最大的支付，这一策略就被称为占优策略。如果每个参与人都有占优策略，由这些策略所组成的策略组合，就是这个博弈的均衡，当然，它也应该是我们对这个博弈的参与者行动的推测。

让我们用经典的囚徒困境博弈来理解这种方法的运用（如图3.8所示）。两个犯罪嫌疑人面对审讯，分别有两个策略供其选择：坦白、不坦白。警方掌握了一个较轻罪行的证据，但如果要判以重刑，则需要犯罪嫌疑人坦白罪行。警方设定如下制度：坦白从宽、抗拒从严。下面的支付给出了不同的策略组合下每个参与人的入狱时间（年）。

参与人乙

		坦白		不坦白	
参与人甲	坦白	-6	-6	0	-10
	不坦白	-10	0	-1	-1

图 3.8　囚徒困境博弈

有一点需要说明，前面我们讲过，博弈参与者的支付一般是指参与者的效用，但是由于我们仅仅关心参与者对不同的结果的偏好顺序，因此效用的绝对值并不重要。这里用入狱的时间度量参与者的效用水平正好符合参与者的偏好顺序，参与者总是偏好入狱时间更短的结果。实际上，这正是我们前面学过的序数效用的思想。

这个博弈中，每个参与人都有一个占优策略，即坦白。例如，对参与人甲来说，如果乙选择坦白，甲选择坦白优于选择不坦白（入狱6年优于入狱10年）；如果乙选择不坦白，甲选择坦白仍然优于选择不坦白（不入狱好于入狱1年）。这样，我们就有一个占优策略均衡（坦白，坦白），两个人的支付均为-6。

这个模型之所以被称为囚徒困境，是因为对两个嫌疑人而言，存在帕累托改善的机会，策略组合（不坦白，不坦白）优于（坦白，坦白）。如果我们把不坦白理解为参与者的合作行为，把坦白理解为参与者的非合作行为，囚徒困境模型就刻画了这样一种情况：虽然合作优于不合作，但仅仅根据个体理性，我们无法获得合作解。因此，囚徒困境模型是理解集体行动无效率的一个重要的思路。

占优策略均衡虽然很自然，但是并不总是存在。在不存在占优策略均衡的时候，我们如何推测参与者的策略选择呢？我们仍然依靠理性假设来推理。我们知道一个理性的参与人不会选择劣策略，劣策略是说不论其他参与人选择什么策略，对于这个劣策略，总是存在一个可以获得更高支付的策略。如果博弈中存在劣策略，我们可以用重复剔除劣策略的办法不断简化博弈，如果剔除后只剩下一个策略组合，这个组合就被称为重复剔除的占优均衡。

我们用下面的智猪博弈来理解这种方法的运用（如图3.9所示）。猪圈里有一头大猪，一头小猪。在猪圈的一头是食槽，另一头是一个按钮。大猪和小猪按一次按钮的成本是2个单位的食物，但会有10个单位的食物进入食槽。食物的分配取决于进食的顺序和猪的大小。如果大猪先到，大猪得到9个单位，小猪只能得到1个单位的食物；如果同时到，大猪得到7个单位，小猪得到3个单位的食物；如果大猪后到，大猪只能分得6个单位的食物，小猪则得到4个单位的食物。

	小猪			
		等待		按钮
大猪	等待	0	0	9	−1
	按钮	4	4	5	1

图 3.9 智猪博弈

仔细观察上面的支付矩阵可以发现，大猪并没有占优策略，它的最优策略依赖于小猪的选择。如果小猪选择等待，大猪则选择按钮；如果小猪选择按钮，大猪则选择等待。但是按钮是小猪的劣策略，即如果大猪选择等待，小猪按钮的支付小于等待的支付（−1<0）；如果大猪选择按钮，小猪选择按钮的支付仍然小于等待的支付（1<4）。大猪判断理性的小猪一定不会选按钮，这样大猪就只能选择按钮（按钮的支付为4，大于等待的支付0）。这样就得到这个博弈的均衡是（大猪按钮，小猪等待），大猪和小猪的支付均为4。

智猪博弈同样模型化了一种非常有趣的情况，虽然行动的收益会外溢到其他人，但是能够在收益中占有较大份额的参与者仍然有激励付出成本。例如，股东为了维护自己的利益需要监督经理层，但监督是要支付成本的，而所有的股东都可以分享收益。在这种情况下，一般来说，都是大股东负责监督。大股东就相当于智猪博弈中的大猪。

四、纳什①均衡

有的博弈当中，参与者既不存在占优策略，也不存在劣策略可以剔除。例如，下面的性别博弈中恋爱中的男女正在为晚上的安排犯愁——看电影还是看足球呢？图 3.10 给出了这个博弈的支付矩阵。

		女生			
		看电影		看足球	
男生	看电影	1	2	0	0
	看足球	0	0	2	1

图 3.10　性别博弈

这个博弈没有占优均衡，男生和女生的选择都依赖于对方的选择。但是直观地来看，我们知道他们宁愿在一起。仔细观察，我们可以发现，（看电影，看电影）和（看足球，看足球）的共同特点是：给定对手的行动，没有任何一个参与人愿意单方面改变。

纳什把这一直觉模型化为纳什均衡。一个策略组合，在其他参与人不会改变策略的前提下，如果没有参与人有激励改变自己的策略，则这个策略组合就是纳什均衡。

根据这个定义，我们可以通过逐一检验所有的策略组合的方法来找到纳什均衡。例如，在性别战中，（看电影，看足球）不是纳什均衡，因为给定男生选择看电影，女生有激励选择看电影。同理，（看足球，看电影）也不是纳什均衡。

之所以没有人愿意单方面改变，一定是因为给定对手的策略，参与人做出了最佳反应。因此，我们可以用最佳反应的办法寻找纳什均衡。具体的做法是：在最佳反应的支付下画一横线；如果一个方格内两个支付下面都画了横线，这个方格所对应的策略组合就是纳什均衡。例如，如果男生选择看电影，女生选择看电影是最佳反应，因此在左上角的方格内支付数字 2 的下方画一横线；而如果女生选择看电影，男生的最佳反应也是看电影，因此我们应该在左上角的方格内支付数字 1 的下方画一横线。由于这个方格内两个支付数字下面都画了横线，因此（看电影，看电影）就是一个纳什均衡策略组合。图 3.11 标出了性别博弈中所有的纳什均衡策略组合。

		女生			
		看电影		看足球	
男生	看电影	<u>1</u>	<u>2</u>	0	0
	看足球	0	0	<u>2</u>	<u>1</u>

图 3.11　纳什均衡策略组合

---

① 约翰·纳什是美国的数学家，他因为对博弈论的杰出贡献而被授予诺贝尔经济学奖。

到此为止，我们已经学习了寻找博弈的均衡解的三种方法，下面我们简要说明它们之间的关系。第一，占优均衡一定是纳什均衡，但逆命题并不成立。这是因为在占优均衡中，每个参与者的最优策略都是对其他参与者任何策略的最佳反应，因此必然是对其他参与者最优策略的最佳反应。读者可以利用画线的方法验证囚徒困境博弈的占优策略均衡同样是纳什均衡。但是，纳什均衡的策略组合中每个参与者的策略仅仅是对其他参与者最优策略的最佳反应，因此并不一定是对其他参与者所有策略的最佳反应。例如，在上面的性别博弈中有两个纳什均衡，但它们都不是占优均衡。第二，劣策略一定不是最佳反应，因此纳什均衡中一定不会包括劣策略。也就是说，重复剔除劣策略的方法不会剔除纳什均衡的策略组合。

纳什均衡是求解完全信息静态博弈的标准方法，但它存在三个问题。第一，有些博弈不只存在一个纳什均衡，这为预测参与人的行动带来了麻烦。这是因为，如果一个博弈只有唯一的纳什均衡，每个参与者都会正确地预期到其他参与者的策略。而如果一个博弈中有多个纳什均衡，就有可能出现预期的不一致。在上面的性别博弈中，我们设想男生和女生独立地购买电影票或者足球票，我们并不能保证他们会做出一致性的选择。第二，有些博弈没有纯策略纳什均衡。例如，两个人参与这样一个博弈，每个人选择1~9中的一个数，如果加起来后为偶数则甲获胜，为奇数则乙获胜。在这样的博弈中，每个人都不希望被对方猜到自己的策略。这样的博弈可以寻找混合策略均衡，即一种策略选择的随机安排。第三，纳什均衡不一定导致帕累托有效率的结果。例如，囚徒困境模型中都选择坦白就是纳什均衡，但和都选择不坦白相比，这是一个无效率的结果。当然，这时的无效率仅仅对两个参与人而言，从整个社会来看，犯罪嫌疑人坦白罪行是符合社会利益的。

第四节　动态博弈分析法

一、博弈的扩展式：博弈树

我们还记得动态博弈的基本特征，博弈的参与者存在行动上的先后顺序，后行动的参与者能够观察到先行动的参与者的行动，而且先行动的参与者的行动不能逆转。我们用扩展式描述一个动态博弈，扩展式博弈包括五个要素：参与人集合；参与人的行动顺序；每个参与人行动时的行动集合，即有哪些行动可供他选择；有关对手过去行动的信息，我们总是假设每个参与者记得博弈的历史；参与人的支付函数。

有限博弈的扩展式可以用博弈树表示。博弈树的基本组成要素是结、枝和信息集。

结是在博弈中参与人选择行动的时点，或者博弈结束的时点。我们在结的旁边标注相应的决策者，在终点结标注支付向量，支付向量中的顺序与行动的顺序一致。博弈从初始结开始，并用一个空心圆表示，它表示在此之前没有任何博弈的历史。

从一个结到它的直接的后续结的连线被称为枝，每个枝代表参与人的一个行动选择，并且给出了从一个决策结到另一个决策的路径。

参与人在特定时点的信息用信息集来表示，一个信息集由参与人所认为的可能的决策结的结组成。在完美信息博弈中，每个参与人的信息集都是单结的，即参与人清楚地知道其他参与人的行动历史和自己所处的决策结。但是在不完美信息博弈中，参与者并不清楚前面的参与者的选择，从而并不知道自己具体处在哪一个决策结上，这时信息集含有多个决策结。在博弈树中，用虚线把同一个信息集的决策结连起来。这样一来，一个静态博弈也就可以用一个博弈树来表示。

例如，用博弈树描述上一章所学过的性别博弈。假设男生处在初始结，选择看电影或者看足球，这构成了从初始结开始的两个枝，两个枝连接的是女生的决策结。但是在静态博弈中，由于女生并不知道男生的选择，因此轮到女生选择的时候，她并不知道自己所处的具体的决策结，或者说她的信息集只有一个，包含两个决策结。在图 3.12 中，用虚线把这两个决策结连接起来，从而在每一个可能的决策结，女生有相同的行动集合，或者选择看电影，或者选择看足球。这样最终形成了四个终点结，在每个终点结标注两个人的支付。按照习惯，由于男生先行动，因此在支付向量中，男生的支付放在前面。

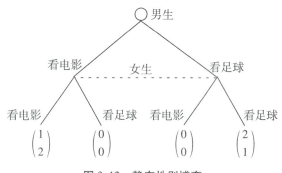

图 3.12 静态性别博弈

将上面的博弈树稍加变化，去掉连接女生两个决策结的虚线，这个新的博弈树（如图 3.13 所示）描述的已是完全不同的博弈。这时，女生清楚地知道在她之前男生选择了什么，从而这是一个动态博弈。

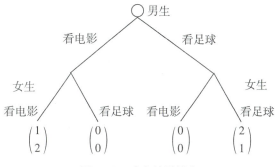

图 3.13 动态性别博弈

二、子博弈精炼纳什均衡

和静态博弈不同，在动态博弈中，后行动的参与人可以观测到先行动的参与人选择的行动，这样，后行动的参与人的决策就是在给定先行动的参与人的行动的前提下，选择行动最大化自身的支付。因此，后行动的参与人的行动依赖于先行动的参与者的行动，这种相机行动方案被称为策略，动态博弈中的行动往往被称为策略性行动。而先行动的参与人在决策时，可理性预期到后行动的参与人的反应，并以此反应为基础选择行动最大化自身的支付。

因此，求解动态博弈的思路是：从最后一个决策结开始，得到其最佳反应，然后倒推到倒数第二个决策结，他在已知前面的行动以及后面的反应的基础上做出最优选择，重复这一过程直到初始决策结。

根据这种思考问题的顺序，这一方法被称为反向归纳法，运用这种方法求得的均衡被称为子博弈精炼纳什均衡。通过求解上面的动态性别博弈来理解这个均衡解的特征。最后的决策结是女生做决策，她的反应模式是：如果男生选择看电影，她就选择看电影（支付为 2 高于 0）；如果男生选择看足球，她就选择看足球（支付为 1 大于 0）。这样的反应模式被男生预见到，因此轮到分析男生的选择了。他所面对的博弈可以简化为图 3.14，因此男生的最优选择是看足球（支付为 2 大于 1）。所以，这个博弈的均衡是：男生选择看足球，女生也选择看足球。这个策略组合是纳什均衡，因为给定男生选择看足球，女生没有激励改变；给定女生选择看足球，男生也没有激励改变。

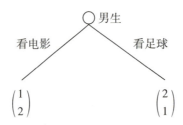

图 3.14　运用反向归纳法简化之后的博弈

但是，和上一章里的静态博弈中的纳什均衡不同，静态博弈中的一个纳什均衡（男生选择看电影，女生选择看电影）被排除了。为什么需要排除这个纳什均衡呢？因为这个纳什均衡是对该博弈的不合理的预测。之所以利用静态博弈的纳什均衡的方法会得到对动态博弈的不合理的预测，是因为纳什均衡假定每一个参与人在选择自己的最优策略的时候，其他参与人的策略选择是给定的，参与人并不考虑自己的选择对其他参与人选择的影响。但是在动态博弈中，参与人的行动有先后，后行动者的选择依赖于先行动者的选择。这样，先行动的参与人在选择自己的策略时，不可能不考虑自己的选择对后行动的参与者的影响。

女生当然希望男生选择看电影，从而自己选择看电影的支付为 2，大于 1。为了使得这个结果出现，女生的策略是"如果男生选择看足球，自己就选择看电影"。博弈论把这个策略称为一个威胁，如果男生相信了这个威胁，两人去看电影就会成为可能的均衡。但是问题是，这个威胁是不可置信的，也就是说男生认识到：如果自己真的选择了看足球，女生是不会兑现这个威胁的，因为这时女生选择看电影不理性。通过上面的分析，我们应该已经清楚了动态博弈的子博弈精炼纳什均衡的特点，它是剔除了不可置信的威胁策略后的纳什均衡。因此，子博弈精炼纳什均衡是比纳什均衡更强的概念，它的目的就是排除不合理的预测，排除之后的纳什均衡就被称为精炼的。

不可置信的威胁的一个重要特征是它不是所有决策时点的最优选择，这被称为动态的不一致。例如，女生威胁要看电影就不是男生选择看足球之后的最优选择。那么，如何判断一个策略是否是动态一致的？为此，我们引入了子博弈的概念。

一个扩展式博弈的子博弈是指从一个含有一个决策结的信息集开始，含有这个决策结的所有的后续结并且只含有这些决策结所组成的博弈。因此，可以说一个博弈的子博弈是这个博弈的子集。需要注意的是，每个子博弈都是从一个信息集开始要到达最后的终点结，如果信息总是完美的，那么，子博弈就从决策结开始。例如，上面介绍的动态性别博弈有三个子博弈：女生的两个决策结开始了两个子博弈，而从男生开始的博弈也是一个子博弈。

子博弈精炼纳什均衡要求一个策略组合必须在每一个子博弈中都是纳什均衡，由于子博弈包含了从所有可能的时点开始的博弈，从而这一均衡包含的策略是任何时点的最优选择。而我们前面已经使用过的反向归纳法就是求解子博弈精炼纳什均衡的标准方法。但需要注意的是，这种方法只适用于有限博弈。

从上面的求解方法来看，用反向归纳法求解子博弈精炼纳什均衡的过程，实质上是重复剔除劣策略在扩展式博弈上的扩展。从最后一个决策结开始，依次剔除每个子博弈的劣策略。显然，这要求"所有参与人是理性的"这一共识。在动态博弈当中，先行动的决策者确信后行动的决策者会采取理性的行为，而后行动的决策者不仅真的进行理性选择，而且他知道先行动的决策者会根据他的反应来进行决策。当然，如果后行动的参与者犯错误，泽尔滕把它称为"颤抖"，那么，反向归纳法就不能保证做出正确的预测。这是这种方法遇到的最大挑战。

下面我们用上述的方法求解一个稍微复杂一些的动态博弈（如图3.15所示）。

我们首先从参与人3的决策开始分析，如果参与人1选择L，参与人3选择r，博弈结束。如果参与人1选择R，参与人2随后做选择，然后才是参与人3选择，分析参与人3的行动，得到如下的反应模式：如果参与人2选择a，则参与人3选择r；如果参与人2选择b，则参与人3选择l，这样博弈就可以化简（如图3.16所示）。

现在又可以继续考虑参与人2开始的子博弈。参与人2做选择的时候面对给定的参与人1的行动，而且正确预见到参与人3的反应，参与人2选择a。这样就可以进行第二次化简，化简之后的博弈如图3.17所示。

最后我们来考察参与人1的选择，显然给定参与人2和3的反应，参与人1的最优选择是R，因此这个动态博弈的子博弈精炼纳什均衡的结果为：参与人1选择R，参与人2选择a，参与人3选择r。

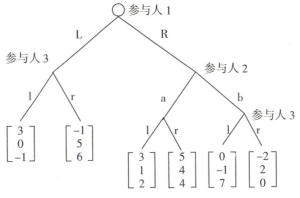

图 3.15　某一动态博弈

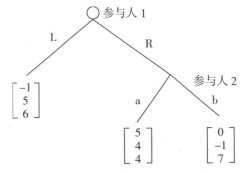

图 3.16　简化的动态博弈（Ⅰ）

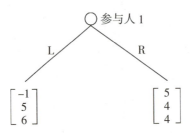

图 3.17　简化的动态博弈（Ⅱ）

　　下面我们考察一个进入博弈的例子。前面的市场结构的考察都没有考虑潜在进入的问题，而是在给定行业内厂商数量的前提下进行分析。下面我们就考察一个简单的进入博弈模型，通过这个模型继续深化对动态博弈的理解。

　　假设市场上只有一个在位厂商，用 I 表示。有一个潜在进入者用 E 表示。如果进入没有发生，E 获得竞争性利润为零，企业 I 得到垄断利润为 2。如果进入发生，在位者可以选择容纳或者斗争两种策略：企业 I 选择容纳则和进入者各自获得的利润为 1；如果 I 选择斗争，而且斗争的目的是把进入者淘汰出市场，则各自获得的利润为 -1。这一博弈的扩展式如图 3.18 所示。

　　我们运用反向归纳法求解这个博弈的均衡。首先从倒数第一个决策结，也就是

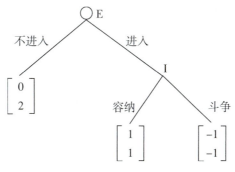

图 3.18　进入博弈

I 开始。如果 E 进入，企业 I 选择容纳优于斗争。接下来，就是 E 的选择，如果不进入利润为 0，如果进入利润为 1，因此企业 E 选择进入。因此，均衡结果是企业 E 选择进入，企业 I 选择容纳，各自获得的利润为 1。

在这个博弈中，企业 I 的策略"如果进入则斗争"就是它向进入者发出的一个威胁，但这个威胁是不可置信的，因此企业 E 知道，自己一旦进入，企业 I 选择斗争是不理性的。纳什均衡无法排除这种威胁，而子博弈精炼纳什均衡正好是剔除了这些不可置信的威胁的纳什均衡。不可置信的威胁是动态不一致的，它不是博弈的所有时点上的最优策略。例如，斗争就不是企业 E 进入后企业 I 的最优策略。

不可置信的威胁是动态不一致的，它不是博弈的所有时点上的最优策略。但是，如果参与人能够在博弈之前采取某种措施改变自己的行动集或者支付函数，就可能使威胁变得可信，我们把这些措施称为承诺行动。在很多情况下，一个参与人可以通过减少自己的选择机会来做出承诺。有意思的是，限制了自己的选择范围后却因为具有策略效应而变得对参与人有利。

承诺行动的经典例子是战争中的占岛断桥。这种行动决定了占领了岛屿的军队没有退路，只有固守阵地，结果这种限制了自己的选择范围的行动产生了策略效应，因为进攻的一方预见到一旦进攻就会遇到顽强的抵抗。在进入博弈当中，在位企业也可以通过承诺行动来阻止进入。例如，积累大量的过剩生产能力，或者投入沉没成本来阻止进入，这些都使得斗争的威胁变得更加可信。

三、重复博弈

我们前面所考察的动态博弈的一个特征是从后一个决策结开始的子博弈不同于从前一个决策结开始的子博弈。另一种动态博弈被称为重复博弈，表现为同样结构的博弈被重复多次。在这种博弈中，每次博弈被称为阶段博弈。

重复博弈引入了如下的内容：当博弈重复多次的时候，参与人可能会为了长期利益而牺牲眼前利益，这会激励参与者选择不同于一次性博弈的策略。而且，每一参与人的选择都是以前全部博弈历史的函数，也就是说，参与人的策略选择取决于以前所有参与人的行动。因此，在博弈结束之前的任一时点，参与人都认识到他的行动具有信号功能，这被称为声誉。

让我们考虑上一章分析过的囚徒困境的例子。为了更具一般性，我们把不坦白称为合作行为，而把坦白称为不合作行为。囚徒困境刻画了这样一种情况，虽然合作可以改善每个参与者的福利，但是在一次性博弈中，选择欺骗是纳什均衡。现在假设这个囚徒困境的博弈重复有限次，每一次的支付矩阵都是相同的，而且每个参与者都知道博弈结束的时间。我们可以运用反向归纳法求解这个重复博弈的均衡。在最后一个时期，纳什均衡是欺骗，因为这时合作行为没有声誉价值，博弈已经结束了。在倒数第二个时期，由于每个参与者都知道最后一个时期对方会选择欺骗，而且关键是对方会认为自己在最后一个时期一定会选择欺骗，因此就算选择合作，也不会促使对方在最后一个时期选择合作，因此每个参与者的最优选择还是欺骗。结果这又使得倒数第二个时期选择的合作行动失去了意义，这样倒推到第一个时期的决策，每个阶段都是重复了一次性博弈的结果，从而有限次数的博弈仅仅是把一次性的同时行动博弈重复了有限次。

但是，如果重复博弈的次数是无限的，或者即使次数有限，但参与者并不清楚博弈结束的时间，情况就发生了变化。这时的博弈的均衡确实不同于一次性博弈，而博弈均衡解则取决于参与人的跨期反应策略。常见的策略有两种：在"触发策略"（trigger strategy）中，只要所有的博弈者在第 1 期是合作的，那么，博弈参与者在第 t 期就采取合作策略。但是，如果任一参与者在第 1 期是不合作的，那么，博弈参与者从第 2 期开始并且将永远采取不合作策略。而在"以牙还牙，以眼还眼"（tit for tat）策略中，参与人则选择对手在上一时期的策略。这样一来，如果一个参与者在某个时期选择了不合作，还可以在以后重新建立声誉。

下面我们用具体的数字例子来理解上面的分析。下面的支付矩阵描述的是无限次重复博弈的一个时期的支付。如果选择合作，每个时期每个参与人都可以得到收益 2；如果选择不合作，收益则都下降为 1。但是如果对手选择合作，欺骗者可以得到收益就为 3，而收益 1（3，−2）就是欺骗的动机。但是，欺骗行为可以随后被观察到，从而被欺骗者将采取触发策略，即一旦受到欺骗，随后永远选择不合作。

我们要回答的问题是在什么条件下会出现合作解呢？这就需要比较合作的收益和欺骗的收益。假设贴现因子为 δ，那么合作的收益为 $\frac{2}{1-\delta}$，欺骗的收益为 $3+\delta+\delta^2+\cdots=3+\frac{\delta}{1-\delta}$。合作发生的条件是 $\frac{2}{1-\delta}>3+\frac{\delta}{1-\delta}$，这要求 $\delta>\frac{1}{2}$。这一结果的经济学含义是，如果博弈的参与者都比较看重未来（贴现因子足够大），合作就会发生。

第四章
竞争性消费者的购买均衡

在产品市场上，个人是产品的购买者和消费者。在竞争性市场上，有很多很多消费者，他们属于不同的家庭，有不同的偏好，收入水平也可能大不相同。尽管如此，他们的购买或消费行为却具有共同的动机，从而遵循完全相同的法则，即都是在既定的价格条件下，按照自己的偏好来配置手中的资源，决定效用极大化的产品购买数量。为此，马歇尔从中挑选出具有代表性的消费者，分析他的购买行为，并以此来概括竞争性市场上单个消费者的购买行为。

第一节 效用和边际效用递减规律

消费者喜欢或者不喜欢某种商品，实际上是根据该种商品可能给其带来的效用来评价的。如果消费者认为消费该种商品能够获得很大的满足，那么，消费者肯定就非常喜欢它；反之，消费者肯定就不喜欢它。

一、效用和效用单位

如前所述，效用是商品给消费者带来的满足，用效用单位来衡量它的大小。关于效用和效用单位，我们用温度概念做一个类比。温度是一个抽象的概念，而且温度的单位是任意的。你知道自己什么时候感到热，也知道什么时候感到冷，但是你无法观察到温度。如果天气十分热，你可以观察到水变为蒸汽，如果天气十分冷，你也可以观察到水变为冰。而且，人们还可以造出一个称为温度计的工具，它可以帮助你预测到什么时候会发生这种变化。温度计上的标度是我们称为温度的东西，但我们衡量温度的单位是任意定的。例如，我们可以准确地预测到，当摄氏温度计表示为 0 度时，水将变为冰。但是，衡量单位无关紧要，因为当华氏温度计表示为 32 度时也会发生同样的情况。

与温度一样，效用也是一个抽象的概念，而且效用单位也是任意定的。如果说温度概念有助于我们做出有关物理现象的预测，那么，效用概念就有助于我们做出有关消费选择的预测，尽管这种预测不如我们预测水什么时候变为冰或者蒸汽那么准确。效用就是人们在商品、服务和闲暇的消费中所得到的满足。满足程度高，效用就大；反之，效用就小。如果消费者在商品消费中感到快乐，则效用为正；反之，则效用为负。

就像我们用温度计上的温度高低来表示冷热一样，我们用人们心目中任意设定的"效用单位"来表示效用的大小。实际上，效用既可以用 1、2、3、4 等基数来表示，也可以用第一、第二、第三、第四等序数来表示。由于效用单位是任意设定的，哪怕效用是用基数值来表示，比如 A、B、C 三个商品单位给你的效用分别为 2、3、4，它并不是说 A、B、C 三个商品单位所带来的绝对效用就是 2、3、4，它只是说明在 A、B、C 三个商品单位中，消费者最偏好 C，最不喜好 A，B 是介于 A 和 C 之间的。

二、总效用和边际效用

对某个消费者来说，特定商品量或商品组合的效用大小，要受消费者欲望和商品消费量等多种因素的影响。在欲望一定的条件下，效用的大小就仅仅取决于它的商品消费量。

总效用是特定消费者消费一定数量的某种物品所得到的总的满足程度。总效用是相对于一定的商品消费量而言的，它随商品消费量的变化而变化。从这个意义上讲，总效用是商品消费量的函数。如果用 U_t 表示总效用，Q_x 表示某种商品量，f 表明 U_t 与 Q_x 存在函数关系，总效用函数一般可以写成：$U_t = f(Q_x)$。具体的总效用函数多种多样，比如 $U_t = Q_x^{\frac{1}{2}}$，$U_t = Q_x^2$，$U_t = Q_x$，它们都代表不同的偏好。

边际效用是指在其他因素一定时，某个消费者从最后一单位商品消费中获得的效用。如果消费者只消费 1 个单位商品，那么第 1 个单位商品的 10 个单位效用，就是他的边际效用；如果消费者消费了 2 个单位商品，那么第 2 个单位商品的 8 个单位效用，就是他的边际效用；如果消费者消费了 3 个单位商品，那么他在第 3 个单位商品获得的 7 个效用单位，就可以看成他的边际效用。依此类推，如果消费者消费 N 个单位的商品，那么他从第 N 个单位商品中获得的效用量，就是他的边际效用。显然，每一个单位商品的效用都可以看成是边际效用。

边际效用也是在其他因素一定时，某人增加一个单位商品的消费所增加的效用。比如，如果消费者消费 1 个单位商品获得 10 个单位效用，消费 2 个单位商品获得 18 个单位效用，消费 3 个单位商品获得 25 个单位效用，那么，当消费者从没有消费任何商品到消费 1 个单位商品，他的效用就增加了 10。同理，当消费者从消费 1 个单位商品到消费 2 个单位商品，他的效用就增加了 8；当消费者从消费 2 个单位商品到消费 3 个单位商品，他的效用就增加了 7。

边际效用（MU）可以定义为总效用的变化值与商品量的变化值之比，即 $MU_x = \frac{\Delta U_t}{\Delta Q_x}$ 或 $MU_x = \frac{dU_t}{dQ_x}$。比如，对应于总效用函数 $U_t = Q_x^{\frac{1}{2}}$，那么，边际效用函数就为 $MU_x = U_t' = \frac{1}{2\sqrt{Q_x}}$；如果总效用函数为 $U_t = Q_x^2$，那么，相应的边际效用函数就为 $MU_x = 2Q_x$；如果总效用函数为 $U_t = Q_x$，那么就有边际效用函数 $MU_x = 1$。

三、边际效用递减规律

经济学告诉我们：一般地，在其他因素不变的条件下，随着消费者对某种物品消费量的增加，其从该物品连续增加的消费单位中所得到的效用越来越小，甚至为负。这种现象普遍存在，被称为边际效用递减规律。

也就是说，在消费者偏好既定的条件下，某种商品消费量越小，边际效用越大；消费量越大，边际效用越小；如果增加单位消费品不能获得任何满足，边际效用则为零；当商品消费量超过一定数额，继续增加商品的消费，不仅不能带来愉快，反而会造成痛苦，边际效用变为负值。根据边际效用递减规律，随着消费量的减少，边际效用是越来越大的。

在图 4.1 中，横轴代表商品消费量 q，纵轴表示边际效用 MU。显然，边际效用曲线是向右下方倾斜的。边际效用递减规律是以消费者偏好不变为前提条件的，如果消费者偏好改变了，边际效用就不一定递减了。比如，泸州老窖公司关于"1573"的广告宣传使消费者对它的偏好增强了，那么消费者从每后一个单位商品获得的效用量就可能要大于他前一个单位商品获得的效用量了。

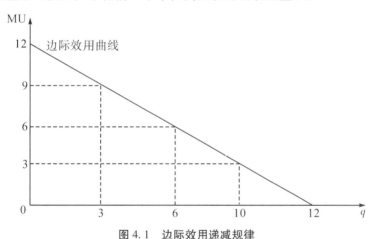

图 4.1　边际效用递减规律

此外，关于货币的边际效用值得高度注意。货币也是一种商品，人们拥有它也能获得满足，因而货币也存在效用，而且它的边际效用也会递减。但是，作为一种特殊的商品，我们通常假定货币的边际效用是不变的，用 λ 来表示。我们之所以这样假定，除了便于分析人们的消费选择，直接推导出消费者需求外，还有部分原因是基于这样的事实：与普通商品的边际效用相比较，货币商品的边际效用的递减相当缓慢。

第二节　消费者偏好和无差异曲线

一、消费者偏好

1. 消费者偏好的含义

在消费者的购买行为中，消费者总是要根据自己的购买意愿来进行选择，也就是根据消费者偏好来进行选择。通俗地讲，消费者对商品和服务的爱好或者喜欢程度就是消费者偏好。比如，在日常购买过程中，我们可能会听到顾客说"我喜欢这种款式和颜色的衬衣，然后搭配一条浅灰色的裤子"，或者"那种样式好老气哟，我不喜欢"。当你对中意的衬衣爱不释手，但又嫌价格太贵而迟迟不肯掏钱购买时，服务员可能就会劝你："价格贵一点又有什么关系呢，买就买个喜欢嘛！"诸如此类，实际上表达的就是消费者的偏好。

准确地说，消费者偏好是指在其他因素不变的条件下，消费者的喜好程度与特定商品单位或者商品组合单位的关系。在理解消费者偏好时，有两点值得注意：第一，就特定的偏好而言，在其他因素不变时，特定的消费者对每一个商品单位或者商品组合单位的喜好程度是一定的，但是他对不同的商品单位或者商品组合单位的喜好程度可能就不相同。第二，消费者偏好是相对的，即它是消费者的一种喜好顺序。比如，当消费者说他喜欢"观奇"洋服，实际上是说与其他商品或者商品组合相比，他更喜欢"观奇"而已。因此，严格地讲，某种消费者偏好就是一个特定的喜好顺序，只要消费者对每一个商品单位或者商品组合单位的喜好顺序是完全一样的，尽管消费者对每一个商品单位或者商品组合单位的喜好程度不相同，我们也没有理由认为消费者偏好发生了变化。

在经济学上，消费者偏好可以用效用函数来表示。一般地，效用函数可表示为 $U=f(Q_x)$，其中 U 代表效用，Q_x 代表某种商品的量，f 说明 U 与 Q_x 之间存在函数关系。显然，一个效用函数就代表一种消费者偏好，只要效用函数没有变化，那就说明消费者偏好没有变化。一旦消费者偏好改变了，那么，就一定得用另外的效用函数来表示。当然，对于某个效用函数，尽管消费量的变化会造成效用量的变化，但是并不意味着偏好的改变。

2. 消费者偏好假定

对于每一个商品单位，消费者都存在一定的偏好。为了描述消费者偏好，经济学提出了几个偏好定理。

第一，对于所有的商品单位，消费者总是可以根据自己的偏好来比较大小或者排列顺序，这就是偏好的完备性定理。也就是说，对于任意商品单位 A 和 B，消费者总是明白：或者喜好 A 胜于 B；或者喜好 B 胜于 A；或者喜好 A 和 B 一样多。偏好的完备性定理意味着，没有任何商品单位是消费者不能比较的，而且没有任何偏好是消费者不能精确表达出来的。

第二，由于消费者的完全理性，消费者的偏好始终是前后一致的，没有偏好循环和反转现象，这就是偏好的传递性定理。换句话说，对于任意三个商品单位 A、B、C，如果消费者对 A 的偏好程度大于 B，对 B 的偏好程度又大于 C，那么，消费者就爱 A 比爱 C 要多一些。传递性定理意味着，根据 A 好于 B，B 又好于 C，绝对不能得出 C 比 A 好、C 比 B 好和 B 比 A 好。实际上，偏好的传递性定理是以具有正常逻辑思维和判断能力的消费者为隐含前提的。

第三，如果任意两个商品单位的唯一区别在于数量的差异，那么，消费者总是更加偏爱数量较多的商品单位，这就是偏好的非饱和性定理。非饱和性定理意味着，消费者购买的商品总是值得拥有的好的东西，而不是诸如空气污染、废水、臭气和噪音等坏的东西。而且，它还意味着，对于好的东西，消费者能够拥有的量越多越好，没有最多，只有更多！

3. 消费者偏好的影响因素

消费者对商品或者商品组合单位的喜好程度，要受文化、社会、个人、心理和商品量等多种因素的影响。但是，如果其他因素不变，商品量变化并不会改变消费者偏好，只有文化、社会、个人和心理等其他因素发生变化，才会使消费者偏好发生变化。具体说来，文化、社会、个人和心理等因素主要通过示范效应和广告效应来影响偏好。

示范效应是指相关消费者的消费行为对个人消费偏好的影响。每一个消费者的偏好都要受其年龄所处的生命周期阶段、职业、经济状况、生活方式、个性以及自我观念等个人因素的影响，而消费者的个人因素是个人的社会化学习过程，即是在个人与家庭成员、亲戚朋友、同事、邻居等相关成员接触的过程中形成的。因而，某个消费者的偏好是与相关消费者的消费观念和消费行为密切相关的。通常，当消费者所处的人文环境发生变化，他就会表现出不同的消费偏好。比如，当你发现你身边或者周围的同学大多数都穿牛仔服，他们还告诉你穿牛仔服的好处，如显得有活力、潇洒自在、耐磨、适合大学生等。慢慢地，你可能也会这样认为，甚至也会穿一身牛仔服了，即使你原来认为穿牛仔服太普通了。

广告效应是指广告引领的消费潮流或者消费时尚对消费者偏好的影响。广告是很大的商务活动。许多大公司每年都花费数亿美元的广告费。虽然很多消费者会觉得受到了肤浅的广告轰炸，有时还感到广告的干扰，但是广告却增加了消费者对产品的认知和了解。一些广告甚至成功地说服人们相信某些商品或者服务，比他们先前认为的更加称心如意。事实上，广告通过影响人们的偏好，使销售增加，否则企业就不会做广告了。广告可以分为信息广告和形象广告。信息广告主要是用于传递产品质量和价格信息，比如，报纸上登载的食品杂货店或服装卖场的广告、商品价目广告、技术说明书等。当信息广告把一种商品可描述的性质传递到买主手中时，消费者对这种商品质量的感知就会上升，对该种商品的喜好程度就会提高。形象广告主要是用来改变消费者偏好模式以使商品显得更可取、更有用或者更有价值。比如，某品牌用一个文雅高尚的形象，使其拥有者显得更成功、更完美。当然，有些广告只是告诉你哪种商品的味道、外观等是好的，使你觉得对你是适合的，或者对你的健康是有益的。形象广告意在提升消费者对该种商品的喜好程度。

49

二、无差异曲线：图形与函数

在一定的偏好条件下，个人的效用量取决于两种商品的量，也就是依存于两种消费品的组合。就产量而言，各种组合之间要么提供相同的效用，要么提供不同的效用。

对两种商品的各种组合，根据偏好程度，消费者总能把它们分成各个系列，各个系列之间的组合是存在偏好差异的，而同一系列内的组合的偏好是无差异的。无差异曲线，又称为等效用曲线，就是能够给消费者提供相同效用水平的两种商品的不同数量的组合点的系列。

显然，一个偏好系列就形成一条无差异曲线，多个偏好系列就形成多条无差异曲线。正如地图上的等高线一样，无差异曲线表示两种商品组合的效用高度。同一条无差异曲线上的商品组合效用高度相等，而不同无差异曲线的商品组合效用高度不同。

图 4.2 显示了消费者一周内对面包（X）与饮料（Y）的消费组合的效用。其中，横轴代表面包的数量 Q_X，纵轴代表饮料的数量 Q_Y。他对在曲线 U_1 上的各种消费组合 $a(2,4)$、$b(4,2)$ 是无差异的，因为它们都提供同等程度的满足。例如，消费者从 4 个面包和 2 瓶饮料的消费中获得的效用，与他从 2 个面包和 4 瓶饮料的消费中获得的效用一样。他对曲线 U_2 与 U_1 的组合系列 $c(3,4)$、$d(4,3)$ 则存在不同的效用。根据"多比少好"的偏好和效用公理，曲线位置越高的组合效用越大，从而曲线 U_2 表示的满足程度高于 U_1，即 $U_2 > U_1$。

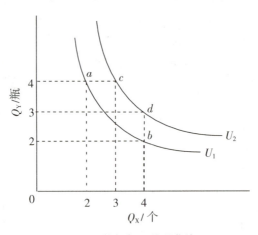

图 4.2　偏好与无差异曲线

图 4.2 中只是显示了消费者对 U_1、U_2 的两种效用水平的评价。事实上，图中应当有无数条无差异曲线，这些曲线平行铺满了整个正象限。但是，为了简化作图和分析，我们通常只画其中的几条曲线。应当指出的是，曲线 U_1 和 U_2 除了说明 U_1 比 U_2 效用低之外，并不能说明 U_1 比 U_2 效用低多少。从无差异曲线的走势、形状以及关系看，它具有三大特征：

第一，无差异曲线向右下方倾斜。在曲线 U_1 上的一切商品组合点，比如 a、b，都能提供完全相同的满足程度。根据无差异曲线的定义，消费者在满足水平不变的条件下可以选择两种商品的不同组合。他可以通过放弃一定数量的 Y 商品的消费，同时又增加一定数量的 X 商品的消费，使总效用保持不变。因为如果消费者要想保持 X 商品消费不变而增加 Y 商品消费（比如由 b 变为 d），或者同时增加 X 商品和 Y 商品的消费，都会改变他的满足水平。所以，等效用曲线上的消费组合改变，两种商品的数量必须是此消彼长、呈反方向变动的，即无差异曲线是一条负相关的曲线。

第二，无差异曲线向原点凸出。无差异曲线上的组合点的运动，实际上反映了两种商品之间的替代关系。比如曲线 U_1 上的 b 点向 a 点运动，实际上是消费者用增加 2 瓶饮料的消费来替代 2 个面包的消费。在经济学上，这种消费者为了保持同等效用水平，在增加单位 X 商品消费时所必须减少的 Y 商品消费的数量，被称为边际替代率。边际替代率就是无差异曲线的斜率，通常用商品 Y 的减少量 ΔQ_Y 与商品 X 的增加量 ΔQ_X 之比来表示。由于同一无差异曲线上任意两种商品组合带来的效用相同，增加 ΔQ_X 所增加的效用必然等于减少 ΔQ_Y 所减少的效用。所以有：$\dfrac{\Delta Q_Y}{\Delta Q_X} = \dfrac{MU_X}{MU_Y}$。

根据边际效用递减规律，随着 X 商品数量的增加，Y 商品的数量必然相应地减少，从而 X 商品的边际效用 MU_X 越来越小，Y 商品的边际效用 MU_Y 越来越大。这就使得边际替代率或无差异曲线斜率递减，即无差异曲线是凸向原点的。

第三，无差异曲线之间不能相交，距离原点越远的无差异曲线效用越高。同一条无差异曲线反映一种消费偏好和效用评价，不同的无差异曲线则代表不同的消费偏好和效用评价。距离原点越远的等效用曲线表示效用水平越高，距离原点越近的等效用曲线表示效用水平越低。如果两条无差异曲线相交，相交点就必然同时处在两条无差异曲线上，因而就应提供不同的满足或效用。但是，不同的满足要由不同的商品组合系列提供，而同一系列的商品组合只能提供相同的满足，这与无差异曲线本身的定义相矛盾。因此，任意两条无差异曲线不能相交。

消费者的偏好或无差异曲线可以用效用函数来表示，即 $U = f(Q_x, Q_y)$。当然，无差异曲线的斜率，或者说边际替代率，就为 X 和 Y 商品的边际效用之比，即

$$MRS_{x,y} = \frac{\partial U}{\partial Q_x} \Big/ \frac{\partial U}{\partial Q_y} = \frac{MU_x}{MU_y}。$$

第三节　个人购买力与预算约束线

一、预算约束线：方程与图形

无差异曲线分析只反映了人们在不考虑消费预算和商品价格时的偏好和满足，但实际上研究消费者抉择还必须研究消费者预算和价格等约束条件。

人们的现实消费抉择总要受消费预算和商品价格的约束，消费者只能在消费预算和商品价格允许的范围内选择商品组合——因为消费者的货币资源是稀缺的，而

商品又不能免费享用。如果消费者要选购两种商品，在消费预算和商品价格既定的条件下，他充分使用其购买预算所能够购买的两种商品的最大组合点的轨迹，就是消费约束线。

假设两种商品为 X 商品（面包）和 Y 商品（饮料），相应的商品价格分别为 P_X 和 P_Y，购买量用 Q_X 和 Q_Y 表示。如果消费预算为 I，则消费约束线的方程可写为

$$I = P_X \cdot Q_X + P_Y \cdot Q_Y$$

或

$$Q_Y = -\frac{P_X}{P_Y} \cdot Q_X + \frac{1}{P_Y} \cdot I$$

这是一个直线方程。如果用纵轴表示 Q_Y，横轴表示 Q_X，消费约束线就是一条以 $-\dfrac{P_X}{P_Y}$ 为斜率，以 $\dfrac{I}{P_Y}$ 为纵截距，以 $\dfrac{I}{P_X}$ 为横截距的直线。很明显，消费约束线向右下方倾斜，斜率为负，它反映了既定约束条件下两种商品的替代关系。

上述消费约束方程可以用图 4.3 表示出来。消费约束线具有重要的经济意义。在图中，消费约束线以外的点（如 d 点），是消费者在现在的商品价格和消费预算条件下不能购买到的商品组合，它们反映了消费者货币资源的稀缺性。消费约束线以内的点（如 c 点），是消费者在现有条件下能够购买的商品组合，但存在货币剩余，因此它们反映了消费者货币资源的闲置。消费约束线上的点（如 a、b 点），都是消费者刚好用完消费预算能够购买的商品组合，它们反映了消费者货币资源的充分利用。

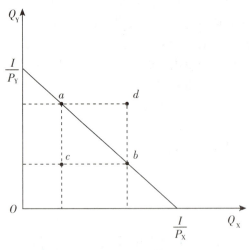

图 4.3　消费预算线

二、预算约束线的建立

从上述预算约束线看出来，写出它的方程很简单，因为它隐含的等量关系就是个人收入＝个人支出，或者个人的预算支出＝个人的实际支出。同时，似乎画出预算约束线也很容易，因为它是一条直线且与横轴和纵轴都有截距点。然而，如果结合到实际经济生活，写出预算线方程和画出预算线也还是有一定难度，因为商品价

格和收入受很多因素的影响，可能会不断变化。为了说明如何构建预算线，我们以政府的住房补贴为例来说明。

假设某个人的货币收入为 40 000 元，计划用来购买住房和除住房之外的其他商品，住房的量用 Q_x 表示，单位为平方米，其他商品量用 Q_y 表示，单位为个。如果住房的市场价格为 $P_x = 2\,000$ 元/平方米，其他商品价格 $P_y = 800$ 元/个。

在已知这个人的预算收入和计划购买的两种商品价格条件下，我们可写出他的预算线方程，即：$40\,000 = 2\,000Q_x + 800Q_y$。

相应的，我们就可以画出其预算约束线 ab，如图 4.4 所示。

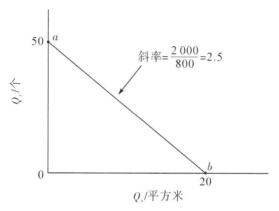

图 4.4 无住房补贴时的预算线

我们现在进一步假设，这个人在所在地区为低收入且住房困难的居民，政府为了帮助他改善居住条件，出台了住房补贴措施。住房补贴可以是价格补贴，即他可以 1 000 元/平方米购买住房；也可以是货币补贴，就是直接补贴 4 000 元；还可以是实物补贴，即政府最多免费提供 20 平方米的住房给他。

对于这个人而言，政府补贴增强了他的购买力，他拥有比没有补贴时更大的选择空间。在价格补贴条件下，这个人的预算线方程为

$40\,000 = 1\,000Q_x + 800Q_y$

相应的预算线如图 4.5 中 ac。

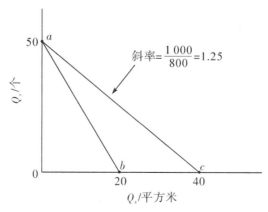

图 4.5 价格补贴下的预算线

如果不是价格补贴，而是货币补贴，那么这个人的预算线方程为

80 000 = 2 000Q_x + 800Q_y

相应的预算线如图4.6中de。

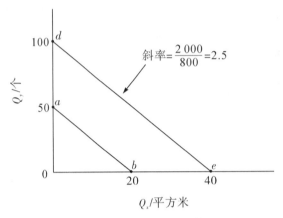

图4.6 货币补贴下的预算线

如果政府实行的是免费提供20平方米的住房，实物补贴下的预算线方程为

$$\begin{cases} 40\,000 = O \cdot Q_x + 800Q_y & (Q_x \leq 20) \\ 40\,000 = 2\,000(Q_x - 20) + 800Q_y & (Q_y > 20) \end{cases}$$

相应的预算线为一条折线，如图4.7中afe。在住房面积为20平方米以内，它是一段水平线af，纵截距为50，这意味着只要这个人的住房面积小于等于20平方米，其他商品的最大消费量就可以保持在50个水平上。但是，如果住房面积超过20平方米，他的预算线就是负相关的了，为fe，这是因为超过20平方米，他必须用自己的钱来买房，从而其他商品的购买量就必须减少。

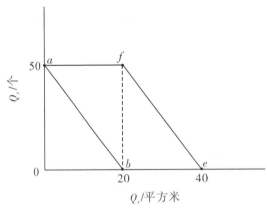

图4.7 实物补贴下的预算线

从上例可见，在实际生活中，预算线并不一定是直线，有可能是折线。同时，我们还可以看到，政府的价格补贴，通过改变商品价格来增强个人购买力，政府的货币补贴通过增加个人收入来增强购买力，而政府的实物补贴既通过影响价格，也通过影响收入来影响购买力。

第四节　消费者的最优购买选择

家庭的收入和它面临的价格限制了消费者的选择，而消费者偏好又决定了他能够从每一种消费可能性中得到的效用。由于消费者的欲望超过了可用于满足这些欲望的资源，所以他必须做出艰难的选择。对于完全理性的消费者来说，他要通过自己的选择使自己的效用最大化。

一、消费者的购买行为

消费者的购买行为就是指消费者通过支出一定数量的货币来换取一定数量的商品和服务。因此，人们对自己的货币收入的配置行为，简单地说，就是人们花多少钱来购买商品和服务，留多少钱在手中或者说以货币的形式持有多少钱。

就消费者在市场交易中的货币支出来说：一方面，当人们支出某个数额的货币，那么，人们就要损失某个数量的效用；另一方面，人们支出某个数额的货币也意味着他将得到一定数量的效用，因为支出的货币能交换到一定量的商品，这些商品又将给消费者带来效用。因此，在消费者的购买行为中，消费者因货币支出损失效用，又因货币支出增加效用。比如，某人通过支出 180 美元购买了 3 个单位商品，如果每 1 美元的（边际）效用为 2 个效用单位，他所换的 3 个商品单位的（边际）效用分别为 210、190、180 个效用单位。那么，这 180 美元的支出就会使他的效用减少 360 个效用单位，同时又将使他的效用增加 580 个效用单位。

就消费者在市场交易中的商品获取行为而言：一方面，当消费者获取某个数量的商品和服务，他能够从中得到一定的效用量；另一方面，消费者获得某个数量的商品也意味着失去一定的效用，因为得到商品是以减少货币储蓄量为条件的，货币量的减少会使消费者的效用相应减少。因此，在消费者的购买行为中，消费者因得到商品而增加效用，又因得到商品而损失效用。让我们再看看，消费者所得到的 3 个单位商品使他增加 580 个效用单位，同时他为获得 3 个单位的商品又损失了 360 个效用单位。

很明显，消费者的购买行为实质上包含着效用得失的比较权衡，即比较消费者货币支出所损失的效用量（或者他得到商品所减少的效用）与货币支付所获得的效用量（或者他得到商品所增加的效用）的相对大小。容易理解，如果消费者的货币支出所损失的效用量（或者他得到商品所减少的效用量）大于他货币支付所获得的效用量（或者他得到商品所增加的效用量），那么，理性的消费者肯定不愿意用自己的货币去换别人的商品，因为交换会使消费者自己的满足程度降低。如果消费者的货币支出所损失的效用量（或者他得到商品所减少的效用）小于货币支付所获得的效用量（或者他得到商品所增加的效用），那么，理性的消费者肯定愿意用自己的货币去换别人的商品，因为交换能够让消费者自己的满足程度提高。如果消费者的货币支出所损失的效用量（或者他得到商品所减少的效用）等于货币支付所获得的效用量（或者他得到商品所增加的效用），那么，对消费者来说，是否与厂商进行交换是无所谓的。

二、消费者均衡

1. 消费者均衡的条件

消费者均衡就是指在可支配的货币收入和商品或服务价格既定的条件下，消费者以使自己的总效用最大的方式来配置自己的全部货币收入的状态。

比较支出的货币或者获取的商品的总效用得失，只是说明了消费者是否值得用货币去交换商品，至于人们应该用多少货币去交换商品，才能使他的效用最大，我们还得通过比较消费者最后 1 个单位货币支出所损失的边际效用和他从这个单位货币支出所得到的边际效用的相对大小来确定。当然，也可以通过比较消费者从最后 1 个单位商品所得到的边际效用和相应损失的边际效用的相对大小来确定。

在货币本身的边际效用既定不变的条件下，消费者最后 1 个单位货币支出所损失的边际效用就等于货币本身的边际效用。比如，假设消费者每 1 美元的边际效用恒为 2，每多支出 1 美元，货币给他带来的效用就会减少 2 个单位。消费者从最后 1 个单位的货币支出中增加的边际效用，又称为货币的边际支出效用，是消费者用来购买最后 1 个单位商品的 1 个单位货币所带来的边际效用。货币的边际支出效用可以用他从最后 1 个单位商品消费中得到的边际效用 MU_x 除以该种商品的价格 P_x 来表示，即货币的边际支出效用 $= \dfrac{MU_x}{P_x}$。比如，消费者所购买的饮料的单价为 60 美元，他从最后 1 个单位商品所获得的边际效用为 180，所以他所支出的最后 1 美元货币给他带来的边际效用就等于 3，即他的货币的边际支出效用为 3，也就是消费者所花的最后 1 美元换回来 3 个单位的效用。

显然，消费者要获得最大化效用，他就必须按照效用极大化原则来配置货币收入。具体来说，效用极大化原则就是货币的边际支出效用等于货币的边际效用，即 $\dfrac{MU_x}{P_x} = \lambda$。理解 $\dfrac{MU_x}{P_x} = \lambda$ 是消费者以最优方式来配置货币收入的原则。最简单也是最常用的方法就是设想：

如果 $\dfrac{MU_x}{P_x} \neq \lambda$，在消费者偏好、货币收入和商品价格既定的条件下，消费者还能否通过货币收入的重新配置使总效用增大。

如果 $\dfrac{MU_x}{P_x} > \lambda$，这说明消费者花出去的 1 元钱比放在手中的 1 元钱有更大的效用，或者说消费者多花 1 元钱比少花 1 元钱有更大的满足。此时，消费者的产品-货币组合中商品量相对少了，而货币量则相对多了。这就意味着消费者还可以通过增加货币支出——即使自己的货币储蓄量减少、商品消费量增加——来增加总效用。比如，如果消费者货币的边际支出效用为 3，货币的边际效用为 2，那么消费者多支付 1 美元，消费者就可以使自己在货币和商品中获得的总效用增加 1 个单位。

如果$\frac{MU_x}{P_x}<\lambda$，这说明消费者花出去的1元钱比放在手中的1元钱有更小的效用，或者说消费者少花1元钱比多花1元钱有更大的满足。此时，消费者的产品-货币组合中商品量相对多了，而货币量则相对少了。他可以通过减少货币支出——即使自己的货币储蓄量增加、商品消费量减少——来增加总效用。比如，如果货币的边际支出效用为1，货币的边际效用为2，那么消费者少支付1美元，消费者就可以使自己在货币和商品中获得的总效用增加1个单位。

无论$\frac{MU_x}{P_x}>\lambda$，还是$\frac{MU_x}{P_x}<\lambda$，消费者都可以通过调整自己的货币支出量来调整自己的商品购买量，使自己的总效用增大，所以消费者肯定没有以最好的方式来配置货币收入。只有在$\frac{MU_x}{P_x}=\lambda$时，不管消费者增加货币支出或者商品购买，还是减少货币支出或者商品购买，消费者所获得的总效用都会减小，此时消费者效用达到最大。在这种状态下，只要其他条件不改变，理性的消费者就不会主动调整货币支出量或者商品购买量，因而达到了消费者均衡。

2. 个人消费品的最佳组合

任何一个理性的消费者在用一定的收入购买商品时，都是为了从中获得尽可能大的消费满足。消费者均衡就是消费者在一定的预算收入和商品价格条件下的效用最大化状态。很明显，消费者均衡既包含消费偏好或消费意愿，即效用最大化；又包含消费约束，即预算收入和商品价格。在序数效用论中，消费者的主观偏好是用无差异曲线表示的，而消费者的客观限制又是用消费约束线表示的。因此，研究消费者均衡的实现，就应该把无差异曲线和消费约束线结合起来运用。

在消费约束线既定时，它可能同多条无差异曲线相交，但只能而且一定能与一条无差异曲线相切。消费约束线与无差异曲线相交或相切，表示既定收入可以买到这些交点或切点上的商品组合；反之，如果消费约束线与无差异曲线既不相交也不相切，说明既定收入买不起这些无差异曲线上的商品组合。消费约束线与无差异曲线相交点上的商品组合不是预算约束下满足水平最高的商品组合，只有消费约束线与无差异曲线切点上的商品组合，才是预算限制条件下使消费者获得最大满足的商品组合。为此，序数效用论把预算约束线与无差异曲线的切点称为消费者均衡点。消费者均衡点表示消费者选择的商品组合，既在消费约束线上，同时又在一条尽可能高的无差异曲线上，如图4.8所示。

在图4.8中，I是消费约束线，它反映了既定的预算收入和商品价格。U_1、U_2、U_3是三条位置越来越高的无差异曲线。I与U_1相交于e_1、e_2两点，这说明消费者的既定预算可以买到U_1上的e_1、e_2两组合，但这样的购买不能给消费者带来最大效用，因为U_1线低于U_2线，即U_1的效用水平低于U_2。理性的消费者不会做出这样的抉择。虽然U_3线位置高于U_2线，U_3比U_2能为消费者提供更大的效用，但因消费约束线的限制，消费者不可能选择U_3上的商品组合。只有I线与U_2线的切点e_0上的商品组合，才是理性的消费者应该选择的能获得最大效用的商品组合，因为此时不存在既在消费约束线 I 上，同时又处于比 U_2 线位置更高的无差异曲线上的其他商品组合。因此，e_0 点就是消费者均衡点。当富有理性的消费者经过反复的掂量、比较、搜寻和选择，找到了使他遗憾最小而满足最大的商品组合后，只要购买预算、商品价格和消费偏好不发生变化，消费者就不会改变这一状态。在这种状态下，消费者的货币资源在两种商品上的配置比例是最优的，从而两种商品的组合也是最佳的，实现了最优的消费效率。这时就处于消费者均衡状态。

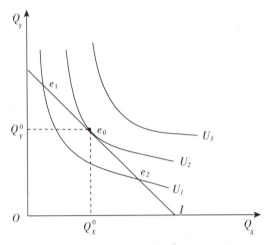

图 4.8　个人最佳商品消费组合

消费约束线与无差异曲线的切点是消费者均衡点，两条曲线在切点上的斜率一定相等。由于消费约束线的斜率是两种商品价格之比，而无差异曲线斜率是两种商品的边际替代率，它等于两种商品的边际效用之比。所以，消费者均衡的必要条件可写成：

$$\frac{P_X}{P_Y}=\frac{MU_X}{MU_Y} \quad 或 \quad \frac{MU_X}{P_X}=\frac{MU_Y}{P_Y}$$

上式表明，在商品价格既定时，消费者把一定的预算收入全部用来购买 X 和 Y 两种商品，只要两种商品的价格比正好等于它们的边际效用之比，消费者就能获得最大效用。或者说，只要消费者用于购买两种商品的最后一个单位的货币的边际效用相等，就实现了消费者均衡。

实际上，消费者的消费可以联立方程组。如果消费者是追求用最低的成本获得既定的效用，就联立解：$\begin{cases} \dfrac{MU_x}{MU_y}=\dfrac{P_x}{P_y} \\ U=f\,(Q_x,\ Q_y) \end{cases}$ ；如果消费者是以既定支出获得最大效用，则联立解：

$$\begin{cases} \dfrac{MU_x}{MU_y}=\dfrac{P_x}{P_y} \\ I=P_x\cdot Q_x+P_y\cdot Q_y \end{cases}$$

如果我们用货币 M 代替图 4.8 中的 Y 商品，用 P_M 代替 P_Y 且 $P_M=1$，用 λ 代替

MU_Y，则上述必要条件可表述成：

$$\frac{MU_X}{P_X} = \frac{\lambda_M}{P_M} = \lambda$$

上式表明：当消费者面临持有货币与购买商品的选择时，他必须让用在购买商品上的货币的边际效用等于货币自身的边际效用。

如果消费者不只是购买两种商品，而是购买多种商品，消费者均衡的条件就可写成：

$$\frac{MU_X}{P_X} = \frac{MU_Y}{P_Y} = \cdots = \frac{MU_N}{P_N}$$

第五节　竞争性消费者的产品需求

一、需求价格和个人需求量

1. 产品需求价格

在其他因素一定的条件下，消费者对每1个单位的商品愿意支付的最高买价，就是消费者对产品的需求价格。

"如果你价格低一点，我就多买一些"，在商品购买中，我们会听到买者这样对卖者说。从这句话，我们首先可以认识到这样一个基本事实，那就是消费者对不同单位的商品愿意支付的价格是不同的。因为，如果消费者对每一个商品单位都有相同的意愿买价，只要他有能力购买，他就不会在意价格高一点还是低一点。同时，当消费者在市场上与销售者面对面讨价还价时，不仅消费者心中在盘算自己愿意最多出多少钱买某种东西，而且不难听到销售者问消费者："你最多愿意出多少钱买这种商品？"这句话，一方面说明消费者对每一个商品单位愿意支付的价格有高有低；另一方面说明消费者愿意支付的价格中，只有最高价格才是人们所关注的，最低价格和介于它们之间的中间价格都不重要。在厂商看来，消费者是个希望用最少的支出获得最大的效用的理性经济人，他们总是希望支付的价格越低越好，如果不出钱甚至卖者还倒贴钱那就更好。

产品需求价格是消费者的最高意愿买价，通常只有消费者自己知道这个价格。尽管厂商非常关注消费者的需求价格，但是消费者是不会把自己真实的需求价格告诉厂商的。在实际的商品购买过程中，当厂商追问买主最多愿意出多少价格时，尽管消费者会说"我最多出……"这样的话，但是消费者所说的最高价格并不是他真实的需求价格，真实的需求价格通常会比消费者告诉卖主的最高价格还要高一些。比如，如果消费者回答杂货店老板，他最多愿意为1包橙汁支付1美元，实际情况是消费者愿意为买一包橙汁支付的最高价格要高于1美元。

对于消费者来说，需求价格是如何决定的呢？只要我们相信消费者是效用最大化的追求者，那么，消费者按照需求价格来购买商品，就一定能够使自己的总效用达到最大。因此，消费者的需求价格也仍然要满足效用极大化原则 $\dfrac{MU_x}{P_x}=\lambda$。从另外

一个角度来理解，根据效用极大化原则，就可以得到 $P_x=\dfrac{MU_x}{\lambda}$，即消费者对某个商品单位的需求价格取决于商品的边际效用和货币的边际效用。

在商品单位的效用一定时，需求价格就由每个单位货币的效用单位来决定，并随着它的变化而变化。货币的边际效用越高，消费者愿意为商品单位支付的价格就越低；货币的边际效用越低，消费者愿意为商品单位支付的价格就越高。比如，假设某商品单位的边际效用为 10 个效用单位，甲消费者的货币的边际效用为 5 个效用单位，乙消费者的货币的边际效用为 10 个效用单位，那么，甲愿意为该商品单位支付的最高价格为 2 元，而乙愿意为该商品单位支付的最高价格就为 1 元。这就是为什么同样的商品单位，不同的消费者愿意支付的价格大不相同。一般情况下，由于富人的货币的边际效用比穷人更低，所以富人所愿意支付的价格就会比穷人高。

同理，在货币的边际效用一定时，需求价格完全由商品单位给消费者带来的边际效用决定，并随着商品单位的边际效用的变化而变化。商品单位的边际效用越大，消费者愿意支付的价格就越高；商品单位的边际效用越小，消费者愿意支付的价格就越低。比如，某商品单位能给消费者带来 10 个效用单位，而货币单位可带来 2 个效用单位，那么，该消费者最多愿意为该商品单位支付 5 元钱。由于边际效用递减规律的作用，即随着商品拥有量的增加，每后一个商品单位的效用要比前一个商品单位的效用小，所以消费者愿意为每后一个商品单位支付的价格要比前一个商品单位的价格低。

在经济学分析中，我们通常假定货币的边际效用固定不变，因而就可以认为需求价格完全由商品给消费者带来的边际效用决定。在很多时候，我们还通常假设货币的边际效用为 1，所以需求价格就完全等于商品的边际效用。

2. 个人的产品需求量

在消费者偏好、消费者可支配的货币收入和物品价格等因素一定的条件下，消费者对某种商品的实际购买量，就是个人对产品的需求量。由于消费者对某种商品的实际购买量，既反映他的消费偏好，又是在现有收入和价格水平上他有能力购买的，因此个人的产品需求量是特定条件下消费者愿意而且能够购买的该种商品的数量。

由于消费者是一个效用最大化的经济人，他的任何购买行为都可以看成是能够使自己效用最大化的货币支出行为，因此，他的实际购买量一定是消费者的均衡购买量，一定能够为消费者带来最大效用。既然如此，个人需求量就必须满足效用极大化原则，个人的产品需求量就是由 $\dfrac{MU_x}{P_x}=\lambda$ 来决定的。

个人对产品的需求量受多种因素的影响。影响个人对产品需求量的主要因素有消费者收入、消费者偏好和商品价格。

在其他因素既定的条件下，如果消费者偏好改变使得人们提高了对商品的效用

评价 MU_x，从而使得货币的边际支出效用曲线向右移动，消费者的均衡购买组合就右移，从而消费者购买的商品量增加了，而货币储蓄量就减少了。

同样，如果其他因素不变，消费者偏好改变使得人们对货币的效用评价提高了，货币的边际效用曲线向上平行移动，消费者的均衡购买组合就向左上方运动。在此情况下，消费者的商品购买量就减少了。

当然，商品价格发生变化也会影响个人的产品需求量。如果商品价格 P_x 下降了，那么货币的边际支出效用增加，从而货币的边际支出效用 $\dfrac{MU_x}{P_x}$ 曲线就会顺时针旋转。相应地，消费者对商品的购买量就会增加。

二、个人的产品需求

1. 个人需求函数

个人需求量要受到消费者偏好、消费者的货币收入，以及商品价格的影响，也就是说，个人需求量与这些影响因素之间存在某种关系。从广泛的意义上说，个人需求就是个人需求量与影响个人需求量的所有因素之间的关系。广义的个人需求可以用广义的个人需求函数 $Q_x^d = f(U_x, y_d, P_x, \cdots)$ 来表示。式中，Q_x^d 代表商品 x 的个人需求量，U_x 代表消费者的偏好，y_d 表示消费者的可支配货币收入，P_x 代表商品的市场价格。

在实际经济生活中，消费者的偏好、消费者的可支配货币收入和商品价格等因素都在不断变化，甚至在同时发生变化。运用广义的个人需求函数，我们就可以研究它们的共同变化会引起个人需求量发生多大的变化。当然，我们还常常需要了解，如果其他因素固定不变，某一个因素变化对个人需求量的影响。比如，商品价格对需求量的影响、广告宣传（影响偏好）对个人需求量的影响、可支配个人收入对需求量的影响等。商品价格对需求量的影响，是人们最为关心的。因此，为了简化分析，我们常常使用简化了的个人需求。

在其他条件一定时，某种商品的个人需求量与需求价格之间的关系就是个人需求。我们常说的需求就是这种简化的需求，它反映了在特定偏好和收入条件下，商品需求量是如何随着价格的变化而变化的。如果 Q_x^d 代表商品 x 的个人需求量，P_x 代表商品 x 的市场价格，简化的个人需求函数就可以表示成：$Q_x^d = f(P_x)$。比如，$Q_x^d = 9 - P_x$，或者 $Q_x^d = \dfrac{5}{P_x}$。

2. 个人需求曲线

简化的个人需求（函数）可以用图 4.9（Ⅱ）中的需求曲线表示出来。我们通常用横轴代表需求量，纵轴代表需求价格，个人需求曲线就是一条从左向右下方倾斜的曲线，斜率为负。负相关的需求曲线表明，商品需求量随着商品价格的上升而减少，随着商品价格的下降而增加。

为什么个人需求是负相关的呢？或者说为什么存在那样的需求规律呢？让我们来看看个人需求曲线的推导就明白了。既然个人需求曲线仅仅是个人需求或个人需

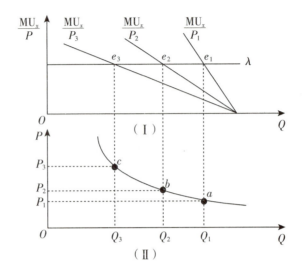

图4.9　个人需求曲线

求函数的几何表示，因而它所表示的仍然是个人需求量与需求价格的关系。由于个人需求量和需求价格都是满足消费者效用极大化的购买量和购买价格，因此我们自然要从消费者均衡来推导个人需求曲线。如图4.9所示。

推导的基本思路是：首先，找出在特定的偏好、收入和价格条件下，消费者均衡的消费组合，从而找到均衡时的个人商品需求量；然后，假设偏好、收入和相关商品价格不变，但商品价格提高了，找出商品价格多次提高的各个新的消费者均衡，并从中得出对应的个人需求量；最后，把特定条件下商品需求量与需求价格之间的对应点描绘在直角坐标系中，就可以得到个人需求曲线。

比如，在图4.9（Ⅰ）中，如果预算收入、λ 和 MU_x 不变，而价格水平由 P_1 上升到 P_2 和 P_3。那么，边际支出效用曲线就由 $\dfrac{\mathrm{MU}_x}{P_1}$ 向左旋转到 $\dfrac{\mathrm{MU}_x}{P_2}$、$\dfrac{\mathrm{MU}_x}{P_3}$，从而消费者均衡点就会由 e_1 左移到 e_2、e_3。由此，在图4.4（Ⅱ）中，就得到了相应的点 a（Q_1，P_1）、b（Q_2，P_2）和 c（Q_3，P_3），连接 a、b、c 就得到了个人需求曲线。

按照上述方法推导出来的是我们所说的个人需求曲线吗？关键在于理解以下几点：第一，在推导曲线过程中，我们始终保持了消费者偏好不变、消费者收入不变和相关商品价格不变；第二，所推导出来的曲线上的每一点所对应的商品量，确实是特定条件下的均衡购买量；第三，所推导出来的曲线上的每一点所对应的价格，也确实是消费者购买该商品单位愿意支付的最高价格。因此，个人需求曲线都是能够给消费者带来最大效用的需求量和需求价格的关系曲线。

第五章
竞争性厂商的产出均衡

第一节　厂商生产和边际产量递减规律

一、短期生产函数

生产函数就是用来反映在特定技术条件下，产量与影响产量的各种因素之间的经济关系的函数。如果某个厂商的生产中，技术、资本和劳动是影响产量的全部因素；那么，生产函数就可以写成：$Q_x = f(A, L, K)$。其中，Q_x 代表厂商产量，A 代表技术，L 代表劳动，K 代表资本，f 说明产量与各种因素间存在函数关系。

在厂商的生产中，有些生产要素，厂商较难在一定生产时期内改变其投入量，比如厂房、设备以及关键性的管理和技术人员等，经济学把这部分在一定时期内难于调整其投入量的要素称为固定要素。固定要素决定企业的生产潜力和生产规模，或者说生产规模的变化是由固定要素变化引起的。与固定要素不同，还有部分生产要素，厂商在一定生产时期内很容易改变它们的投入数量，比如一般的原材料和普通工人，这部分生产要素被称为变动要素。变动要素决定厂商在既定生产规模下的某个确定产量水平，或者说，在某个生产规模下的产量变化是因为变动要素的变化。

如果厂商的生产中存在固定要素，它只能通过调整可变要素来改变产量，这种生产就是短期生产。在短期生产中，由于技术和固定要素的限制，厂商无法对其生产规模进行调整，所以短期生产也可以看成是厂商在生产规模既定条件下的生产。如果在这个厂商的短期生产中，技术和资本都是固定要素，因而数量是不变的，只有劳动要素量是可变的，那么，短期生产函数就为 $Q_x = f(L)$。

我们以短期生产函数为例来说明劳动的总产量函数、平均产量函数和边际产量函数。劳动的总产量 Q_t 是在一定技术和资本基础上，厂商由于投入某一数量的劳动所生产的全部产量，因而劳动的总产量函数表示为 $Q_t(L) = f(L)$。

劳动的平均产量 Q_a 就是在一定技术和资本基础上，厂商所投入的某一数量的劳动中，平均每个劳动生产的产量，因而有：$Q_a = \dfrac{Q_t}{L}$。相应地，平均产量函数为 $Q_a(L) = \dfrac{Q_t(L)}{L}$。显然，$Q_t = Q_a \times L$，$Q_t(L) = Q_a(L) \times L$。

劳动的边际产量 Q_m 就是在一定技术和资本基础上，厂商所投入的某一数量的劳动中，每一个劳动单位的增加所带来的总产量的增加。因而，劳动的边际产量函数可表示成 $Q_m(L) = \dfrac{\Delta Q_t(L)}{\Delta L}$，或者 $Q_m(L) = \dfrac{\mathrm{d}Q_t(L)}{\mathrm{d}(L)}$。根据 $Q_m(L) = \dfrac{\mathrm{d}Q_t(L)}{\mathrm{d}(L)}$，我们可以得到 $Q_t(L) = \displaystyle\int_0^L Q_m(L)\,\mathrm{d}L$。

二、总产量曲线、平均产量曲线和边际产量曲线

曲线是函数的几何表示，根据一般的生产原则，上述总产量函数、平均产量函数和边际产量函数，可以用如图 5.1 所示的总产量曲线 TP、平均产量曲线 AP 和边际产量曲线 MP 来表示。

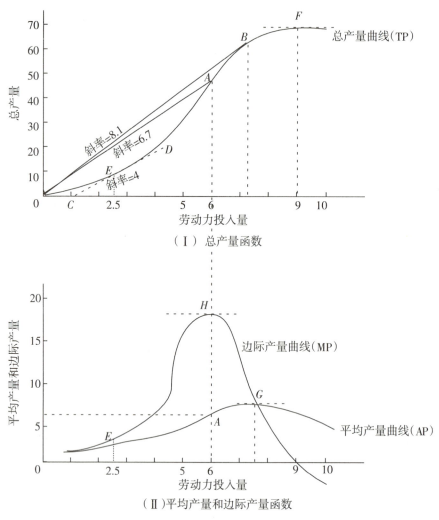

图 5.1　总产量、平均产量和边际产量的关系

从图 5.1 中可以看出：随着劳动投入量的增加，总产量、平均产量、边际产量都是先增加的，达到某一点之后或先或后都要减少。因而，总产量曲线、平均产量曲线和边际产量曲线都是"倒 U"形的。

在每一个劳动投入量上，边际产量曲线上的边际产量值等于总产量曲线上相应点的切线的斜率。比如，直线 CD 是在 2.5 单位劳动时总产量曲线上的切线，切点为 E 点，其斜率为 4，这就意味着劳动投入为 2.5 单位时的边际产量为 4。

在每一个劳动投入量上，平均产量曲线上的平均产量值等于总产量曲线上的相应点与原点连接线的斜率。或者说，平均产量曲线上的平均产量值等于总产量曲线上相应点的射线的斜率。比如，在 6 单位劳动投入时，平均产量为 6.7，那么，从原点到总产量曲线上 A 点的连线或者射线 OA 的斜率也就是 6.7。

如果边际产量大于零，无论边际产量是上升还是下降，总产量都呈上升趋势。当然，如果边际产量大于零且是上升的，那么，总产量就以递增的速度上升；如果边际产量大于零且是下降的，那么，总产量就以递减的速度上升。一旦边际产量小于零，总产量就呈下降趋势。在 6 单位劳动时，边际产量最大（边际产量曲线上的 H 点），这是边际产量从上升到下降的过渡点。与之对应，在总产量曲线上就是一个拐点（A 点）。在 9 单位劳动时，是边际产量从正值变为负值的过渡点，边际产量等于零，总产量就达到最大（F 点）。显然，可以用边际产量曲线与坐标轴所围成的面积的大小来表示总产量的多少。

如果边际产量大于平均产量，平均产量就呈上升趋势；如果边际产量小于平均产量，平均产量就呈下降趋势；一旦边际产量等于平均产量，平均产量就达到最大（G 点）。其中的道理很简单：如果前 2 个单位劳动的平均产量为 2.5，第 3 个单位劳动的边际产量大于 2.5，比如为 4，那么前 3 个单位劳动的平均产量一定增加到 3。只要增加劳动而引起的产量增加，超过原来的平均产量，平均产量就会上升。同样的道理，如果前 8 个单位劳动的平均产量为 7.9，而第 9 个单位劳动的边际产量只有 1，就会使前 9 单位劳动的平均产量下降到 7.1。只要增加劳动引起的产量增加，少于原先的平均产量，平均产量就会下降。

三、边际报酬递减规律

为什么总产量、平均产量和边际产量都呈"倒 U"形变化，以及它们之间为什么存在上述关系呢？经济学认为是因为边际报酬递减规律的作用。

短期生产中的边际报酬递减规律是指在生产技术和其他要素的数量保持不变的条件下，如果等额地连续增加一种变动要素，产出的增加额一开始可能会上升，但超过一定点后，等量增加该种变动要素所带来的产出增加额就会下降，甚至会变为负数。随着变动要素量增加，边际产量从递增必然趋向于递减的趋势就是边际报酬递减规律，如图 5.2 所示。

需要特别指出的是：第一，边际报酬递减规律有时又称边际收益递减规律，或者直接说成边际产量递减规律，是建立在经验总结的基础上的，而不是从物理学或生物学规律中推导出来的，因而它只是大数定律或者统计规律。第二，这一规律适

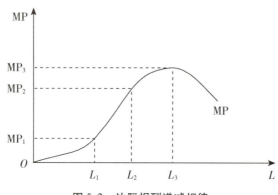

图 5.2　边际报酬递减规律

用于至少有一种投入要素固定不变的变动比例的生产，只要在生产过程中至少存在一种固定要素，连续追加可变投入要素，迟早会出现报酬递减的现象。它不适用于所有要素都能够调整的情况。第三，边际报酬递减规律是以生产技术严格不变为假定的，它不能预测在技术进步条件下增加单位变动要素会使产量发生什么样的变化。第四，一般认为，边际产出的递减变动趋势，根源在于变动投入要素的效率变化。在存在固定投入的条件下，最初由于可变投入相对不足，变动要素与固定投入比例很不合理，固定要素得不到充分利用，从而限制了可变要素的生产效率，只能获得低产出率。随着可变要素的增加，可变要素与固定要素的比例趋于合理，固定要素的利用越来越充分，可变要素的生产效率也随之提高。但是，在固定投入得到充分利用之后，继续扩大可变投入量，单位变动要素只能利用越来越少的固定要素。固定要素的不足和变动要素的过多，使得资源配置比例越来越不合理，可变要素不能得到有效运用，于是生产效率降低。这样，投入增量所带来的产出增量或边际产量将随变动投入量增加而先递增，达到一定点后则递减，甚至成为负值。

四、关于总量、平均量和边际量关系的几点结论

除了总产量函数、平均产量函数和边际产量函数之外，我们在微观经济学中还会遇到诸如总效用、平均效用和边际效用，总成本、平均成本和边际成本，总收益、平均收益和边际收益，总利润、平均利润和边际利润，等等。因此，掌握总函数、平均函数和边际函数这样一组特殊的函数关系，对学习经济学大有好处。根据上述分析，如下结论值得熟悉：

第一，对总量函数、平均量函数和边际量函数来说，从其中任何一个函数都可以推导出另外两个函数。由于经济学根据理性经济人假定，强调最优化原则，采用边际分析，所以掌握边际量函数尤为重要。因此，理解它们之间关系的简捷思路之一，就是从边际量函数推算总量函数，再推算平均量函数。

第二，边际量函数上任何一点的值都等于对总量函数上相应点所作切线的斜率，平均量函数上任何一点的值都等于从原点向总函数上相应点所作射线的斜率。

第三，边际量函数交于平均量函数的最高点（或者最低点）。如果边际量函数交于平均量函数的最高点，边际函数值大于平均函数值时，平均函数值就是上升的；

边际函数值小于平均函数值时，平均函数值就是下降的。同理，如果边际量函数交于平均量函数的最低点，边际函数值小于平均函数值时，平均函数值就是下降的；边际函数值大于平均函数值时，平均函数值就是上升的。

第四，边际量函数的值为正时，总量函数呈上升趋势；边际量函数的值为负时，总量函数呈下降趋势；边际量函数的值等于零时，总量函数就达到最大值（或者最小值）。

第五，根据边际量函数与总量函数的关系，可以用边际量曲线与坐标轴围成的面积来表示总量的大小。

第二节　竞争性厂商的成本

一、显性成本、隐性成本和经济成本

经济学是一门经济选择的科学，经济成本就是在经济学意义上的成本，也就是从经济选择角度来说的成本。因此，经济成本都具有机会成本的性质。一般地，成本是指厂商在某种产品生产中使用的各种生产要素上的支出，所以经济成本就是厂商把生产要素用于生产某种产品的机会成本。经济成本由显性成本和隐性成本构成。

在某种产品的生产中，厂商所使用的生产要素包括两部分，相应地就有两部分成本。一部分要素是从生产要素市场上购买和租用的，如厂商在人力市场上雇佣工人和职业经理，在金融市场上向银行贷款，通过土地市场来竞买土地。另一部分来自厂商自己，如厂商在进行生产时，除了雇佣工人、向银行贷款和租用土地外，还动用了自己的资金和土地，并亲自参加管理。无论厂商的生产要素来自市场，还是来自它自己，当它把这些要素用来生产某种产品，它就不能够再把这些要素用来生产其他产品，因而就会存在机会成本。

就购买和租用的那部分要素来说，厂商为了得到这部分生产要素，就必须支付工资、利息和地租等。由于这部分费用的产生通常与或明或暗的市场契约有关，而且都要体现在会计账面上，故这部分费用又被称为显性成本或者会计成本。厂商使用购买和租用的生产要素的机会成本，在数量上必须等于显性成本或者会计成本。因为，就一个理性的厂商来说，如果厂商的会计成本大于它把这些要素用在其他用途上所能够得到的最高收入，那就说明厂商购买和租用这些生产要素的数量过多了，它可以通过减少要素购买和租用来获得盈亏状况的改善；反之，如果厂商的会计成本小于它把这些要素用在其他用途上所能够得到的最高收入，那就说明厂商购买和租用这些生产要素的数量过少了，它可以通过增加要素购买和租用来获得盈亏状况的改善。

就厂商的自有生产要素来说，它们在生产过程中的耗费是实实在在的，厂商也应该为这部分生产要素支付利息、租金和薪金等费用。与显性成本所不同的是，厂商使用自己的生产要素时要自己向自己支付费用，而且这笔费用在生产之前不用以货币形式支付，不体现在账面上，故称隐性成本。厂商使用自有生产要素的机会成

67

本，可以直接用这些自有要素在其他最佳用途上的收入来计算。

二、短期成本及其关系

如果厂商在生产过程中只能对一部分生产要素进行数量调整，不能对全部要素的数量进行增减调整，也就是不能对生产规模进行调整，这样的生产就是短期生产。短期成本关系指的就是厂商短期生产中的成本关系，主要包括三个方面的内容：一是厂商有哪些短期成本，每一种短期成本的基本内涵是什么？二是各种主要的短期成本的变化规律，以及它们之间的关系是什么？三是为什么各种主要的短期成本呈现出那样的变化规律和关系？

1. 短期成本的分类

一方面，短期成本可以分为短期固定成本和短期变动成本。在短期生产中，其数量可以随着计划产量的调整而改变的要素就是可变要素，而那些数量并不因计划产量改变而变化的要素被称为固定要素。相应地，厂商为使用可变要素而支付的价格就是变动成本，它为使用固定要素而支付的价格就是固定成本。显然，固定成本是不随产量变化而变化，而变动成本就要随产量变化而变化。另一方面，经济学习惯从总量、平均量和边际量来分析成本，所以成本又可以被划为短期总成本、短期平均成本和短期边际成本。结合上述两种成本分类，经济学分析了以下七种短期成本：

短期固定成本（SFC），是指厂商在短期内为全部固定要素所支付的总价格，如厂房和设备的折旧，以及管理人员的工资等。固定要素并不因产量而改变，因而固定成本可以理解为产量为 0 时的成本。

短期变动成本（SVC），是指厂商在短期内为全部可变要素支付的总价格，如购买原材料、燃料的支出和普通工人的工资等。

短期总成本（STC），是指厂商在短期内为全部固定要素和变动要素投入所支付的总价格，它是短期固定成本和变动成本之和，即：

$$STC = SFC + SVC$$

短期平均固定成本（SAFC），又称分摊成本，是指厂商平均为每单位产量所支付的固定投入要素的价格，通常用短期固定成本与产量之比来表示，即：

$$SAFC = \frac{SFC}{Q}$$

短期平均变动成本（SAVC），是指厂商为生产单位产量而支付的变动要素的价格，通常表示为短期总变动成本与产量之比，即：

$$SAVC = \frac{SVC}{Q}$$

短期平均成本（SAC），是指厂商为单位产量生产平均所支付的全部要素的价格，是短期平均固定成本和平均变动成本之和。用公式表示为

$$SAC = \frac{STC}{Q} = SAFC + SAVC$$

短期边际成本（SMC），是指厂商在短期内因增加单位产品生产而增加的总成本。用公式表示为

$$SMC = \frac{\Delta STC}{\Delta Q}$$

式中，ΔSTC 代表总成本增加量，ΔQ 代表增加的产量。由于短期总固定成本不变，短期总成本的变动只是短期变动成本的变化，所以短期边际成本也就是厂商为增加单位产品生产而增加的总变动成本，所以边际成本公式又可写成：

$$SMC = \frac{\Delta STC}{\Delta Q} = \frac{\Delta VC}{\Delta Q}$$

2. 主要的短期成本的变化规律和相互关系

根据前面对七种短期成本的内涵和关系的介绍，加之短期固定成本变化很简单（因为短期内固定要素的量不变，所以短期总固定成本是固定不变的，因而短期平均固定成本随着产量增加而不断减少），所以从边际成本入手来掌握它们的变化规律和关系尤为便捷。因为，从边际成本可以直接推出总变动成本，从而推出平均变动成本；根据平均变动成本，再结合平均固定成本，就可以推出平均成本；根据总变动成本，再结合总固定成本，可以推出总成本。在经济学分析中，掌握短期边际成本、短期平均变动成本、短期平均成本的变化规律和相互关系尤为重要。图 5.3就显示了它们三者的变化规律和关系。

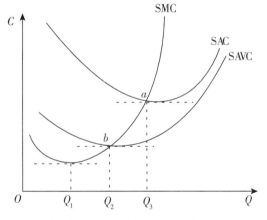

图 5.3　SMC、SAVC 和 SAC 的关系

就短期边际成本、短期平均变动成本、短期平均成本的变化规律来说，可以用一句话来概括：短期边际成本曲线、短期平均变动成本曲线、短期平均成本曲线都是"U"形曲线。具体来说，在要素价格不变的条件下，短期边际成本、短期平均变动成本和短期平均成本都是随厂商产量的变化而变化的。随着产量的增加，它们开始都是递减的，当产量超过某一定水平，它们都要递增。只不过，边际成本开始递增的产量最小，平均成本开始递增的产量最大，而平均变动成本开始递增的产量介于两者之间，即 $Q_1 < Q_2 < Q_3$。

就短期边际成本、短期平均变动成本、短期平均成本的相互关系而言，也可以

用一句话来概括：短期边际成本曲线从下向上穿过短期平均变动成本曲线和短期平均成本曲线的最低点，即在图 5.2 中，边际成本曲线分别与平均成本曲线和平均变动成本曲线相交于 a 点和 b 点。a 点是平均成本曲线的最低点，b 点是平均变动成本的最低点。具体而言：

从短期边际成本与短期平均成本的关系看，在 a 点，边际成本等于平均成本，即 SMC＝SAC，产量增加不会引起平均成本变化；在 a 点的左侧，边际成本曲线位于平均成本曲线之下，表明边际成本小于平均成本，即 SMC<SAC，这时，随着产量的增加，平均成本下降；在 a 点的右侧，边际成本曲线位于平均成本曲线之上，表明边际成本大于平均成本，即 SMC>SAC，这时，随着产量的增加，平均成本或平均变动成本上升。换句话说，当短期边际成本小于短期平均成本时，短期平均成本一定递减；当短期边际成本大于短期平均成本时，短期平均成本一定递增；当短期边际成本等于短期平均成本时，短期平均成本不变，达到最低水平。

从短期边际成本与短期平均变动成本的关系看，在 b 点，边际成本等于平均变动成本，即 SMC＝SAVC，产量增加不会引起平均变动成本变化；在 b 点的左侧，边际成本曲线位于平均变动成本曲线之下，表明边际成本小于平均变动成本，即 SMC<SAVC，这时，随着产量的增加，平均变动成本下降；在 b 点的右侧，边际成本曲线位于平均变动成本曲线之上，表明边际成本大于平均变动成本，即 SMC>SAVC，这时，随着产量的增加，平均变动成本上升。换句话说，当短期边际成本小于短期平均变动成本时，短期平均变动成本一定递减；当短期边际成本大于短期平均变动成本时，短期平均变动成本一定递增；当短期边际成本等于短期平均变动成本时，短期平均变动成本不变，并达到最低水平。

3. 边际报酬递减规律与短期成本的变动关系

如何理解上述短期成本的变动规律和相互关系呢？简单地讲，短期边际成本曲线、短期平均变动成本曲线、短期平均成本曲线之所以都是"U"形曲线，短期边际成本曲线之所以交于短期平均变动成本曲线和短期平均成本曲线的最低点，根本原因就在于边际报酬递减规律。下面以解释短期边际成本的变化为例来说明。

如果将变动成本看作是可变投入量 L 与要素价格 P_L 的乘积，则：

$$\text{SMC} = \frac{\Delta L}{\Delta q} \cdot P_L = \frac{1}{\text{MP}} \cdot P_L$$

很明显，在要素价格不变时，短期边际成本依存于边际产量（MP）的变动。根据边际报酬递减规律，边际产量是先递增后递减的。因此，当边际产量递增时，边际成本一定递减；当边际产量递减时，边际成本一定递增；当边际产量不变或者达到最大时，边际成本也不变或者达到最小。也就是说，边际成本的"U"形变化根源于边际报酬递减规律。根据边际成本可以推导平均变动成本，由平均变动成本和不断下降的平均固定成本可推导平均成本，所以边际报酬递减规律就决定了短期成本关系。

第三节 竞争性厂商的收益

一、厂商的收益与厂商面临的需求

1. 厂商的收益及其分类

厂商的收益就是厂商在市场上销售产品的销售收入，它通常分为总收益、平均收益和边际收益。显然，厂商的收益要受销售价格和销售数量的影响，所以收益函数可以完整地表示为 $R=f(P, Q)$。如果销售量不变，收益就随着价格的变化而变化，收益函数就可以简化为 $R=f(P)$；在市场价格一定的条件下，收益就随销售量的变化而变化，收益函数就可以简化为 $R=f(Q)$。为了简化分析，也为了与前面的成本函数保持一致，我们在这里把收益看成是直接随销售量或者需求量变化而变化的，因此采用的收益函数为 $R=f(Q)$。

根据这样的收益函数，我们这样来定义总收益、平均收益和边际收益。总收益是指厂商按一定价格出售一定数量产品所获得的全部收入，它等于单位商品价格与总销售量的乘积。如果以 TR 代表总收益，以 P 代表价格，以 Q 代表销售量，则有：

$$TR = P \cdot Q$$

平均收益是指厂商平均每一单位产品销售所获得的收入，它等于总收益与总销售量之比。以 AR 代表平均收益，公式可表示为

$$AR = \frac{TR}{Q} = \frac{P \cdot Q}{Q} = P$$

很明显，如果按照相同的价格销售每一单位商品，厂商在任何产量或者销售量水平上的平均收益都恒等于价格。

边际收益是指厂商每增加一个单位产品销售所获得的收入增量，它等于总收入的增量与总销售量的增量之比。以 MR 代表边际收益，其计算公式为

$$MR = \frac{\Delta TR}{\Delta Q} \quad 或 \quad MR = \frac{dTR}{dQ}$$

必须注意，由于总收益、平均收益和边际收益之间的关系，我们只要知道其中任何一个，其他两个收益就都可以得到了。

2. 厂商的收益函数与厂商所面临的需求函数

厂商生产的产品是用来满足消费者的需求的，所以我们说厂商面临消费者对其产品的需求。厂商面临的需求反映了在每一个价格水平上，消费者对其产品的购买量，也反映了厂商在每一个价格水平上的产品销售量。

由于总收益等于单位商品价格与总销售量的乘积，即 $TR=P \cdot Q$，根据反需求函数，厂商的销售量或者市场对厂商产品的需求量又是随着市场价格的变化而变化的，即 $P=f(Q)$，因此有

$$TR = Q \cdot f(Q)$$

$$AR = \frac{Q \cdot f(Q)}{Q} = f(Q)$$

$$MR = \frac{d(Q \cdot f(Q))}{dQ}$$

由此，我们可以得到一般结论：对于任何一种市场结构中的厂商来说，厂商的总收益函数、平均收益函数和边际收益函数都是由市场对它的产品的反需求函数来决定的，当然也就是由它所面临的市场需求来决定的。因此，要研究厂商的收益变化，必须了解厂商所面临的市场需求。只要知道了厂商所面临的需求函数，就能够根据上述方法得到它的总收益函数、平均收益函数和边际收益函数。

二、竞争性厂商面临的需求

为了研究竞争性厂商的收益及其变化，必须先说明竞争性厂商所面临的需求。在完全竞争市场上，存在很多厂商，由于厂商数目多且规模小，它们生产的产品共同满足整个市场的需要。对于其中的一个厂商来说，它所面临的市场只占有整个市场很少很少的一部分，因而单个厂商的产量调整无力影响市场价格；同样，因买者众多且规模极小，单个居民户的购买调整也无力影响市场价格。另外，由于产品的同质性，各厂商之间的产品可以完全互相替代，如果单个厂商试图提高价格，拥有充分信息的理性消费者就会转而购买其他厂商的产品，该厂商就会丧失其全部市场份额。当然，由于厂商的产品售价是市场均衡价格，规模甚小的单个厂商可以按此价格销售其全部产量，厂商也没有必要降低价格销售；规模极小的单个消费者也能按此价格购买其所需的全部商品，而不必高价购买。因此，完全竞争厂商只是既定市场价格的接受者，而非市场价格的制定者。因此，完全竞争厂商面临一条完全弹性的需求曲线，厂商面临的需求可以粗略地表示为 $P = P_0$。

如图 5.4 所示，市场对个别厂商产品的需求曲线是一条由既定市场价格 P_0 出发的与数量轴平行的直线 d，即在市场价格为既定时，市场对个别厂商产品的需求是无限的。

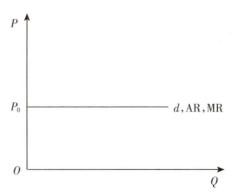

图 5.4　竞争厂商面临的需求曲线和收益曲线

三、竞争性厂商的收益曲线

在完全竞争市场上，由于单个厂商所面临的需求曲线是一条水平线，单个厂商的市场行为并不能改变既定的市场价格，因此厂商的平均收益曲线和边际收益曲线与厂商的需求曲线重叠，并等于既定的市场价格，而厂商的总收益曲线则是一条从原点出发向右上方倾斜的直线。

关于竞争性厂商的收益函数或者收益曲线，我们很容易根据它的反需求函数得到。实际上，完全竞争厂商的反需求函数为 $P=P_0$。因此，总收益函数为 $TR=P_0\cdot Q$，平均收益函数为 $AR=P_0$，边际收益函数 $MR=P_0$。很明显，总收益曲线是一条以市场价格 P_0 为斜率的且过原点的正相关的直线，而平均收益和边际收益曲线则是与价格线或者厂商所面临的需求曲线完全重合的水平直线。这一点从图 5.4 中得到了非常直观的体现。

值得注意的是，在各种类型的市场上，平均收益与价格都是相等的，即 $AR=P$。但只有在完全竞争市场上，对个别厂商来说，平均收益、边际收益与价格才相等，即 $AR=MR=P$。

第四节　竞争性厂商的最优产量决定

一、利润和利润极大化原则

73

尽管各厂商处于不同的市场结构中，但经济学假定厂商的生产目标是追求利润最大化。利润是收益减去成本的差额。在经济学上，利润是厂商决定进退的指标，只要有利可图，厂商就会继续经营，没有愿做赔本生意的。但是，利润在会计学和经济学中的意义是有差别的。成本有会计成本与经济成本之别，利润也有会计利润与经济利润之分。

会计利润是收益与会计成本或明显成本之差，经济利润为收益减去经济成本的余额。显然，会计利润与经济利润之别在于隐含成本，即经济利润＝会计利润-隐含成本。隐含成本是会计利润的重要组成部分，经济利润则不包括隐含成本，它通常是小于会计利润的。正因为这样，当会计师说某企业赚了钱时，经济学家可能说"并非如此，也许该企业实际上是亏损的"。

在经济学上，经济利润也被看成会计利润与正常利润之差。在经济学家看来，尽管厂商无需对自有生产要素的耗费进行现实的货币支付，即无需对隐含成本进行货币补偿，但隐含成本却反映了生产要素的真实耗费。赚取相当于隐含成本的那部分会计利润，是厂商从事经营活动要求获得的最低报酬，是它正常经营的基本条件，故会计利润中相当于隐含成本的那部分利润就称为正常利润。因此，经济利润＝会计利润-正常利润。从这个意义上讲，经济利润是厂商获得超过正常利润的那部分利润，它实质上是超额利润。

经济学假定厂商的经营目标只有一个：利润最大化。在经济学上，利润最大化是特指经济利润最大化。在一定的生产技术和市场需求约束下，厂商要实现利润最大或者亏损最小，必须遵循边际成本等于边际收益的原则，即 MC = MR，如图 5.5 所示。

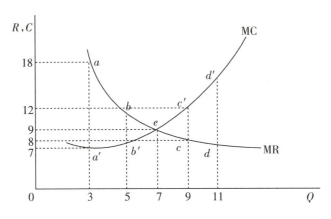

图 5.5　利润极大化原则

理解利润极大化原则的最简单思路，就是思考在 MC ≠ MR 的情况下，利润还可以通过调整产量而增加。如果边际收益大于边际成本，意味着厂商每多生产 1 个单位产品所增加的收益大于厂商生产这一单位产品所增加的成本，边际利润为正。这时，对该厂商来说，还有潜在的利润没有得到，厂商增加生产还能增加利润。图 5.5 显示，厂商增加第 3 个单位产品的边际利润为 11，只要产量小于 7，厂商增加产出就能够获得正的边际利润。因此，MR>MC 时，厂商没有达到利润最大化。

如果边际收益小于边际成本，这表明厂商每多生产 1 个单位产品所增加的收益小于厂商生产这一单位产品所增加的成本，意味着厂商增加生产得到的边际利润为负，因而为边际亏损。这对该厂商来说，增加这一单位产品生产是亏损的，厂商减少生产可以减少亏损。图 5.5 显示，厂商增加第 9 个单位产品的边际亏损为 4，只要产量大于 7，厂商减少产出就能够获得减少边际亏损。因此，MR<MC 时，厂商也没达到利润最大化。

无论是边际收益大于边际成本，还是边际收益小于边际成本，厂商都要调整其产量，说明厂商在这两种情况下都没有达到利润最大化。只有在边际收益等于边际成本时，无论厂商增加产出还是减少产出都会减少利润，因而厂商才不会调整其产量，表明此时厂商实现了利润最大化。

边际成本等于边际收益的原则是处于任何市场结构中以利润最大化为目标的厂商产量决定行为的共同原则。我们假定完全竞争厂商也是一个理性的经济人，它的行为仍然是追求利润极大化，因而它也必须坚持 MC = MR 的原则。在竞争性市场中，由于厂商是一个价格接受者，其边际收益始终等于价格，因而竞争性厂商的利润极大化原则通常表述为 P = MC。

二、竞争性厂商的短期均衡

在竞争性厂商的短期生产中，市场价格是给定的，而且生产中的不变要素的投入量也无法改变，即生产规模也是给定的。因此，在短期，厂商只能在给定的价格和生产规模下，根据 $MC=P$ 的原则，通过对产量的调整来实现利润最大化。下面我们以图5.6来说明完全竞争市场中厂商的短期均衡。

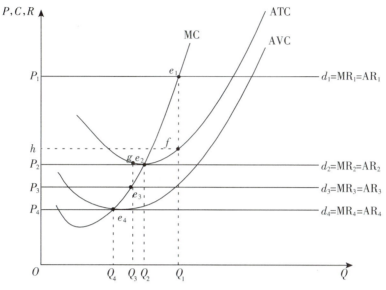

图 5.6　完全竞争厂商短期内的盈利、损失或关门情况

1. 竞争性厂商短期是否进行生产的决策

在厂商的实际生产行为中，有时候我们会发现这样一个事实：厂商根本不生产产品，厂商的产量为零，或者说企业处于停业状态。因此，对于竞争性厂商的短期产出决策来说，他首先必须决定在现有的生产成本和市场需求或者市场价格条件下，自己是否应该生产。

在图5.6中，当竞争性厂商的价格为 P_4 时，此时价格等于平均变动成本，即 $P_4=AVC$，厂商生产 Q_4 的产量所承担的亏损最小，因为 Q_4 的产量满足 $P=MC$ 的原则。同时，在 $P_4=AVC$ 的时候，厂商生产 Q_4 的产量与他不生产任何产量所出现的亏损是完全相同的。这是因为，一方面，厂商不生产时，就不必为生产产品投入变动要素，从而就不存在变动成本，此时厂商亏损的就是全部固定成本；另一方面，如果厂商在 $P_4=AVC$ 时生产 Q_4，那么厂商的 $TR=P_4 \cdot Q_4$，总变动成本 $TVC=AVC \cdot Q_4$，即总收益就等于总变动成本，也就是说厂商的总收益只能弥补厂商生产总成本中的全部变动成本，还有相当于固定成本量的要素耗费没有弥补。

根据同样的道理，如果厂商的价格小于平均变动成本，从而厂商生产任何数量的产品获得的总收益都要比总的变动成本小，这意味着厂商生产的亏损要大于固定成本，比它停止生产仅仅亏损固定成本还要差，此时厂商的决策就只有关门停业。如果厂商的价格大于平均变动成本，从而厂商生产任何数量的产品获得的总收益都要比总的变动成本大，这意味着厂商进行生产即使是亏损的，亏损额也要小于固定成本，生产总比停业要好，所以厂商会选择继续生产的。

简而言之，如果 $P>AVC$，厂商会进行生产；如果 $P<AVC$，厂商会选择停业；

当 $P=AVC$ 时，厂商选择生产与不生产完全一样，它处在生产与不生产的边界上。因此，在经济学上，把 $P=AVC=MC$ 的点，即平均变动成本 AVC 曲线的最低点称为厂商的停业点。必须指出，这个结论对于其他市场结构的企业也是适用的。

2. 竞争性厂商的短期产量调整

对于理性的厂商来说，如果企业选择生产，那么，它应该生产多大的产量才能获得最大的利润呢？在短期，在不同价格水平下，厂商均衡分为盈利、收支相抵和亏损三种情况。

当平均收益大于平均成本，即 $AR>SAC$ 时，厂商获得利润。当市场价格较高，为 P_1 时，相应地，厂商所面临的需求曲线为 d_1 时，按照 $MR=MC$ 的利润最大化的均衡条件，厂商选择的最优产量为 Q_1，因为在 Q_1 的产量上，MC 曲线与 MR_1 曲线相交于 e_1 点，e_1 点是厂商的短期均衡点。这时，厂商的平均收益为 e_1Q_1，平均成本为 fQ_1，平均收益大于平均成本，即 $AR>ATC$，因此厂商在单位产品上所获得的平均利润为 e_1f，利润总量为 $e_1f \cdot OQ_1$，相当于图中矩形 hP_1e_1f 的面积。

当平均收益等于平均成本，即 $AR=ATC$ 时，厂商的收支相抵。相对于第一种情况，市场价格由 P_1 下降为 P_2，需求曲线相应向下平移为 d_2 曲线，并与短期平均总成本 ATC 曲线相切于其最低点 e_2，使得 $AR=MC$。同时，厂商的边际成本 MC 曲线也经过 e_2 点，并在该点与边际收益 MR_2 曲线相交，所以 e_2 点是厂商在价格为 P_2 时的短期均衡点，它决定了厂商的均衡产量为 Q_2。在 Q_2 产量水平上，平均收益为 e_2Q_2，平均成本也为 e_2Q_2，厂商既无利润，又无亏损，利润为零，但厂商的正常利润全部都实现了。所以，MC 曲线与 ATC 曲线的交点被称为收支相抵点。

当平均收益小于平均成本，但仍大于平均变动成本，即 $ATC>AR>AVC$ 时，厂商亏损，但继续生产。当市场价格继续降为 P_3，需求曲线为 d_3 时，MC 曲线与 MR_3 曲线相交于 e_3，此时产量为 Q_3。这时，平均收益为 e_3Q_3，平均成本为 gQ_3，$e_3Q_3<gQ_3$，厂商出现亏损，单位产品的亏损额为 ge_3，总亏损量为 $ge_3 \cdot OQ_3$。在这种情况下，虽然有亏损，厂商仍然要继续生产，因为这时的平均收益虽然低于平均成本 gQ_3，但仍高于平均变动成本，即 $AR>AVC$，继续生产不仅可以收回全部变动成本，而且还能弥补一部分固定成本。所以，在这种情况下生产要比不生产强。

第五节　竞争性厂商的产品供给

一、供给价格和厂商供给量

1. 产品供给价格

产品的供给价格就是在其他因素一定的条件下，厂商对每一个单位的商品愿意接受的最低卖价。当我们在市场上与厂商面对面讨价还价时，厂商通常会认为买者所说的价格太低，会要求买者出高一些的价格，而我们也不难听到人们问卖者的一句话：你最少愿意以多少钱卖这种商品？这说明消费者只关心厂商提供商品时每单位商品愿意接受的价格中的最低价格，而不关心最高价格或者其他中间价格，因为在消费者看来，厂商作为一个利润最大化的经济人，希望用最低的成本获得最大的收益，所以商品卖价越高越好，甚至买者只给钱不要商品那就更好。因此，厂商愿意卖价中不存在最高价格，即使存在也无任何经济学意义，只有最低意愿价格才有经济学意义。

产品供给价格作为厂商的最低意愿卖价，通常只有厂商自己知道这个价格。尽管消费者非常关注厂商的供给价格，但是厂商是不会把自己真实的需求价格告诉消费者的。在实际的商品销售过程中，当消费者追问厂商最少愿意以多少价格出卖时，尽管厂商也会说"我最少要……"这样的话，但是厂商所说的最低价格不是他真实的供给价格，真实的供给价格通常会比厂商告诉买主的最低价格还要低一些。比如，如果杂货店老板回答你，他最少愿意以 1 美元卖一包橙汁，实际情况是杂货店老板愿意出售一包橙汁的最低价格要低于 1 美元。

对于厂商来说，供给价格是如何决定的呢？只要我们相信厂商是利润最大化的追求者，那么，厂商按照供给价格来销售商品，就一定能够使自己的总利润达到最大。因此，厂商的供给价格也仍然要满足利润极大化原则 $P = MC$。因此，厂商对某种商品的某个单位的供给价格取决于厂商生产该商品单位的边际成本，并随着该商品单位的边际成本的变化而变化。商品单位的边际成本越大，厂商愿意接受的卖价就越高；商品单位的边际成本越小，厂商愿意接受的卖价就越低。比如，假设某个厂商为生产第 50 个单位的某商品将要增加的费用为 10 元，那么，厂商生产和提供该商品单位的最低条件就是该商品单位的市场价格等于 10 元。如果因为技术进步等原因，厂商为生产第 50 个单位的某商品将要增加的费用为 8 元，那么，厂商生产和提供该商品单位的最低条件就是该商品单位的市场价格等于 8 元。

根据边际报酬递减规律，随着产量的增加，厂商为每后一个商品单位所耗费的成本要高于前一个商品单位，所以厂商为每后一个商品单位所愿意接受的最低卖价要高于前面一个商品单位。因此，只有在人们支付的市场价格更高的情况下，厂商才可能生产和提供更多的商品单位。显然，即使人们需要某种商品，但人们愿意接受的最高买价比厂商愿意接受的最低卖价还低，厂商就不可能生产出这种商品。

2. 厂商的产品供给量

厂商的产品供给量是指在生产技术水平、生产要素价格、生产者预期和其他物品价格等条件一定的情况下，厂商对某种商品的实际生产量。由于厂商对某种商品的实际生产量，既反映他的生产意愿，又是在现有生产技术水平和价格水平上他有能力生产的，因此厂商的产品供给量是特定条件下厂商愿意而且能够按照某种商品的某一价格所生产或者提供的该种商品的数量。由于厂商是一个利润最大化的经济人，因而他的任何生产或者供给行为都可以看成是寻找能够给自己最大利润的产量行为，所以其生产量应该是利润最大化的供给量。既然如此，就必须满足利润极大化原则 $P = MC$。

由于厂商的供给量是特定条件下的厂商的利润极大化产量，因此当那些条件发生变化，厂商的供给量就必然发生变化。厂商的供给量要受多种因素的影响，主要有生产技术水平、生产要素价格和商品价格。在其他因素既定的条件下，如果厂商的生产技术水平提高，就会降低厂商的生产成本水平，移动厂商的利润极大化的均衡点，从而提高厂商的产出水平。

如果其他因素不变，生产要素价格改变也会使得厂商的生产成本改变，从而改变厂商的供给量。比如，世界石油价格上涨，使得炼油厂的生产成本增加，表现为炼油厂的成本曲线整体向上移动，在市场价格不变的情况下，炼油厂的利润极大化均衡点就会移动，从而导致它的均衡产量减少。

当然，商品价格发生变化也会影响厂商的产品供给量。如果商品价格下降了，那么，厂商所面临的市场需求也就改变了，它的改变使得厂商的利润极大化均衡点发生变动，从而导致厂商的产品供给量减少。

二、厂商产品供给

1. 厂商产品供给函数

厂商供给量要受到厂商的生产技术水平、生产要素的价格，以及商品价格的影响，也就是说，厂商供给量与这些影响因素之间存在某种关系。从广泛的意义上说，厂商供给就是厂商供给量与影响厂商供给量的所有因素之间的关系。广义的厂商供给可以用广义的厂商供给函数 $Q_x^s = f(P_x, A, P_f)$ 来表述。式中，Q_x^s、P_x、A、P_f 分别代表厂商供给量、产品价格、生产技术、要素价格等因素。

在实际经济生活中，厂商的生产技术水平、生产要素的价格和商品价格等因素都在不断变化，甚至在同时发生变化。运用广义的厂商供给函数，我们就可以研究它们的共同变化会引起厂商供给量发生多大的变化。当然，我们还常常需要了解，如果其他因素固定不变，某一个因素变化对厂商供给量的影响。比如，商品价格对供给量的影响，技术创新对供给量的影响，生产要素价格对供给量的影响，等等。商品价格对供给量的影响，是人们最为关心的。因此，为了简化分析，我们常常使用简化了的厂商供给。

在其他条件一定时，某种商品的厂商供给量与供给价格之间的关系就是厂商供给。我们常说的供给就是这种简化的供给，它反映了在特定技术和要素价格条件下，商品供给量是如何随着价格的变化而变化的。如果 Q_x^s 代表商品 x 的厂商供给量，P_x 代表商品 x 的市场价格，简化的厂商供给函数就可以表示成：$Q_x^s = f(P_x)$。比如，$Q_x^s = c + dP_x$，或者 $Q_x^s = 5P_x$。

2. 厂商产品供给曲线

简化的厂商供给（函数）可以用图 5.7（Ⅱ）中的供给曲线表示出来。通常用横轴代表厂商供给量 Q，纵轴代表厂商的供给价格 P，厂商供给曲线 S 就是一条从左向右上方倾斜的曲线，斜率为正。正相关的供给曲线表明，商品供给量随着商品价格的上升而增加，随着商品价格的下降而减少。

为什么厂商供给是正相关的呢？或者说为什么存在那样的供给规律呢？让我们来看看供给曲线的推导就明白了。既然厂商供给曲线仅仅是厂商供给或者厂商供给函数的几何表示，那么，它所表示的仍然是厂商供给量与供给价格的关系。由于厂商供给量是满足厂商利润极大化的购买量，供给价格是满足厂商利润极大化的购买

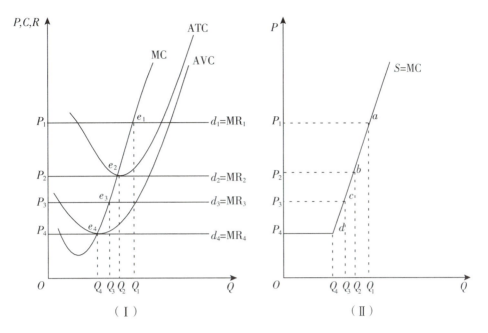

图 5.7　竞争性厂商短期供给曲线推导

价格，因此我们自然要从厂商均衡来推导厂商供给曲线。

推导供给曲线的基本思路是：首先，找出特定成本和价格条件下厂商的均衡产量；然后，假设厂商的生产成本不变，但商品价格提高了，找出商品价格多次提高的各个新的厂商均衡，并从中得出对应的厂商供给量；最后，把特定条件下商品供给量与供给价格之间的对应点描绘在直角坐标系中，就可以得到厂商供给曲线。

对完全竞争厂商来说，在每一个给定的价格水平 P，厂商应选择一个最优的产量 Q，使 $P=MC$ 成立，从而实现最大的利润。这意味着在价格 P 和厂商的最优产量 Q 之间存在着一一对应关系，而厂商的 MC 曲线恰好准确地表明了这种商品的价格和厂商的供给量之间的关系，如图 5.7（Ⅰ）所示。

仔细分析该图可以看到，当市场价格分别为 P_1、P_2、P_3 和 P_4 时，厂商根据 $MR=MC$（$P=MC$）的原则，选择的最优产量依次为 Q_1、Q_2、Q_3 和 Q_4。显然，MC 曲线上的 e_1、e_2、e_3 和 e_4 点明确地表示了这些不同的价格水平与相应的不同的最优产量之间的对应关系。但须注意，只有在 $P \geqslant AVC$ 时，厂商才会进行生产，而在 $P < AVC$ 时，厂商会停止生产。厂商的供给曲线应该用 MC 曲线上大于和等于 AVC 曲线最低点的部分来表示，即用 MC 曲线大于和等于停止营业点的部分来表示。如图 5.7（Ⅱ）所示，图中 MC 曲线上的实线部分就是完全竞争厂商的供给曲线。该线上的 a、b、c、d 点分别与图 5.7（Ⅰ）中 MC 曲线上的 e_1、e_2、e_3、e_4 点相对应。

由图 5.7（Ⅱ）可见，完全竞争厂商的供给曲线是向右上方倾斜的，它表明了商品的价格和厂商的供给量之间同方向变化的关系。同时也告诉我们，在完全竞争市场上，厂商在每一价格水平的供给量都是能给他带来最大利润或最小亏损的最优产量。

79

第六章
竞争性产品市场的局部均衡

第一节 竞争性市场的市场需求

一、市场需求函数和需求曲线

1. 市场需求函数

在一个市场上，存在许许多多的消费者，他们共同构成市场上的买方。在一个市场上，对于某一个价格水平，全体消费者的个人需求量的总和就是在这个价格水平上的市场需求量。比如，在价格为 P_e 时，市场上有 1 000 个买主的个人需求量分别为 Q_1^d，Q_2^d，Q_3^d，…，Q_{1000}^d，则该市场上的商品需求量 Q^D 就可以这样得到：$Q^D = Q_1^d + Q_2^d + Q_3^d + \cdots + Q_{1000}^d = \sum_1^{1000} Q_n^d$。显然，直接和间接影响市场需求量的因素主要有商品价格、个人需求量，以及市场上的消费者数量。但是，直接影响市场需求量的因素只是商品自身的价格。

简单地讲，市场需求就是市场需求量与影响市场需求量的各个因素之间的关系。市场需求既从总体上反映了市场上人们的购买意愿，也从总体上反映了人们的购买能力，是人们消费意愿和消费能力的统一。市场需求用广义的市场需求函数可表示为 $Q_x^D = f(P_x, Q_x^d, n)$。式中，Q_x^D 代表 x 商品的市场需求量，P_x 为 x 商品的市场价格，Q_x^d 为 x 商品的个人需求量，n 代表购买 x 商品的消费者的人数。比如，某个市场上有 1 000 个完全相同的消费者，每一个消费者的个人需求为：$Q_x^d = \dfrac{3}{P_x}$，那么这个市场的需求就是：$Q_x^D = 1\,000 Q_x^d = \dfrac{3\,000}{P_x}$。

同个人需求一样，我们常说的市场需求，是狭义的或者说是简化的市场需求。它是指在个人需求量和消费者人数一定的条件下，市场需求量与市场需求量价格之间的关系。用需求函数可以表示为 $Q_x^D = f(P_x)$。比如，线性需求函数 $Q_x^D = 100 - 2P_x$，它表明，对于特定的商品市场来说，如果其他因素既定不变，当市场价格为 50 时，市场需求量为 0；如果市场价格为 0 时，市场需求量为 100。也就是说，如果市场价格达到或者超过 50 美元，厂商就无法销售掉任何商品；即使可以免费得到该商品，人们对它的最大需求量也不会超过100单位。

2. 市场需求曲线

市场需求还可以用市场需求曲线来表示。市场需求曲线是市场上的全体消费者的个人需求曲线的加总，也就是把每一个价格水平上各个消费者的个人需求量加总。加总的一般方法是：首先，找出某一价格水平上每一个消费者的个人需求量，从而找到与这个价格对应的市场需求量；其次，找出另一个价格水平上各个消费者的个人需求量，从而找到与这个价格对应的市场需求量；再次，按照同样的道理，找到与每一个价格水平对应的市场需求量；最后，把市场需求量与市场价格的组合点描绘在坐标系中就得到市场需求曲线。如图6.1所示，在图6.1（I）中，d_1、d_2为某市场上仅有的两个消费者的个人需求曲线。当价格为P_0时，他们的个人需求量分别为0、Q_0，从而市场需求量就为$0+Q_0$，即图6.1（II）中的Q_0；当价格降为P_1时，对应的个人需求量分别为Q_1、Q_2，从而市场需求量为Q_1+Q_2，即图6.1（II）中的Q_1；当价格为P_2时，这两个消费者均不购买该商品，所以市场需求量为0。据此，我们就可以得到图6.1（II）中的点e、e'和e''，从而得出市场需求曲线D。

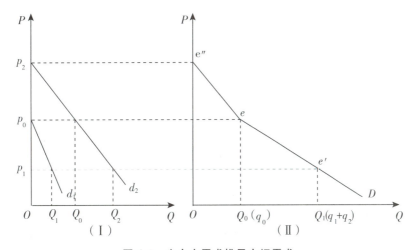

图6.1 由个人需求推导市场需求

从市场需求曲线的推导中，可得出几点基本结论：第一，由于个人需求曲线是负相关的，因而市场需求曲线也是负相关的。它说明，市场需求量一般随着市场价格的变化反向变化，即市场价格越高，市场需求量就越小；市场价格越低，市场需求量就越大。这种基本关系就是常说的市场需求规律或需求定理、需求法则。第二，总体上讲，市场需求曲线要比个人需求曲线更加平缓，斜率更小。这是因为，面对市场价格的变化，全体消费者的需求量调整比个人需求量的调整要大。第三，如果个人需求曲线有不同的价格截距，那么，市场需求曲线就存在折点，因而市场需求函数就是一个分段函数。

二、市场需求的变化

市场需求是对特定条件下市场需求量与市场价格关系的概括和描述，当特定的条件发生变化，市场需求就会发生变化。市场需求的变化是指在商品市场价格一定时，影响市场需求量的其他因素改变，引起了市场需求量与市场价格对应关系的变化。

简单地说，市场需求的变化实际上就是市场需求量与市场价格的对应关系改变了。因此，市场需求的变化就表现为市场需求函数的改变，以及市场需求曲线的改变。市场需求增加，意味着在每一价格水平上的购买量增加了，也意味着与每单位商品所对应的需求价格提高了。相应地，市场需求减少，意味着在每一价格水平上的购买量减少了，或者与每商品单位对应的需求价格降低了。引起市场需求改变的因素就是个人需求和消费者人数，或者说是消费者偏好、消费者的货币收入和消费者人数。市场需求变化，意味着在每一价格水平上的需求量变化了，或者意味着每一购买单位的需求价格改变了。市场需求的运动可以用图6.2来表示。

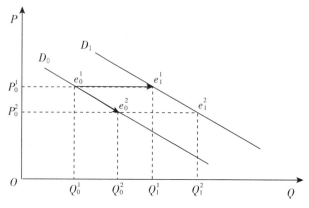

图6.2　市场需求的运动和需求量的变化

在图6.2中，原来的市场需求为D_0，e_0^1（Q_0^1，P_0^1）、e_0^2（Q_0^2，P_0^2）是D_0上的两个点。由于其他因素发生变化，比如消费者货币收入增加、消费者偏好增强、消费者人数增加，在市场价格P_0^1的时候，市场需求量增加到Q_1^1；在市场价格P_0^2的时候，市场需求量增加到Q_1^2。显然，在原有价格水平上，由于其他因素的变化，市场需求量增加了。这种增加表现为由点e_0^1（Q_0^1，P_0^1）运动到了点e_1^1（Q_1^1，P_0^1），从点e_0^2（Q_0^2，P_0^2）运动到了e_1^2（Q_1^2，P_0^2）。就点e_1^1（Q_1^1，P_0^1）和点e_1^2（Q_1^2，P_0^2）而言，它们意味着具有相同的个人偏好、个人收入和消费者人数，因而连接它们的曲线就构成一条市场需求曲线D_1。很明显，市场价格不变，影响市场需求量的其他因素改变，会引起市场需求的变化，即市场需求函数和市场需求曲线的移动。市场需求曲线向右移动，表明市场需求增加；反之，则表明市场需求减少。

理解市场需求的变化，关键在于把需求曲线的运动与沿着需求曲线的运动区分开来。沿着需求曲线的变化，是指在其他因素不变的条件下，商品市场价格上升或者下降，引起了市场需求量的变化。因此，市场需求曲线的变化与沿着市场需求曲线的变化的异同主要体现在以下几个方面：

第一，市场需求的变化表现为需求曲线移动和需求函数的改变，而沿着市场需求曲线的变化则表现为在同一条需求曲线上点的运动，需求函数没有改变。比如，图6.2中，从Q_0^1增加到Q_0^2，表现为同一需求曲线D_0上的点e_0^1（Q_0^1，P_0^1）到点e_0^2（Q_0^2，P_0^2）的运动，这是沿着市场需求曲线D_0的变化；而从D_0运动到D_1，则是市场需求的变化。

第二，沿着市场需求曲线的变化是在同一需求的不同价格条件水平上的需求量的差异，而市场需求曲线的变化意味着在不同需求的相同价格水平上的需求量的差异。因此，市场需求的变化与沿着市场需求曲线的变化最终都意味着需求量的改变。

第三，市场需求曲线的变化是消费者偏好、消费者的货币收入和消费者人数改变引起的，而沿着市场需求曲线的变化仅由市场价格的变化引起。这意味着，商品价格变化是不可能引起该商品市场需求改变的，直接造成市场需求量变化的因素只有市场价格，尽管其他因素的改变会通过改变市场需求来间接引起市场需求量的变化。

为了区分市场需求曲线的变化与沿着需求曲线的变化，我们以汽车市场为例来说明。如果仅仅是汽车本身的价格降低了，汽车市场销售出了更多的汽车，这说明汽车市场出现了沿着需求曲线的运动，此时，汽车的市场需求量增加了。如果汽车本身的价格没有改变，但是因为政府出台了汽车的强制性保险政策，汽油价格大幅度提高。同时，对汽车污染的严格控制，汽车牌照的高价竞拍，以及遍布城市大街小巷的电子眼，使人们减少了对汽车的购买，这就是对汽车的市场需求下降了。在竞争市场上，由于政府通常不会直接管理汽车价格，因此政府的有关政策都是影响汽车的市场需求的。

三、市场的需求价格弹性

市场需求表明了市场需求量与市场价格存在一定的关系，市场需求规律进一步说明了市场需求量与市场价格的一般关系是负相关的。在实际生活中，每单位食盐和住房都涨10美元，或者都涨1倍，市场需求量的减少是大不一样的。因此，为了从数量上具体说明价格变化对需求量变化的影响，英国经济学家马歇尔从物理学中引入了弹性概念。在经济学中，当两个经济因素存在函数关系时，弹性是用来表示自变量的变化所引起的因变量的变化程度的。弹性的大小以弹性系数表示：

$$弹性系数=\frac{因变量的变化率}{自变量的变化率}$$

1. 需求价格弹性及其公式

从狭义的市场需求函数可知，市场需求量是因变量，而商品市场价格是自变量，市场价格变化必然引起市场需求量的变化。需求价格弹性就是用来表达它们之间的变化关系的。需求价格弹性简称为需求弹性，是指市场需求量对市场价格变化的反应灵敏度。有些商品价格的微小变化会引起市场需求量的巨大变化，即反应灵敏；有些商品价格的变化很大，但所引起的市场需求量的变化却很小，即反应迟钝。反应灵敏则弹性大，反应迟钝则弹性小。

需求弹性的大小可以根据需求弹性系数的公式来计算。如果E_D代表需求弹性系数，P_1、P_2 分别代表变化前和变化后的价格，ΔP（等于 P_1 和 P_2 的差）代表价格的变化量，Q_1、Q_2 分别代表变化前和变化后的需求量，ΔQ^D（等于 Q_1 和 Q_2 的差）代表需求量的变化量，则需求弹性系数的一般公式为

$$E_D = \frac{Q_2 - Q_1}{P_2 - P_1} \div \frac{P_1}{Q_1}$$

或

$$E_D = \frac{Q_1 - Q_2}{P_1 - P_2} \div \frac{P_2}{Q_2}$$

或

$$E_D = \frac{\Delta Q}{Q} \div \frac{\Delta P}{P}$$

按照需求规律，需求量与价格负相关，所以需求弹性一般为负值。在经济学中，数值的正或负仅仅说明两个因素之间的变化方向，即数值为正说明两个因素之间的变化方向相同，数值为负说明两个因素之间的变化方向相反。而数值的大小一般是就其绝对值来说的。通常，我们说需求弹性值的大小时，是就需求弹性系数的绝对值而言的，忽略了需求量与价格的关系。

根据需求弹性的一般公式，需求弹性可以表示为 $E_D = \frac{\Delta Q}{\Delta P} \cdot \frac{P_1}{Q_1}$ 或者 $E_D = \frac{\Delta Q}{\Delta P} \cdot \frac{P_2}{Q_2}$。在直角坐标系中，一般以横轴代表市场需求量，纵轴代表市场价格，因而 $\frac{\Delta Q}{\Delta P}$ 为需求曲线的斜率 $\frac{\Delta P}{\Delta Q}$ 的倒数。因此，需求价格弹性就等于需求曲线的斜率的倒数与价格数量比值的乘积。在价格数量比值 $\frac{P_1}{Q_1}$ 或者 $\frac{P_2}{Q_2}$ 一定时，斜率越大，弹性就越低；反之，弹性就越高。在一定程度上，我们可以用需求曲线在斜率上的差异来表示它们的弹性差异。

按照弹性（绝对值）的大小分类，弹性有完全弹性（$E_D = +\infty$）、完全无弹性（$E_D = 0$）、单位弹性（$E_D = 1$）、富有弹性（$1 < E_D < +\infty$）和缺乏弹性（$0 < E_D < 1$）五种。

2. 需求价格弹性的主要分类

按照弹性的测定方式，弹性可以分为弧弹性和点弹性。

需求弹性是用来反应价格的变化对需求量变化的影响程度的。在实际生活中，有时候价格的变化非常大，而有时候它的变化又非常小；有些商品价格变化大，而有些商品价格变化小。需求弧弹性就是用来说明在价格变化较大的情况下，需求量对价格变化的灵敏度的。较大的价格变化，在需求曲线上表现为明显的点的运动，价格变化前后的两个点就构成需求曲线上的一段弧或者一段线。用来测定需求曲线上某段弧的弹性就要用弧弹性。在价格变化较大的情况下，对于同一需求曲线上的同一段弧，选择不同的起始点，按照需求弹性的一般公式计算出来的弹性值是不同的。为了使同一段弧的弹性值完全相同，我们习惯取价格和数量变化前后的平均值，并用弧的中点弹性来代表弧弹性。因而，弧弹性公式为

$$E_D = \frac{\Delta Q}{\Delta P} \cdot \frac{\frac{P_1 + P_2}{2}}{\frac{Q_1 + Q_2}{2}}$$

或

$$E_D = \frac{Q_1 - Q_2}{P_1 - P_2} \cdot \frac{P_1 + P_2}{Q_1 + Q_2},$$

或

$$E_D = \frac{Q_2 - Q_1}{P_2 - P_1} \cdot \frac{P_1 + P_2}{Q_1 + Q_2}$$

比如，某乳品企业生产的乳制品，在每盒 3 元时每年卖出 10 亿盒，把价格降为每盒 2 元时，每年卖出了 20 亿盒。则有：

$$E_D = \frac{20 - 10}{2 - 3} \times \frac{3 + 2}{10 + 20} = -\frac{5}{3}$$

需求弧弹性的相对大小可以用图 6.3 中的需求曲线直观地表示出来。

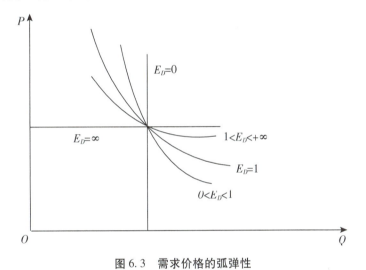

图 6.3　需求价格的弧弹性

与需求弧弹性相对应，需求点弹性是用来说明在价格微小变化的情况下，需求量对价格变化的灵敏度的。微小的价格变化，带来的一定是微小的需求量的变化，这样价格变化前后的那段弧就几乎是一个点了，其需求的弧弹性就变成需求点弹性了。用来测定需求曲线上某点的弹性就要用点弹性。点弹性公式为

$$E_D = \frac{\mathrm{d}Q}{\mathrm{d}P} \cdot \frac{P}{Q}$$

这就是说，点弹性等于需求函数中某点的一阶导数（或者一阶偏导数）乘以该点上的价格数量比（$\frac{P}{Q}$）。比如，某产品的市场需求函数为 $Q_D = \frac{3\ 000}{P}$，在其中的点

（1 000，3 000）上，需求点弹性 $E_D = -\frac{3\ 000}{P^2} \times \frac{P^2}{3\ 000} = \frac{3\ 000}{1\ 000^2} \times \frac{1\ 000^2}{3\ 000} = -1$。实际上，

对于类似 $Q_D = \dfrac{3\,000}{P}$ 的具有等轴双曲线性质的需求而言，任何一点都是单位弹性的。

按照需求点弹性的意义，线性需求曲线上的每一点的弹性是不相同的。根据弹性的含义和相似三角形原理，我们很容易得到：在线性需求曲线上，某点把需求曲线分为上下两段，该点的需求弹性就等于下段的长度与上段长度的比值。因此，在图 6.4 中，在需求曲线 ab 上，a 点（需求曲线与纵轴的交点）的弹性为无穷大，是完全弹性的；b 点（需求曲线与横轴的交点）的弹性等于 0，属于完全无弹性；中点 c 的弹性为 1，是单位弹性；介于点 a 和点 c 之间的任何一点都是富有弹性的，而介于点 b 和点 c 之间的任何一点都是缺乏弹性的。

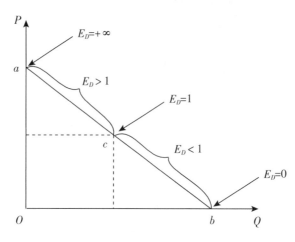

图 6.4　线性需求的点弹性

3. 需求价格弹性的影响因素

产品需求弹性的大小受很多因素的影响，主要有：

（1）产品的可替代性。替代品多且替代程度高的产品需求弹性充足。因为该产品价格上升时，居民就会购其他替代品；价格下降时则会用该产品取代其他替代品。比如，据估算，美国居民航空旅行的需求弹性为 2.4，主要就是因为航空旅行有汽车旅行、火车旅行等作为替代品。反之，替代品少和替代程度低的产品需求弹性缺乏。例如，法律服务几乎是不可替代的，所以其需求弹性仅为 0.5。

（2）产品的需求强度。一般来说，居民对必需品的需求强度大而稳定，所以必需品的需求弹性小。例如，土豆和食盐等必需品都缺乏弹性。相反，消费者对奢侈品的需求强度小而易变，因此奢侈品的需求弹性较大。比如，出国旅行这种消费的需求弹性一般都较大。据估计，在 20 世纪 70 年代，美国土豆的需求弹性为 0.31，而国外旅行的弹性为 4。

（3）产品的使用时间。一般来说，使用时间长的耐用消费品需求弹性大，而使用时间短的非耐用消费品需求弹性小。例如，在美国，电冰箱、汽车等耐用品的弹性在 1.2~1.6，而报纸杂志的弹性仅为 0.1。

（4）产品的支出比例。在家庭支出中所占比例小的产品，需求弹性小；在家庭支出中所占比例大的产品，需求弹性大。比如，在美国，香烟支出占家庭支出的比重小，其需求弹性为 0.3~0.4；而汽车支出占家庭支出的比重大，其需求弹性为 1.2~1.5。

总之，影响弹性的因素很多。某种产品需求弹性的具体大小，是由上述因素综合决定的，而且它还会因时期、地区和消费者收入而不同。

4. 需求价格弹性与销售收入

在实际经济生活中，我们常常会看到这样的现象：有些厂商把自己的商品打折销售，而有些企业在出售商品过程中还在涨价；有些商品或者服务折扣很高，而有些商品的折扣仅仅是象征性的。相应地，有些人买折扣的商品，有些人买涨价的商品。这是有些厂商和消费者脑子犯糊涂，还是他们就喜欢自己吃亏？在经济学家看来，消费者和厂商都是理性的经济人，因而他们的选择都是对自己有利的。理解这些现象，需要研究需求弹性与销售收入或购买支出的关系。

销售收入就是厂商生产并销售一定数量的商品所获得的收入，它等于商品的市场单价乘以商品的销售量。在厂商所生产的全部商品都能够以市场价格卖出的条件下，销售收入就等于商品的市场单价乘以商品的需求量。因此，厂商的销售总收入 $R=P\times Q$。其中 R 代表厂商的销售总收入或者厂商的总收益，P 代表单位商品的市场价格，Q 代表商品的市场需求量。

显然，厂商销售收入的变化，取决于商品的单位价格和需求量两个因素。如果这两个因素同时增加或者同时减少，总的销售收入肯定会相应地增加或者减少；如果其中一个因素固定不变，总的销售收入将随着另一个因素的上升而增加，也随着另一个因素的下降而减少。按照需求规律，需求量与价格是反向变化的，那么，销售总收入会如何变化呢？仔细分析发现，就价格提高而言，它会从两个方面影响销售收入：一方面，在原有需求量的水平上，价格提高会增加一定数量的销售收入；另一方面，价格提高所造成的需求量的减少，又会减少一定数量的销售收入。因此，提价究竟会增加还是会减少销售收入，取决于提价所增加的销售收入和所减少的销售收入的相对大小。很明显，提价所引起的销售收入增加和减少的相对大小，是与提价所引起的需求减少的程度相关的，也就是与需求价格弹性相关的。因此，销售收入的变化与需求价格弹性存在密切的关系。按照需求规律，销售收入的变化与需求弹性（点弹性和弧弹性）的关系可以概括为以下几个方面：

如果需求富有弹性，则需求量变化的比率大于价格变化的比率。因此，价格提高会导致需求量的明显减少，从而使总的销售收入减少；反之，价格下降会导致需求量的明显增加，从而使总的销售收入增加。对于富有弹性的商品而言，降价销售能够增加厂商的总收益，因而降价也不失为一种理性的选择。这就是为什么不少厂商采取打折销售的原因。

如果需求缺乏弹性，则需求量变化的比率小于价格变化的比率。因此，价格提高不会导致需求量的明显减少，从而使总的销售收入增加；反之，价格下降也不会导致需求量的明显增加，从而使总的销售收入减少。对于缺乏弹性的商品而言，提价销售能够增加厂商的总收益，因而涨价也不失为一种理性的选择。这就是厂商边卖边涨价的原因。

如果需求是单位弹性，则需求量变化的比率等于价格变化的比率。因此，无论提高价格，还是降低价格，总的销售收入都不会发生变化。比如，我们上面所提到的需求 $Q=\dfrac{3\,000}{P}$ 具有单位弹性，它的总收益 $R=P\times Q=P\times\dfrac{3\,000}{P}=3\,000$。也就是说，如果是需求单位弹性，那么，在需求所允许的任何价格水平上，总收入都是等于一个常数。因此，在弹性为 1 的情况下，价格的任何变动都不会改变厂商的总收入。

　　如果需求是完全弹性的，这意味着微小的价格变化都会导致需求量的巨大变化。价格微升，需求量就会减少到零；价格微降，需求量就会增加到很大，以至于无穷大。显然，在需求为完全弹性时，厂商的任何提价行为都会使自己的东西一点都卖不出去，从而使总收益变为零；相反，厂商象征性的降价，或者保持价格不变，都可以使自己销售出愿意出售的所有商品，从而使销售收益增加。

　　如果需求完全无弹性，这意味着无论多大的价格变化都不会导致需求量的变化，即提价不会减少需求量，降价也不会增加需求量。显然，在需求完全无弹性的情形下，降价必然使厂商总收益减少，而提价肯定使厂商的总收益增加。因此，从理论上讲，理性的厂商可以定一个任意高的价格，使自己的总收益尽可能增大。

　　总销售收入与需求弹性之间的简单关系可以用图 6.5 来表示。在图 6.5（Ⅰ）中，ab 是需求函数为 $Q=8-2\times P$ 的线性需求曲线，它与纵轴、横轴的交点，以及中点的坐标分别为 a（0，4）、b（8，0）和 c（4，2）。在图 6.5（Ⅱ）中，R_t（Q）曲线为销售收入曲线或者总收益曲线。很明显，在富于需求弹性时，即在需求曲线的 ac 区间内，随着价格从 4 下降到 2，需求量就从 0 增加大 4，总收益就从 0 增加到 8。在缺乏需求弹性时，即在需求曲线的 bc 区间内，随着价格从 2 下降到 0，需求量就从 4 增加到 8，总收益就从 8 减少到 0。在需求为单位弹性时，即在需求曲线的中点，总收入达到最大值 8。

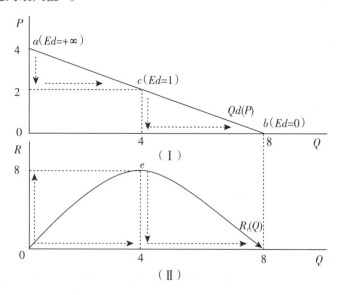

图 6.5　总收益与需求弹性的关系

四、消费者剩余

1. 消费者剩余的含义

消费者剩余是指在消费者的购买行为中，对于一定数量的商品，消费者的需求价格总额与实际支付的市场价格总额之间的差值。因此有：消费者剩余=需求价格−市场价格。

对消费者来说，需求价格是他对每一单位商品愿意支付的最高价格，主要取决于商品的边际效用。由于商品的边际效用递减，对于某一数量的商品，消费者在每一个商品单位上愿意支付的最高价格是不相同的，而且每后一个商品单位的需求价格都低于前一个商品单位。因此，消费者的需求价格总额并不等于单位需求价格与需求量的乘积，而等于消费者在每一个商品单位上的需求价格相加的总和。

在消费者的实际购买行为中，对于某一数量的商品，消费者在每一个商品单位上实际支付的价格是完全相等的，因而实际支付的市场价格总额就等于商品单价与商品购买量的乘积。比如，每一瓶矿泉水的价格为 1 美元，比尔要购买 10 瓶矿泉水，那么，他所购买的每一瓶矿泉水都是按照 1 美元来支付的，因此他所支付的市场价格总额就为 10 美元。

对于消费者来说，需求价格与市场价格之间是什么关系呢？简单地讲，消费者实际支付的市场价格必定等于消费者的需求价格中的最低价格，也就是说，市场价格始终等于人们为最后一个单位商品消费愿意支付的最高价格。首先，人们只有愿意支付才会实际支付，所以消费者实际支付的市场价格必定是他愿意支付的价格；其次，对于一定数量的商品消费，市场价格是唯一的，而需求价格随着商品量的增加不断下降，因此市场价格只能是需求价格中的某一个；最后，对于理性的消费者而言，市场价格不可能比任何一个需求价格高，一般条件下都要比需求价格低，最多等于最小的需求价格。

每一个单位商品的市场价格一般低于相应的需求价格，便构成了消费者剩余。因而，人们购买一定数量的商品总能得到消费者剩余。消费者剩余通常用来衡量人们在市场购买中所获得的经济福利的大小。在需求价格一定时，消费者福利的大小就仅受市场价格高低的影响。如果消费者能够以最低的价格购买产品，消费者福利就是最大的。

2. 消费者总剩余的计算

消费者总剩余可以用数学公式表示。令反需求函数为 $P_x^d = f(Q_x)$，价格为 P_e 时，需求量为 Q_e，则消费者总剩余为

$$CS = \int_0^{Q_e} f(Q_x)\,dQ_x - P_e \cdot Q_e$$

式中，CS 为消费者总剩余的英文简写，积分项代表消费者的需求价格总额，等式右边的第二项表示消费者实际支付的市场价格总额。

消费者总剩余可以用图 6.6 来表示。在图 6.6 中，P_e 为市场价格；那么，消费者剩余可以用需求曲线、市场价格线和纵轴所围成的面积来表示，如图 6.6 中深色

面积 A 所示。具体说来，在市场价格为 P_e 时，个人需求量为 Q_e。消费者愿意支付的价格总额，实际上就是需求曲线、需求数量线和坐标轴围成的面积，即 A 和 B 两部分的和就代表需求价格总额。当然，市场价格总额就是 B 部分的面积了。特别地，如果个人需求曲线是条直线，消费者总剩余可以通过计算一个梯形的面积和一个矩形的面积差来得到。

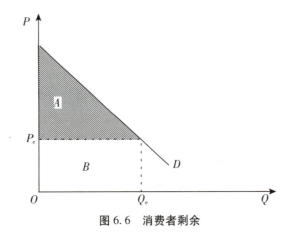

图 6.6　消费者剩余

很明显，人们以市场价格 P_e 购买一定数量 Q_e 的商品，消费者支付了相当于市场价格总额 $P_e \cdot Q_e$ 的货币出去，从而放弃了相当于这个市场价格总额的 λ 倍（$\lambda \cdot P_e \cdot Q_e$）的效用。但是，消费者同时得到了 Q_e 的商品量。从 Q_e 的商品消费中，消费者不仅得到了与市场价格相当的满足或者效用（$\lambda \cdot P_e \cdot Q_e$），而且还得到了额外的满足或效用。这部分超额满足或效用，反映了消费者通过市场交换所感受到的福利的增加。因此，在经济学中，消费者总剩余通常用来度量消费者福利，并作为社会福利的一个重要组成部分。

当然，消费者福利的大小要受三个因素影响。一是市场价格的高低，在其他因素一定时，CS 随着市场价格的提高而减少，也随着市场价格的降低而增加；二是需求价格的高低，在其他因素一定时，CS 随需求价格上升而增大，随需求价格下降而减小；三是实际购买量的多少，在其他因素一定时，CS 随购买量的增加而增加，也随着购买量的减少而减小。

第二节　竞争性市场的市场供给

一、产品市场的市场供给

1. 市场供给函数

在一个竞争性市场上，存在许许多多的厂商，他们共同构成市场上的卖方。在一个市场上，对于某一个价格水平，全体厂商的供给量的总和就是在这个价格水平上的市场供给量。比如，在价格为 P_e 时，市场上有 1 000 个卖主的厂商量分别为

Q_1^s，Q_2^s，Q_3^s，$\cdots$，Q_{1000}^s，则该市场上的商品供给量 Q^s 就可以这样得到：$Q^s = Q_1^s + Q_2^s + Q_3^s + \cdots + Q_{1000}^s = \sum_1^{1000} Q_n^s$。显然，直接和间接影响市场供给量的因素主要有商品价格、厂商供给量，以及市场上的厂商数量。但是，直接影响市场供给量的因素只是商品自身的价格。

简单地讲，市场供给就是市场供给量与影响市场供给量的各个因素之间的关系。市场供给既从总体上反映了市场上厂商的生产意愿，也从总体上反映了厂商的生产能力，它是厂商生产意愿和生产能力的统一。市场供给用广义的市场供给函数表示为 $Q_x^s = f(P_x, Q_x^s, n)$。式中，Q_x^s 代表 x 商品的市场供给量，P_x 为商品 x 的市场价格，Q_x^s 为 x 商品的厂商供给量，n 代表生产 x 商品的厂商的个数。

同厂商供给一样，我们常说的市场供给，是狭义的或者说是简化的市场供给。它是指在个人供给量和厂商个数一定的条件下，市场供给量与市场价格之间的关系。用供给函数可以表示为 $Q_x^s = f(P_x)$。比如，某个市场上有 1 000 个完全相同的厂商，每一个厂商的厂商供给为 $Q_x^s = 3P_x$，那么这个市场的市场供给就是 $Q_x^s = 3\,000P_x$。它表明，对于特定的商品市场，如果其他因素既定不变，当市场价格为 5 时，市场供给量为 15 000；当市场价格为 0 时，市场供给量为 0。即如果市场价格等于或者低于 0，则没有任何一个厂商会提供商品。

2. 市场供给曲线

市场供给还可以用市场供给曲线来表示。一般来说，市场供给曲线是正相关的。市场供给曲线可以从厂商供给曲线中得到，即把市场上全体厂商的供给曲线加总，也就是把每一个价格水平上各个厂商的厂商供给量加总。加总的一般方法是：先找出某一价格水平上每一个厂商的厂商供给量，从而找到与这个价格对应的市场供给量；然后又找出另一个价格水平上各个厂商的厂商供给量，从而又找到与这个价格对应的市场供给量；按照同样的道理，找到与每一个价格水平对应的市场供给量；最后把市场供给量与市场价格的组合点描绘在坐标系中就得到市场供给曲线。如图 6.7 所示，图 6.7（Ⅰ）、图 6.7（Ⅱ）中 s_1、s_2 为仅有的两个厂商的供给曲线。当价格为 P_0 时，厂商供给量分别为 Q_1^1、0，从而市场供给量为 Q_1^1，在图 6.7（Ⅲ）中表示为 Q_1；当价格为 P_2 时，厂商供给量为 Q_1^2、Q_2^1，从而市场供给量为 $Q_1^2 + Q_2^1$，在图 6.7（Ⅲ）中表示为 Q_2；当价格为 P_1 时，两个厂商市场供给量均为 0，所以市场供给量为 0。据此，我们得到 e、e''、e' 三个点。同理，也可以得到其他点，从而得到市场供给曲线 S。

从市场供给曲线的推导中，可以得到几点基本结论：第一，由于厂商供给曲线一般是正相关的，因而市场供给曲线也是正相关的。它说明，市场供给量一般随着市场价格的变化同向变化，即市场价格越低，市场供给量就越小；市场价格越高，市场供给量就越大。这种基本关系就是常说的市场供给规律，或者供给定理、供给法则。第二，总体上讲，市场供给曲线要比厂商供给曲线更加平缓，斜率更小。因为面对市场价格的变化，全体厂商的供给量调整比单个厂商供给量的调整要大。第三，如果厂商供给曲线有不同的价格截距，那么，市场供给曲线就存在拐点，这样市场供给函数就是一个分段函数。

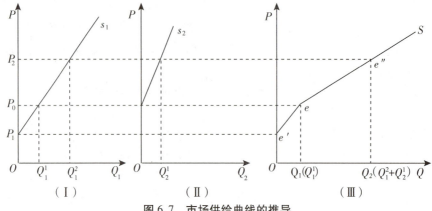

图 6.7　市场供给曲线的推导

二、市场供给的变化

市场供给是对特定条件下市场供给量与市场价格关系的概括和描述，当特定的条件发生变化，市场供给就会发生变化。市场供给的变化是指在商品市场价格一定时，影响市场供给量的其他因素改变，引起了市场供给量与市场价格对应关系的变化。

简单地说，市场供给的变化实际上就是市场供给量与市场价格对应关系的改变。因此，市场供给的变化就表现为市场供给函数的改变，以及市场供给曲线的改变。市场供给增加，意味着在每一价格水平上的生产供给量提高了，或者厂商在每单位产品上的最低卖价降低了。相应地，如果市场供给减少，则在每一价格水平上的生产量就降低了，或者厂商在每一单位产品上的供给价格提高了。引起市场供给改变的因素有厂商供给和厂商数目，或者说是生产技术水平、要素价格水平和厂商数目。市场供给的变化，实质上意味着与每一价格水平相对应的供给量改变了，也意味着与每一产品单位对应的供给价格改变了。市场供给的运动可以用图 6.8 来表示。

在图 6.8 中，原来的市场供给为 S_0，$e_0^1 (Q_0^1, P_0^1)$ 和 $e_0^2 (Q_0^2, P_0^2)$ 是 S_0 上的两个点。由于其他因素发生变化，比如厂商的技术进步和创新、劳动工资下降、厂商数目增加，在市场价格为 P_0^1 的时候，市场供给量增加到 Q_1^1；在市场价格为 P_0^2 的时候，市场供给量增加到 Q_1^2。显然，在原有价格水平上，由于其他因素变化，市场供给量增加了。这种增加表现为由点 $e_0^1 (Q_0^1, P_0^1)$ 运动到了点 $e_1^1 (Q_1^1, P_0^1)$，从点 e_0^2 (Q_0^2, P_0^2) 运动到了点 $e_1^2 (Q_1^2, P_0^2)$。就点 $e_1^1 (Q_1^1, P_0^1)$ 和点 $e_1^2 (Q_1^2, P_0^2)$ 而言，它们意味着具有相同的生产技术水平、要素价格水平和厂商数目，因而连接它们的曲线就构成一条市场供给曲线 S_1。很明显，市场价格不变，影响市场供给量的其他因素改变，会引起市场供给的变化，即市场供给函数和市场供给曲线的移动。市场供给曲线向右移动，表明市场供给增加；反之，市场供给曲线向左移动，表明市场供给减少。

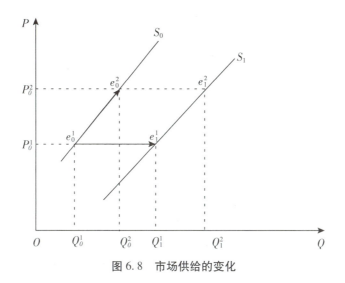

图 6.8　市场供给的变化

理解市场供给的变化，关键在于把供给曲线的运动与沿着供给曲线的运动区分开来。沿着供给曲线的运动，是指在其他因素不变的条件下，商品市场价格上升或者下降，引起市场供给量的变化。因此，市场供给的变化与沿着市场供给曲线的变化的异同主要体现在以下几个方面：

第一，市场供给的变化表现为供给曲线移动和供给函数的改变，而沿着市场供给曲线的变化则表现为在同一条供给曲线上点的运动，供给函数没有改变。比如，从 Q_0^1 增加到 Q_0^2，表现为同一供给曲线 S_0 上的点 e_0^1（Q_0^1，P_0^1）到点 e_0^2（Q_0^2，P_0^2）的运动，这是沿着供给量的变化；而从 S_0 运动到 S_1，是市场供给的变化。

第二，沿着市场供给曲线的变化表现为在同一供给的不同价格条件水平下的供给量的差异，而供给曲线的变化意味着在不同供给的相同价格水平上的供给量的差异，因此市场供给的变化与沿着市场供给曲线的变化最终都意味着供给量的改变。

第三，市场供给的变化是生产技术水平、生产要素价格和厂商数目改变引起的，而沿着市场供给曲线的变化仅由市场价格的变化引起。这意味着，商品价格变化是不可能引起该商品市场供给改变的，直接造成市场供给量的变化的因素只有市场价格，尽管其他因素的改变会通过改变市场供给来间接引起市场供给量的变化。

为了区分市场供给的变化与沿着市场供给曲线的变化，我们以汽车市场为例来说明。如果仅仅是汽车本身的价格上升了，汽车市场有更多的汽车用于出售，这就说明出现了沿着汽车供给曲线的运动。如果汽车本身的价格没有改变，但是因为政府降低了汽车的进口关税，钢材和橡胶价格大幅度下降，汽车的生产技术水平大幅度提高，厂商就会增加汽车的生产。这就是汽车的市场供给增加。

三、市场供给弹性

1. 供给弹性的定义与公式

一般来说，供给弹性包括供给的价格弹性、供给的交叉价格弹性和供给的预期价格弹性等。通常供给弹性仅指供给的价格弹性。

93

供给（价格）弹性表示在一定时期内一种商品的供给量的相对变动对该商品的价格的相对变动的反应程度。它是商品的供给量变动率与价格变动率之比，即：

$$供给弹性（E_s）= \frac{供给量变动百分比}{价格变动百分比} = \frac{\Delta Q}{Q} \div \frac{\Delta P}{P} = \frac{\Delta Q}{\Delta P} \cdot \frac{P}{Q}$$

式中：E_s 表示供给弹性系数；

$\quad\quad \Delta Q$ 表示供给量的变动；

$\quad\quad \Delta P$ 表示价格的变动；

$\quad\quad Q$ 表示供给量；

$\quad\quad P$ 表示价格。

按照供给定理，供给量与价格一般是同向变化，所以供给弹性一般为正。与需求弹性一样，供给弹性也用点弹性和弧弹性两种方式来测定。

供给弧弹性表示某商品供给曲线上两点之间的供给量的相对变动对于价格的相对变动的反应程度，即供给曲线上两点之间的弹性。供给弧弹性公式还可用中点公式表示：

$$E_s = \frac{Q_1 - Q_2}{P_1 - P_2} \cdot \frac{P_1 + P_2}{Q_1 + Q_2}$$

或

$$E_s = \frac{Q_2 - Q_1}{P_2 - P_1} \cdot \frac{P_1 + P_2}{Q_1 + Q_2}$$

供给点弹性表示供给曲线上某一点上的供给量的无穷小的变动率对于价格的无穷小的变动率的反应程度，即供给曲线上某一点的弹性。供给点弹性的公式为

$$E_s = \frac{\mathrm{d}Q}{\mathrm{d}P} \cdot \frac{P}{Q}$$

2. 供给弹性的主要类型

供给弹性的主要类型有五种，如图6.9所示。

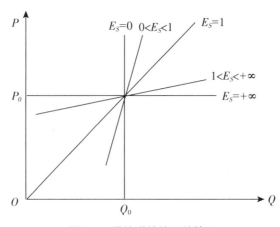

图6.9　供给弹性的五种情况

（1）供给完全无弹性，即 $E_s = 0$。在这种情况下，无论价格如何变动，供给量都不变。例如，土地、文物、某些艺术品的供给等。

（2）供给缺乏弹性，即 $0<E_S<1$。在这种情况下，供给量变动的幅度小于价格变动的幅度。这时的供给曲线是一条穿过数量轴的向右上方倾斜且较为陡峭的线。

（3）供给单位弹性，即 $E_S=1$。意味着供给变动的比率与价格变动的比率相等。这时的供给曲线是通过原点的一条向右上方倾斜的线。

（4）供给富有弹性，即 $1<E_S<+\infty$。在这种情况下，供给量变动的幅度大于价格变动的幅度。这时的供给曲线是一条穿过价格轴的向右上方倾斜且较为平坦的线。

（5）供给完全弹性，即 $E_S=+\infty$。在这种情况下，价格既定而供给量无限。

需要指出的是：单位弹性的产品供给曲线必过原点，而弹性充足的产品供给曲线一定有正的纵截距，弹性缺乏的产品供给曲线一定有正的横截距。

3. 影响供给（价格）弹性的因素

（1）生产产品的难易程度。一般来说，在一定时期内，容易生产的产品，其供给量变动速度快，因而供给弹性就大；较难生产的产品，其供给量变动速度慢，因而供给弹性就小。比如，汽水的供给弹性大，小麦的供给弹性小。因此，供给价格弹性的大小与商品生产的难易程度呈反向变化。

（2）生产成本增加幅度的大小。如果增加一种产品的产量时所引起的成本增加较大，这意味着增加生产的负担大，即使产品价格上涨，其增加生产的可能性也小，该产品的供给弹性就小；反之，供给弹性就大。

（3）生产规模的大小与规模变化难易程度。一般来说，生产规模大的企业，当价格发生变化时，其生产规模受既定生产能力和专业化设备的制约，较难变动或调整周期较长，因而其供给弹性小；而生产规模较小的企业，应变能力强，生产规模较易变动或调整周期短，因而供给弹性大。例如，一个食品厂的供给弹性就要比一个飞机制造厂的供给弹性大。所以，生产规模大的资本密集型企业，供给弹性较小；生产规模小的劳动密集型企业，供给弹性较大。

（4）派生供给的难易程度和派生供给弹性的大小。派生供给是对生产最终产品的原材料、机器设备、半成品和燃料等中间产品的供给。派生供给的弹性大，则最终产品的供给弹性也大，派生供给的弹性小，则最终产品的供给弹性也就小，两者呈同向变化。

（5）时间的长短。一般在短时期内，厂商只能在固定的厂房设备下增加产量，因而供给量的变动有限，这时供给弹性就小。在长期内，厂商能够通过调整规模来扩大产量，这时供给弹性将大于同种商品在短期内的供给弹性。同时，在短期内供给弹性的大小还要视库存能力而定。对于库存能力较强的商品，当价格下跌时，由于这类商品可以增加库存量，现时供给就会减少；当价格上涨时，因有前期存货，厂商可迅速增加现时供给。所以，库存能力较强的商品的供给弹性也较大。

四、生产者剩余

1. 生产者剩余的含义

生产者剩余是指在厂商的生产供给行为中，对于一定数量的商品，厂商的供给价格总额与实际接受的市场价格总额之间的差值。因此有生产者剩余=市场价格−供给价格。

对厂商来说，供给价格是他对每一单位商品愿意接受的最低卖价，主要取决于生产商品的边际成本。根据边际报酬递减规律，对于某一数量的商品，厂商在每一个商品单位上愿意接受的最低卖价是不相同的，每后一个商品单位的供给价格高于前一个商品单位。因此，厂商的供给价格总额，并不等于单位供给价格与供给量的乘积，而等于厂商在每一个商品单位上的供给价格相加的总和。

在厂商的实际供给行为中，对于某一数量的商品，厂商在每一个商品单位上实际接受的卖价是完全相等的，因而实际接受的市场价格总额就等于商品单价与商品销售量的乘积。比如，每一瓶矿泉水的价格为 1 美元，百事可乐公司要销售 10 瓶矿泉水，那么，每一瓶矿泉水都是按照 1 美元来进行销售的，因此它实际接受的市场价格总额就为 10 美元。

对厂商来说，供给价格与市场价格之间是什么关系呢？简单地讲，厂商实际接受的市场价格必定等于厂商的供给价格中最高的那个价格，也就是说，市场价格始终等于厂商为提供最后一个单位商品所愿意接受的最高价格。首先，厂商只有愿意接受才会实际接受，如同消费者实际支付的市场价格必定是他愿意支付的价格；其次，对于一定数量的商品消费，市场价格是唯一的，而供给价格随着商品量的增加不断上升，因此市场价格只能是供给价格中的某一个；最后，对于理性的厂商而言，市场价格不可能比任何一个供给价格低，一般条件下要比供给价格高，最多等于最高的供给价格。每一个单位商品的市场价格一般高于相应的供给价格，这便构成了生产者剩余。

2. 生产者剩余的计算

生产者剩余可以用数学公式表示，令反供给函数为 $P_x^s = f(Q_x)$，价格为 p_e 时，供给量为 Q_e。则生产者剩余为

$$PS = P_e \cdot Q_e - \int_0^{Q_e} f(Q_x) \, dQ_x$$

式中，PS 为生产者总剩余的英文缩写，积分项代表生产者的供给价格总额，而 $P_e \cdot Q_e$ 表示生产者实际得到的市场价格总额。

生产者总剩余通常用市场价格线以下、供给曲线以上的面积（SMC 曲线的相应部分）来表示。在图 6.10 中，产量零到最大产量 Q_e 之间的价格线以下和供给曲线以上的阴影部分面积 A 就表示生产者剩余。在图 6.10 中，市场价格线、厂商供给线和坐标轴围成的面积即生产者剩余。因为，厂商实际得到的总收益为 $A+B$，而厂商愿意接受的最小总收益为 B，从而 A 就是生产者总剩余。

很明显，厂商以市场价格 P_0 生产和销售一定数量 Q_0 的商品。厂商让渡了 Q_0 的商品量，意味着厂商增加了相当于 $AVC \cdot Q_0$ 数额的生产要素或者生产成本。但是，厂商同时实际得到了相当于市场价格总额 $P_0 \cdot Q_0$ 的总收益。由于 AVC 始终小于 P_0，因此从 Q_0 的商品生产和销售中，厂商不仅得到了与变动成本相当的销售收入，而且还得到了额外的收入。这部分超额收入，反映了厂商通过市场交换所获得的福利增加。因此，在经济学中，生产者总剩余通常用来度量生产者福利，并作为社会福利的一个重要组成部分。

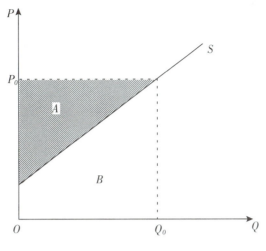

图 6.10 生产者剩余

　　生产者总剩余通常用来衡量厂商在市场供给中所获得的经济福利的大小，在供给价格一定时，生产者福利的大小就取决于市场价格的高低，如果厂商能够以最高的价格出售产品，厂商的福利就是最大的。作为社会福利的一部分，生产者总剩余的大小取决于多个因素。一般来说，在其他因素不变时，市场价格的提高会增加生产者剩余，供给价格或者边际成本的降低也会增加生产者剩余。如果存在商品过剩，即人们只能以市场价格销售部分商品，生产者剩余就会降低。当然，生产者福利的大小还要受企业实际销售产品量的影响，PS 随产销量的增加而增长，随产销量的减小而减少。

　　很明显，市场上全体厂商生产者剩余之和就构成整个市场的生产者总剩余。在图形上，应该表现为市场供给曲线、市场价格线与坐标轴所围成的面积。

第三节　市场供求均衡与经济效率

一、市场均衡与市场失衡

　　1. 供求均衡、均衡数量和均衡价格

　　市场供求均衡就是指某个价格水平上，市场供给和市场需求相等的状态。在这种状态下，市场需求量等于市场供给量，市场上既没有商品过剩，也没有商品短缺，因而市场是完全出清的。由于市场是出清的，所以市场价格不会因为商品过剩的存在而下降，也不会因为商品短缺的存在而上升。在这种状态下，需求价格等于供给价格，市场上既不存在消费者愿意付出的价格高于厂商（生产者）想要索取的价格，也不存在消费者愿意付出的价格低于厂商（生产者）想要索取的价格。因此，厂商的生产量不会因为买方的意愿买价偏高而扩大生产，个人的需求量也不会因为卖方的意愿卖价偏低而扩大购买量。

97

市场均衡状态如图6.11所示。横轴Q表示数量（需求量与供给量），纵轴P表示价格；D是需求曲线，S是供给曲线；需求曲线与供给曲线相交于e点，e点所代表的状态就是市场均衡状态。e点对应的数量Q_e是均衡数量，价格P_e就是均衡价格。

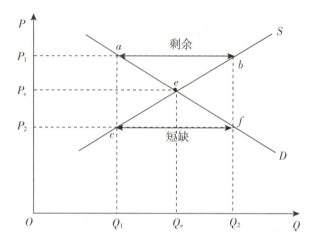

图 6.11　市场局部均衡

显然，均衡数量就是市场供给量等于市场需求量时的交易量。在一定的条件下，当市场供给量和市场需求量相等，市场上的所有买者都能够按照现有价格买到自己所需要的商品，即不存在商品供给短缺；同时，市场上的所有卖者也能够按照现有价格出售自己想要卖出的东西，即不存在商品过剩。因而他们都不愿也不能改变市场交易量，此时的交易量就是均衡数量。由于市场需求量是个人需求量的总和，而个人需求量又是能够使消费者达到效用极大化的购买量。同时，由于市场供给量是厂商供给量的总和，而厂商供给量又是能够使厂商达到利润极大化的生产量。因而在均衡数量水平上，个人的效用极大化购买量刚好等于厂商的利润极大化生产量。

均衡价格就是市场供给价格与需求价格相等时的交易价格。在一定的条件下，当市场供给价格和市场需求价格相等，市场上的所有买者都能够按照现有价格买到自己所需要的商品，即不存在调高购买价格的必要，同时市场上的所有卖者也能够按照现有价格出售自己想要卖出的东西，即不存在降价销售商品的必要，因而他们都不愿也不能改变此时的市场交易价格，即均衡价格。由于市场需求价格是个人购买时愿意接受的最高买价，而市场供给价格是个人出售时愿意接受的最低卖价，因而在均衡价格水平上，买者的最高意愿买价就等于卖者的最低意愿卖价。

显然，在均衡价格P_e的水平下，消费者的购买量和厂商的销售量是相等的；反过来说，在均衡数量Q_e的水平，消费者愿意支付的价格和厂商愿意接受的价格也是相等的。因此，这样一种状态便是一种使买卖双方都感到满意并愿意持续下去的均衡状态。

市场均衡价格和均衡数量可以根据市场需求函数和市场供给函数求得，即在已知需求函数$Q_D=f(P)$和供给函数$Q_S=\phi(P)$时，可以根据供求均衡的数量条件

$Q_D=Q_S$ 来求出均衡价格和均衡数量，即市场均衡要满足：$\begin{cases} Q_D=f\,(P) \\ Q_S=\phi\,(P) \\ Q_D=Q_S \end{cases}$

当然，市场均衡价格和均衡数量也可以用反市场需求函数和反市场供给函数求得，那就是在已知反需求函数 $P_D=f\,(Q)$ 和反供给函数 $P_S=\phi\,(Q)$ 的时候，可以根据供求均衡的价格条件 $P_D=P_S$ 求出，即市场均衡也可以通过联立下列方程解得：$\begin{cases} P_D=f\,(Q) \\ P_S=\phi\,(Q) \\ P_D=P_S \end{cases}$

比如，如果市场需求 $Q_D=26-4P$，市场供给 $Q_S=-4+6P$，那么，由 $Q_D=26-4P$ 可得反需求函数 $P_D=\dfrac{13}{2}-\dfrac{1}{4}Q$，由 $Q_S=-4+6P$ 可得 $P_S=\dfrac{2}{3}+\dfrac{1}{6}$。根据 $P_D=P_S$ 可得 $Q_E=14$，$P_E=3$。

2. 市场失衡及其类型

市场均衡是商品市场上需求和供给两种力量共同作用的结果，它是在市场的供求力量的自发调节下形成的。如果市场供给量不等于市场需求量，或者市场供给价格不等于市场需求价格，我们就说市场是失衡的或处于非均衡状态。在图 6.11 中，除了 e 点之外的其他任何状态，都意味着市场供给与市场需求不相等，也就是市场失衡。

在现实生活中，我们大量感受到的是市场失衡而不是市场均衡。比如，计划经济国家有严重而且长期的商品短缺现象存在，而在市场经济国家又有比较明显的商品过剩现象存在。又比如，我们在有些市场感到商品价格在不断上升，在有些市场又感到商品价格在不断下降。市场失衡既可以从数量方面看，也可以从价格方面看。

从数量来看，市场失衡包括市场商品过剩和短缺两个方面。比如，在市场价格等于 P_1 时，市场需求量为 Q_1，而市场供给量为 Q_2，从而市场存在过剩产品 Q_2-Q_1。如果市场价格为 P_2，市场需求量为 Q_2，而市场供给量为 Q_1，从而市场存在产品短缺 Q_1-Q_2。

从价格来看，市场失衡包括生产不足和生产过多两种情况。在市场交易量为 Q_1 时，此时需求价格为 P_1，而供给价格为 P_2，存在 P_1-P_2 的意愿价格差。当一个市场需求价格高于供给价格时，就意味着厂商的生产量不足，不足量等于 Q_e-Q_1。在交易量为 Q_2 时，此时需求价格为 P_2，而供给价格为 P_1，也存在 P_1-P_2 的意愿价格差。当一个市场的供给价格高于需求价格，就说明企业的生产过度，过度产量为 Q_2-Q_e。

3. 价格机制与均衡的实现

从市场失衡运动到市场均衡就是均衡的实现。一般说来，在市场机制的作用下，这种供求不相等的非均衡状态会逐步消失，偏离的市场价格会自动地恢复到均衡价格水平，偏离的产出也会自动恢复到均衡产量。均衡实现机制，既有马歇尔的数量调节机制，又有瓦尔拉斯的价格调节机制。在某一个产出水平上，需求价格高于供给价格时，产出就要增加，而需求价格低于供给价格时，产出就要减少，这就是马歇尔的产出调节机制。在某一价格水平上，存在产品短缺时价格上升，同时也存在产品过剩时价格下降，这就是瓦尔拉斯的价格调节机制。我们以瓦尔拉斯的价格调节机制来说明均衡的实现。

当市场存在商品过剩，意味着在此时的价格水平下市场供给量大于市场需求量，这说明此时的市场价格比市场均衡（出清）时的价格高。在图 6.11 中，价格为 P_1 时就是这种情况。卖方为了扩大商品销售不得不降价促销，买方当然更乐于"落井下石"，买卖双方的力量共同推动价格下降。不断下降的价格，作为一种市场信号和机制，会引导消费者和生产者改变自己手中的资源配置。在其他条件不变时，该种商品价格下降，一方面，会增加消费者的实际购买力，即使不减少甚至增加其他商品的购买量，也可能增加该种商品的购买量；另一方面，会改变该种商品与其他商品的相对价格，使得该种商品变得更便宜了。这两方面都会导致追求效用极大化的消费者增加对该种商品的购买量，即随着价格从 P_1 向 P_e 运动，会出现从 a 到 e 的沿着需求曲线的运动。同时，在其他条件不变时，该种商品价格下降，一方面，会减少厂商的产品单位的边际收益；另一方面，也会改变生产该种商品与其他商品的相对成本，使得生产该种商品变得更贵，而生产其他商品变得更便宜，这会降低厂商生产其他商品的损失或者机会成本。这两方面都会导致追求利润极大化的厂商将减少该种商品的生产量，即随着价格从 P_1 向 P_e 运动，出现沿着供给曲线从 b 到 e 的运动。显然，在价格机制的引导下，消费者和厂商都会调整自己的资源配置，消费者的购买量随着价格的下降而增加，厂商的生产量随着价格的下降而减少，原有的过剩商品会逐渐减少直至完全消失，商品价格的变化会最终停止，从而市场均衡就实现了。

当市场存在商品短缺，意味着在此时的价格水平下市场供给量小于市场需求量，这说明此时的市场价格比市场均衡（出清）时的价格低。在图 6.11 中，价格为 P_2 时就是这种情况。买方为了购买到所需要的商品愿意支付更高的价格，卖方当然更乐于以更高的价格来出售商品，买卖双方的力量共同推动价格上升。不断上升的价格，作为一种市场信号和机制，会引导消费者和生产者改变自己手中的资源配置。在其他条件不变时，该种商品价格上升，一方面，会减少消费者的实际购买力，即使不增加甚至减少其他商品的购买量，也可能减少对该种商品的购买量；另一方面，会改变该种商品与其他商品的相对价格，使得该种商品变得更昂贵了。这两方面都会导致追求效用极大化的消费者减少该种商品的购买量，即当价格从 P_2 向 P_e 运动，会出现沿着需求曲线从 c 到 e 的运动。同时，在其他条件不变时，该种商品价格上升，一方面，会增加厂商的产品单位的边际收益；另一方面，也会改变生产该种商品与其他商品的相对成本，使得生产该种商品变得更便宜，而生产其他商品变得更贵，这会提高厂商生产其他商品的损失或者机会成本。这两方面都会导致追求利润极大化的厂商增加对该种商品的生产量，即当价格从 P_2 向 P_e 上升，会出现沿着供给曲线从 f 向 e 的运动。显然，在价格机制的引导下，消费者和厂商都会调整自己的资源配置，消费者的购买量随着价格的上升而将少，厂商的生产量随着价格的上升而增加，原有的商品短缺会逐渐减少直至完全消失，商品价格的变化会最终停止，从而市场均衡就实现了。

4. 均衡实现的前提条件

从上面市场均衡的实现过程来看，市场均衡和均衡价格的形成至少需要两个条件：一是市场价格及其变化要反映供求关系，即供过于求，市场价格要下降，供不应求，市场价格要上升；二是市场或者价格要成为配置资源的基本信号和手段，即个人要根据价格变化来调整自己手中的商品-货币组合，使自己的效用极大化，厂商也要根据价格变化来调整自己手中的资源投入和产出结构，使自己获得最大化的利润。

在计划经济时代，由于商品价格和要素价格完全由政府来制定，而且信息不完全的政府又没能根据市场供求状况及时、准确地调整价格；即使政府能够及时、准确地调整价格，但由于家庭和厂商的消费决策和产出决策都是通过政府计划来指挥的，他们也不能够根据价格变化来调整自己的资源配置，哪怕是商品过剩，厂商也得按照国家计划提前和超额完成，即使是短缺商品，只要没有政府指令，厂商也不得擅自生产。显然，指令性政府计划破坏了市场机制作用的条件，所以在计划经济时期出现长期的、大量的商品短缺就是必然的了。

市场均衡及其形成揭示了市场价格和商品量都是由市场供给和市场需求共同决定的，这为我们理解、认识任何一个市场的价格和数量的决定提供了一种理论工具、理论逻辑和理论框架。可以这样说，直到目前为止，这个工具是使用最为普遍的。

二、供求变化与均衡的运动

由以上分析可知，均衡是各种经济力量相互作用，最终达到相对静止的一种均衡状态。当市场需求恰好等于市场供给时，市场处于均衡状态，由此决定市场均衡价格。但市场均衡价格保持不变是以供给和需求保持不变为条件的。当需求或供给任意一方发生变动，则意味着原有的市场均衡被打破，新的均衡又会逐渐形成，从而市场需求或市场供给的变动将导致市场均衡价格的变动。如果把需求和供给用需求曲线和供给曲线加以表示，则由需求曲线和供给曲线的交点所决定的均衡价格和均衡数量会因为需求曲线或者供给曲线的变动而发生改变。

1. 需求变化与均衡的运动

正如我们在分析产品市场需求问题时所述，如果商品价格以外的因素发生变动，如消费者的偏好、收入或其他相关商品的价格等，将会引起整个市场需求的变动，这种变动将最终影响到市场均衡价格和数量的变动。

如图 6.12 所示，一种商品比如咖啡的市场处于均衡，市场需求 D_1 和市场供给 S 决定的市场均衡处于 e_1 点，此时的均衡价格为 P_1，而均衡数量为 Q_1。此后，供给保持不变，但由于某种原因，比如人们发现咖啡具有新的药用价值，使得市场对咖啡的需求增加，则市场需求曲线由 D_1 向右上方移动到 D_2。那么，新的市场需求 D_2 与原有的市场供给 S 将会在交点 e_2 处实现新的均衡，其所对应的均衡价格和均衡数量分别为 P_2 和 Q_2。与原有的均衡相比，在供给保持不变的条件下，需求增加导致均衡价格上升、均衡数量增加。反之，如果由于某种原因，如人们发现喝咖啡导致精神紧张，使得咖啡的市场需求减少，那么，市场需求曲线就会向左下方移动，从而均衡价格下降、均衡数量减少。

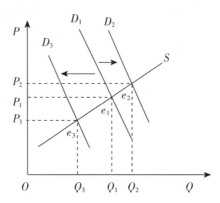

图 6.12　需求变动对市场均衡的影响

2. 供给变化与均衡的运动

同样地，生产技术水平、生产成本、预期等因素的影响，会导致厂商的供给发生变动，从而使得市场供给变动。在需求不变的条件下，供给变动也将使得均衡价格和均衡数量发生变动。

如图 6.13 所示，一种商品的市场均衡也会因为市场供给的变动而被打破。在图 6.13 中，最初市场在需求曲线 D 和市场供给曲线 S_1 的交点 e_1 处达到均衡，所决定的均衡价格为 P_1，均衡数量为 Q_1。假定由于某种原因，如生产的技术水平提高，使得市场供给增加，即市场供给曲线由 S_1 向右下方移动到 S_2，那么，当新的市场需求 D 与新的市场供给 S_2 相等时，市场再次处于均衡状态，如图中的 e_2 点。新的均衡价格和均衡数量分别为 P_2 和 Q_2。与原有的均衡相比，在需求保持不变的条件下，供给增加导致均衡价格下降、均衡数量增加。反之，如果市场供给减少，那么，市场供给曲线就会向左上方移动，从而导致均衡价格上升、均衡数量减少。

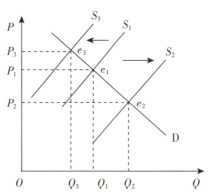

图 6.13　供给变动对市场均衡的影响

3. 供给和需求同时变动

如果需求和供给同时发生变动，则商品的均衡价格或均衡数量的变化有的是难以肯定的，这要结合需求和供给变化的具体情况来决定。图 6.14 所表示的均衡价格或均衡数量的变化结果，至少有一项是无法确定的。

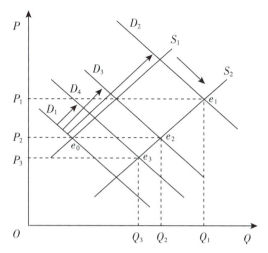

图 6.14　供给和需求的同时变动对均衡的影响

当图 6.14 中供给曲线 S_1 右移至 S_2，需求曲线 D_1 也向右移动，与原均衡点 e_0 比较，新均衡点的均衡数量增加了，但均衡价格的变化却是无法确定的，它可能上升，可能不变，也可能下降。究竟如何变化，取决于需求曲线和供给曲线的相对位置。如果需求曲线 D_1 右移到 D_2，且与 S_2 相交于 e_1 点，在该点均衡价格上升；右移到 D_3，且与 S_2 相交于 e_2 点，则均衡价格不变；右移到 D_4，且与 S_2 相交于 e_3 点，则均衡价格下降。对于其他各种不确定的结果，可以用完全类似的方法去分析。

以上关于需求变动、供给变动及其对均衡的影响分析，归纳起来，内容包括：第一，需求的增加引起均衡价格上升，需求的减少引起均衡价格下降；第二，需求的增加引起均衡数量增加，需求的减少引起均衡数量减少；第三，供给的增加引起均衡价格下降，供给的减少引起均衡价格上升；第四，供给的增加引起均衡数量增加，供给的减少引起均衡数量减少。因此，在其他条件不变的情况下，需求变动分别引起均衡价格与均衡数量同方向变动；供给变动引起均衡价格反方向变动，均衡数量同方向变动。

供求均衡变化的理论，揭示了一个市场的价格和商品量的改变是因为市场供给或市场需求的改变。这不仅为我们解释市场价格和商品量的改变提供了有用的工具，而且也为我们预测市场价格和商品量的改变提供了有用的工具。

三、市场均衡的经济效率

1. 经济效率和帕累托改进

在经济学上，经济效率是指资源配置效率。资源配置是指相对稀缺的资源在各种可能的生产用途之间做出选择，或是各种资源在不同使用上的分配。如果全社会的资源实现了合理配置就实现了经济效率。

在经济学上，资源的最优配置或者经济效率的判别标准就是我们常说的帕累托标准。帕累托标准是由意大利经济学家阿尔弗雷多·帕累托在 19 世纪末 20 世纪初提出的用以衡量整个社会经济资源是否达到最有效配置的标准或尺度。

假设一个社会的现有资源配置状态为 A，通过资源的再配置只能把配置状态变为 B，这种从 A 到 B 的资源再配置存在六种情况：一是全社会中的每一个人的福利都提高了，也就是每一个人在 B 中获得的福利都比 A 状态好；二是全社会中有人的福利没有变化，但是有的人的福利提高了；三是全社会的每一个人的福利都降低了，即每一个人在 B 中获得的福利都比 A 状态差；四是全社会中有的人福利没有变化，但是有人的福利降低了；五是全社会中的每一个人的福利都既没有增加，也没有减少；六是全社会中虽然有的人福利增加了，但还有的人的福利减少了。很明显，如果是第一、二种情况，那么可以肯定 B 优于 A；如果是第三、四种情况，那么 B 肯定劣于 A；如果是第五种情况，那么 B 与 A 就是完全无差异的；如果是第六种情况，则 A 与 B 之间的优劣无法判定，因为社会上不同人的偏好是不同的，从而不同人的福利评价是不能比较的。

按照帕累托的观点，在不使任何人的福利变差的前提下，通过改变既定的资源配置状态，可以使至少有一人的福利变好，则这种对原资源配置状况的改变就叫帕累托改进。从这个意义上讲，上述的第一、二种情况就是帕累托改进。因此，帕累托改进就是全社会中无人受损、有人受益的社会资源再配置。通俗地讲，利己不损人、利人不损己，利己利人的资源再配置都是帕累托改进。

2. 帕累托最优

按照帕累托的观点，当社会资源的配置已经没有再进一步改进的机会了，那社会资源配置就达到了最优，在经济学上，我们习惯把这种资源配置状态称为帕累托最优。具体地说，如果社会的资源配置已经达到这样的程度，以至于社会无法在不使一部分人福利变差的条件下，通过资源的重新分配来改善另一部分人的福利，那么，这时的资源配置就达到了最优。

根据这样的观点，在上述的第三、四、五、六这几种情形中，与 B 状态相比较，A 配置状态就是一种帕累托最优状态。通俗地讲，如果某种资源配置状态的改变，或者是利己损人，或者是利人损己，或者是损人损己，那就说明该种资源配置是不能改进了，因而它就是帕累托最优。当一个市场处于帕累托最优状态时，意味着市场上不可能再有未被利用的、通过交易可以获得好处的机会，也不再有未被利用的使用相同的投入增加产出的方式。

我们举一个例子来说明。假如现在甲有一个苹果，乙有一个梨，这种配置是否是帕累托最优，取决于甲、乙二人对苹果和梨的喜欢程度。如果甲喜欢苹果大于梨，乙喜欢梨大于苹果，这样就已经达到了最满意的结果，也就已经是帕累托最优了。如果是甲喜欢梨大于苹果，乙喜欢苹果大于梨，甲和乙之间可以进行交换，交换后的甲和乙的效用都有所增加，这就是帕累托改进。从上面对经济效率和帕累托最优状态的界定可以知道，当经济系统的资源配置达到帕累托最优状态时，此时的经济运行是有效率的；反之，不满足帕累托最优状态的经济运行结果就是缺乏效率的。显然，如果产品是由生产成本最低的企业生产的，这些产品又是由出价最高的家庭购买的，那么就一定是帕累托最优了。

3. 卡尔多补偿原则

实际上，帕累托标准存在严重的缺陷。一是它暗含"现实存在的状态就是最优的状态"。在现实生活中的任何一种情形的变化，通常都是有人受益，也有人受损，因而任何一种情形的现实改变都不是帕累托改进的。二是它对于上述的第六种情形的判断过于粗糙和武断。比较受益者和受损者的损益大小，第六种情形实际上可能包含社会受益额大于受损额、社会受益额小于受损额、社会受益额等于受损额三种类型。其中，当社会受益额大于受损额，可以肯定是帕累托改进。为了改变这种局限性，经济学家卡尔多在 1939 年引入"虚拟的补偿准则"，即卡尔多补偿原则，通过引入受益者和受损者之间的假设补偿来拓展帕累托原则的适用范围。

卡尔多补偿原则是指即使资源的再配置让一部分人受益而让另一部分人受损，但是只要受益者在充分补偿了受损者之后能够增进自己的福利，这种资源再配置也是有效率的。我们可以这样来理解卡尔多的思想：假设有 A、B、C 三种资源配置状态，从 A 变到 B 使其中有些人受益而有些人受损。按照帕累托标准不能够说 B 是 A 的帕累托改进。卡尔多认为，如果通过受益者补偿受损者使资源配置由 B 到 C，只要通过补偿使受损者的福利恢复到 A 状态的水平，而受益者补偿别人之后还比 A 状态好，那么就可以认为 B 是 A 的帕累托改进了。

比如，在收入的再分配过程中，政府通过累进所得税从富人那儿聚集了一部分财政资金，然后把这部分钱通过转移支付的形式用在穷人身上。根据偏好的非饱和性假定，人们的货币的边际效用总是大于零的，因此，富人因为政府征税而减少了可支配收入，从而富人的福利下降了；但是穷人因为政府的转移支付而增加了可支配收入，从而穷人的福利上升了。如果按照帕累托标准，政府的收入再分配政策都是非帕累托改进的，因为政府的再分配政策不仅让穷人受益，也使富人受损。按照卡尔多的观点，假设让穷人（受益者）通过某种方式去补偿富人，如穷人出钱予以公开表扬富人这种善举，如果富人因为受到公开表扬而增加的福利刚好等于他因纳税而减少的福利，同时穷人因为政府的转移支付增加的福利又比因为出钱宣传富人而减少的福利大，那么我们就可以认为政府的收入再分配是有效率的。因为，引入穷人对富人的"虚拟补偿"后，政府的征税并没有使富人的福利变小，但同时穷人却因为转移支付而增加了福利。

4. 竞争性市场均衡是有效均衡

竞争性市场供求均衡被认为是经济效率最高的，也就是一种帕累托最优状态，因而可称为有效均衡。要理解市场均衡的有效性，我们可以设想这样一种情形：如果现在已经处在市场均衡状态，我们看从市场均衡变成市场失衡，也就是变成供不应求或供过于求，会不会是帕累托改进。如果从市场均衡变成市场失衡还可以改进，那就说明市场均衡不是一种帕累托最优，那就不是有效的；如果从市场均衡变成市场失衡不是一种帕累托改进，那就说明市场均衡是一种帕累托最优，那就是有效的。

我们设想一个如图 6.15 所示的市场。在这个市场中有两部分人，一类是商品的购买者，他们构成市场需求，买者的福利用消费者剩余来表示；另一部分是商品的出售者，他们构成市场供给，卖者的福利用生产者剩余来代表。

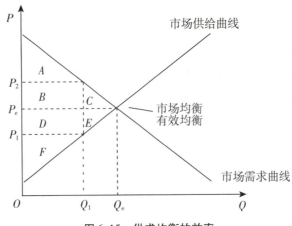

图 6.15 供求均衡的效率

很明显，如表 6.1 所示，如果市场是均衡的，此时的消费者剩余为 $A+B+C$，而生产者剩余为 $D+E+F$，社会总福利为 $A+B+C+D+E+F$。

但是，如果市场是供过于求的，此时的消费者剩余为 A，比均衡时减少了 $B+C$；而生产者剩余为 $B+D+F$，比均衡时变化了 $B-E$，$B-E$ 可能为正，也可能为负，甚至为 0。显然，如果市场从均衡变成供过于求，即使生产者利益增大了，但是消费者利益减少，所以它不是一种帕累托改进。

同时，如果市场是供不应求的，此时的消费者剩余为 $A+B+D$，比均衡时改变了 $D-C$，$D-C$ 可能为正，也可能为负，甚至为 0；生产者剩余为 F，比均衡时减少了 $D+E$。显然，如果市场从均衡变成供不应求，即使消费者利益增大了，但是生产者利益肯定减少，所以它不也是一种帕累托改进。

表 6.1 供求均衡的福利

福利项目	市场均衡 $(P=P_e，Q=Q_e)$	供过于求 $(P=P_2，Q=Q_1)$		供不应求 $(P=P_1，Q=Q_1)$	
		福利水平	福利变化	福利水平	福利变化
消费者剩余	$A+B+C$	A	$-B-C$	$A+B+D$	$D-C$
生产者剩余	$D+E+F$	$B+D+F$	$B-E$	F	$-D-E$
市场总福利	$A+B+C+D+E+F$	$A+B+D+F$	$-C-E$	$A+B+D+F$	$-C-E$

总之，无论从市场均衡变成供不应求，还是从市场均衡变成供过于求，社会都无法在不使一部分福利减小的情况下来增加另一部分人的福利；或者说，社会要想增加一部分人的福利，就必须得牺牲另外一部分人的福利。所以市场均衡是一种无法再改进的最优状态。

此外，判断市场均衡是否帕累托最优，是否是有效率的，还可以从效率与福利的关系来看。在仅有消费者和生产者参与的市场中，社会总福利就是由消费者总剩余和生产者总剩余构成，因此有：

社会总福利=消费者总剩余+生产者总剩余
        =（需求价格−市场价格）+（市场价格−供给价格）
        =需求价格−供给价格

在图 6.15 所示的社会中，市场均衡时的社会福利为 $A+B+C+D+E+F$；供过于求时的社会总福利为 $A+B+D+F$；供不应求时的社会总福利也为 $A+B+D+F$。显然，只要供求失衡，社会就会出现净福利损失，图中的净福利损失为 $C+E$。

很明显，市场均衡是社会福利最大的状态。我们已经知道市场均衡是一种帕累托最优，所以我们可以得到这样的结论：帕累托最优状态一定是一种社会福利最大的状态。其实，我们只要想想，如果一种资源配置状态不是福利最大的，那么一定存在着在不损害一部分人的福利的前提下来增加另一部分人的福利的可能性。因此，只要社会福利没有达到最大，社会一定是没有效率的。

值得注意的是，如果政府通过补贴和税收来干预市场，社会总福利就由消费者总剩余、生产者总剩余和政府总剩余构成。因此有：社会总福利=需求价格-供给价格+政府税收-政府补贴。

第四节　间接税的分担与价格管制

市场机制的自发作用所实现的均衡是福利最大的，这意味着市场失衡状态的社会福利较小。在本节，我们将运用供求分析工具说明：政府对市场的任何干预都会导致市场偏离均衡，造成社会福利的巨大损失。

一、间接税的分担

1. 间接税对市场均衡的影响

税收是国家按照法规向个人和厂商索要的价格，具有强制性、无偿性和固定性，包括直接税和间接税。前者指国家直接向要素报酬的受领者征收的税收，如个人所得税、公司所得税和社会保障税等，一般不能转嫁，因而纳税人同时是负税人；后者是国家对商品和劳务征收的税，如增值税、货物税和关税，它本身可以通过价格转嫁，因而税收负担就存在着供求双方分摊的问题。

我们以政府征收消费税为例来说明消费者和生产者的税负情况。消费税通常是以商品价格加价的形式征收的，无论税收是向消费者征收还是向生产者征收，消费者最终支付的价格与生产者提供供给时的价格之间都会存在一个差额，这一差额即政府征收的消费税的税额，如图 6.16 所示。

我们以政府对每单位商品征收消费税为例说明。在没有征税时生产者的供给曲线用 S_0 表示，假定政府对每单位商品征收的消费税为 7，对单位商品征税 7 相当于厂商的每单位商品边际成本增加了 7，从而厂商的供给价格提高了 7，所以供给曲线左移到 S_1，S_1 与 S_0 之间的差额即为税收 $ae_1=7$。假定消费者的需求曲线为 D，它不会因政府征收消费税而改变。这时，需求曲线与两条供给曲线相交。假定市场需求曲线 D 与供给曲线 S_0 相交于 e_0，与供给曲线 S_1 相交于 e_1，其中 e_0 点表示在没有税收条件下的市场均衡状况，而 e_1 则是政府征税条件下的市场均衡点。对应于市场均衡点 e_0，均衡价格为 10.5，均衡数量为 60；对应于市场均衡点 e_1，均衡价格为 14，

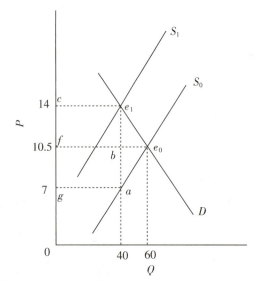

图 6.16　消费税的分担和福利损失

均衡数量为 40。对应于 40，假定供给曲线 S_0 上的点 a 所对应的价格为 7。

此外，图 6.16 还表明了征收间接税导致的无谓损失。由于买方支付更高的价格，消费者剩余发生变化，与税前相比减少了 ce_1e_0f 所围成的面积；而卖方得到的则是较低的价格，生产者剩余也发生了变化，与税前相比减少了 fe_0ag 所围成的面积。政府的税收收入为 ae_1cg 所围成的面积。e_1e_0a 所围成的三角形面积则为征税所造成的无谓损失，等于 70。

2. 间接税的分摊与供求弹性

比较征税前后的市场均衡我们发现，一方面，从消费者的角度来看，在征税前消费者按价格 10.5 购买数量为 60 的商品，而在征税后消费者按价格 14 购买数量为 40 的商品。结果，消费者以较高的价格消费较少的数量；另一方面，从生产者的角度来看，政府征税使得生产者的实际得到价格由 10.5 下降到 7。因此，每单位商品消费者负担的消费税的数额为 3.5，而生产者负担的数额为 3.5。正如图 6.16 中线段 ab 与 be_1 之和等于税收 7 一样，消费者和生产者共同负担了这笔消费税，图 6.16 显示买卖双方平均负担税收。

从总量上来看，政府获得的消费税总额为 280，其中消费者负担的总额为 175，生产者负担的部分为 140。

至于消费税在多大程度上由消费者或生产者承担，这将取决于需求的价格弹性和供给的价格弹性。如图 6.17 所示，税收最终在供求双方的分配比例和数额取决于供求弹性的相对大小。当一种商品需求弹性小于供给弹性时，税收负担主要由消费者承担，如图 6.17（Ⅰ）。当一种商品需求弹性大于供给弹性时，税收负担主要由生产者承担，如图 6.17（Ⅱ）。极端的情况是：当 $E_D = 0$ 时，所有税负由消费者承担；当 $E_D = -\infty$ 时，生产者承担全部税负。因此，弹性大的一方少负担，而弹性小的一方多负担。

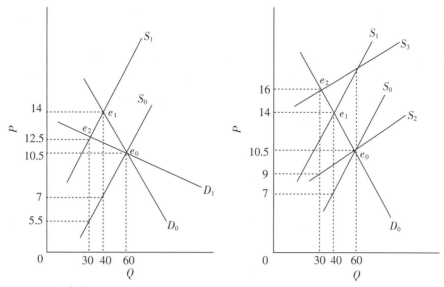

（Ⅰ）需求弹性小，消费者承担
的税收就多；反之就少

（Ⅱ）供给弹性小，生产者承担的税收
就多；反之就少

图 6.17　供求弹性与税收分担分摊

实际上，即使只估计了某点或某区间的供求弹性，我们也能大致确定税负的分摊状况。一般而言，我们可以利用下列"税负转嫁"公式，计算生产者和消费者负担的税收：

$$转嫁因子 = \frac{供给弹性 E_S}{供给弹性 E_S - 需求弹性 E_D}$$

该式表明以高价形式转嫁给消费者的税收份额。比如，$E_D = 0$ 时，转嫁因子=1，全部税负由消费者承担；当 $E_D = -\infty$ 时，转嫁因子=0，生产者承担全部税负。

3. 是谁负担了香烟税

假定政府规定，生产香烟的厂商每生产一条香烟须向政府缴税1元，那么，这1元烟税最终是由谁来承担的呢？表面上，政府是向生产香烟的厂商征税，当然是厂商支付了这个税。其实不然，因为香烟的生产者完全有可能通过涨价的办法把这笔税的一部分甚至大部分转嫁到香烟的消费者头上。他到底能不能转嫁以及究竟能够转嫁多少，则取决于消费者对涨价的反应。如果涨价以后，消费者就决定少买一些甚至根本不买香烟了，则厂商想通过涨价来转嫁税负的办法就行不通；反之，如果涨价后消费者的购买减少得很少甚至根本就不减少，那厂商就可以放心大胆地用提价的办法来转嫁税负。在现实生活中，由于香烟对于烟民，尤其是那些上了瘾的烟民来说是缺乏弹性的物品，尽管烟价涨了，这些瘾君子该抽的还是得抽。正是由于这一原因，尽管从表面上看政府是对香烟的生产商征税，但最后这个税负还是主要落到了消费者的头上，吃亏的是老百姓。

二、支持价格及其福利效应

1. 支持价格与市场均衡

支持价格又称价格下限，是为了保护生产者的利益，扶持某种产品的生产，政府规定的高于市场均衡价格的最低价格。在图 6.18 中，在市场供给等于市场需求所决定的均衡状态，此时市场均衡价格为 P_e，均衡数量为 Q_e。这就是说，如果任由市场自发波动，该商品的市场倾向于稳定在均衡状态。假设政府为了扶持该行业的发展，规定该产品的最低价格为 P_1，它高于市场均衡价格 P_e。结果，在 P_1 的水平上，需求量和供给量分别由该价格水平与需求曲线和供给曲线的交点决定。由于支持价格高于市场均衡价格，因而所对应的需求量 Q_1 小于供给量 Q_2，即市场上供大于求，供给过剩，差额为 Q_2-Q_1。

农产品支持价格和最低工资标准都是典型例子。就农产品支持价格而言，由于农产品是一种生活必需品，而这类产品生产周期较长，同时又极易受到自然因素的影响，因此，对农产品市场实行一定的价格保护对于稳定农业生产、保证农民收入、促进农业投资、调节农产品市场的供给和价格等有一定积极意义。但是，这种支持价格也引起了一些问题。首先是政府因承担起收购、储藏、运输过剩农产品的责任而背上了沉重的财政包袱；其次是形成农产品长期过剩；再次是加剧了农产品市场价格的扭曲；最后是受保护的农业竞争力会受到削弱。

2. 支持价格与社会福利损失

如图 6.18 所示，在支持价格 P_1 下，消费者需求下降为 Q_1，但供给上升到 Q_2。为了维持 P_1，避免存货积压，政府必须购买过剩产品。事实上，政府把它的购买量（Q_2-Q_1）加到了消费者购买量上，生产者才能按 P_1 卖掉他们想卖掉的全部产品。

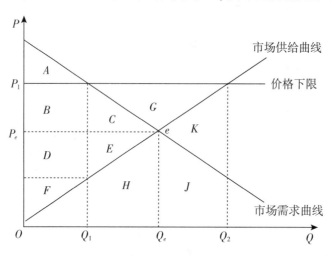

图 6.18　支持价格与福利变化

那些购买商品的消费者必须支付更高的价格 P_1 而不是 P_e，由此他们遭受的消费者剩余损失为矩形 B。对于其他不再购买的消费者，剩余损失为面积 C。因此，消费者损失量为 $B+C$。

因为现在生产者销售量是 Q_2 而不是 Q_e，并且商品销售价格为 P_1，生产者剩余增加了 $B+C+G$，则生产者获益（这正是政策实施目标）。

这里，还存在一项政府成本（这部分由税收支付，所以最终转嫁给了消费者），该成本为（Q_2-Q_1）· P_1，即政府购买产出必须支付的费用，这部分是一个为 $C+E+$

$G+H+J+K$ 的矩形面积。当然，如果政府将其部分购买品低价"倾销"到国外，无疑可以降低政府成本，但这将损害国内生产者在国外市场的销售能力，而国内生产者正是政府首先要取悦的对象。

这一政策的总福利成本是多少呢？我们将消费者剩余的变化与生产者剩余的变化相加，再减去政府成本。根据图 6.18，社会整体的境况恶化，福利损失量为 $C+E+H+J+K$。这一福利损失可能非常大。

其实，支持价格政策最不幸之处在于存在更有效的办法改善生产者的处境。如前所述，支持价格的生产者福利为 $B+C+D+E+F+G$，社会总福利为 $(A+B+C+D+E+F+G)-(C+E+G+H+J+K)=A+B+D+F-H-J-K$。如果我们把支持价格政策仅仅理解为保证农民福利 $B+C+D+E+F+G$，那么为生产者规定配额（限耕），或者直接给予相应的货币补贴，一般能够保证生产者福利增加 $B+C+D+E+F+G$。同时，政府支出更少，社会福利更大。

3. 限耕政策与福利变化

如果政府不通过支持价格来增加农民收入，而是通过削减供给来使物品价格上升。比如，在农业生产方面通过限制土地耕种面积来削减市场供给，并给予生产者相应的资金刺激。图 6.19 表明政府通过限制土地耕种面积来削减市场供给，从而提高价格，影响经济福利。

由于限制耕种亩数，供给曲线在 Q_1 处变得完全缺乏弹性，市场价格从 P_e 上升到 P_1。限耕政策引起消费者和生产者剩余的变化。与市场均衡相比，消费者剩余变化为 $\Delta CS=-B-C$。农民的产出 Q_1 得到更高的价格，对应剩余获益为矩形 B。但是，因为产量从 Q_e 削减为 Q_1，生产者剩余的损失为三角形 E。最后，农民还从政府那里获得削减生产的奖励。因此，生产者剩余的总变化为 $\Delta PS=B-E+$非生产性支付。

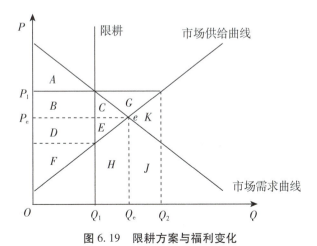

图 6.19　限耕方案与福利变化

政府的成本是足以激励农民将产出减至 Q_1 的支付。政府激励必须至少为 $C+E+G$，即在已知的较高价格 P_1 下耕种赚得的额外利润。与市场均衡比较，生产者剩余的总变化为 $\Delta PS=B+C+G$。

生产者剩余与政府靠购买产出维持的支持价格正好相同。对于农民来说，这两种政策是无差异的。因为他们各自最终获得了同量的货币。同样，消费者的货币损失也相同。但是，对于政府来说，哪种政策的代价更大呢？这要根据 $C+E+G$ 与 $C+E+G+H+J+K$ 孰大孰小而定。显然，在图 6.19 中，前者小于后者。因此，就政府来看，限耕方案较政府靠购买过剩产品来维持的支持价格花费要小。

4. 货币补贴政策与福利变化

为了达到支持价格政策对农民福利的效果，如果不实施限耕，而是直接给予生产者补贴，政府代价和福利会有什么变化呢？对于社会来说，限耕方案的代价又大于直接发钱给农民。

如果政府既不实行价格支持，也不采取限耕政策，由市场自发形成均衡。此时消费者福利为 $A+B+C$，而农民福利为 $D+E+F$。为了保证农民收入增加到 $B+C+D+E+F+G$，政府只要直接给予农民补贴 $B+C+G$ 就可以。

（1）在政府直接补贴 $B+C+G$ 的情况下，把它与均衡比较，消费者福利没有变化，仍然为 $A+B+C$，农民福利增加了 $B+C+G$，政府成本增加了 $B+C+G$。因而，社会总福利没有变化。

（2）比较政府补贴与实行支持价格，消费者福利增加 $B+C$，农民福利等于 $B+C+D+E+F+G$，政府成本增加了 $B-E-H-J-K$。因而，社会总福利要大些，在图 6.19 中，多的福利为 $C+E+H+J+K$ 部分。

（3）比较政府补贴与实行限耕政策，消费者福利增加了 $B+C$，农民福利等于 $B+C+D+E+F+G$，政府成本增加 $(B+C+G)-(C+E+G)=B-E$，社会总福利就是增加了 $C+E$，政府补贴的社会总福利要大于限耕政策。

三、限制价格与社会福利

1. 限制价格与市场均衡

限制价格又称最高限价，是指政府为了防止某种商品的价格上涨而规定的低于市场均衡价格的最高价格。如果说最低限价政策是保护生产者的利益，那么，最高限价政策则是保护消费者的利益。限制价格一般在战争或自然灾害等特殊时期使用。比如，国家处在战争状态时对食品、食盐、药品等规定一个最高价格。但也有不少国家即便在平时也对某些生活必需品长期实行限制价格。此外，国家规定一个利率上限，城市房租管制等也属于限制价格。

在图 6.20 中，市场均衡价格为 P_e，均衡数量为 Q_e。假设政府规定该商品的最高价格 P_1，它低于市场均衡价格 P_e。结果，在 P_1 的水平上，需求量和供给量分别由该价格水平与需求曲线和供给曲线的交点决定。由于限制价格低于市场均衡价格，因而 P_1 点所对应的需求量 Q_2 大于供给量 Q_1，市场出现供不应求的现象，差额为 (Q_2-Q_1)。如果任由市场机制自发地发挥作用，市场价格会逐渐上升，并趋向于均衡价格 P_e，因此，为了维持限制价格的有效性，政府必须采取相应的措施。

2. 限制价格与经济福利

限制价格的实施有利于特殊时期的价格和社会稳定，可能实现社会产品分配上的平等。但它也存在明显的缺陷：不利于刺激生产，存在长期的产品短缺；不利于

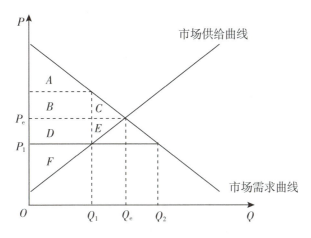

图 6.20　房租管制与福利变化

抑制需求，造成资源的浪费和闲置；迫使政府实行配给制，由此可能引起黑市交易、关系买卖、行贿受贿；产生更多更严厉的行政管制，严重破坏市场机制的作用。

　　比如，计划经济时代，住房短缺是我国城市发展多年来最严重的问题之一，其原因是多方面的。从供给来看，由于计划体制下奉行先生产、后生活的方针，不关心住房建筑，住房严重短缺。从需求来看，城市人口增加迅速，需求量很大。所以，住房短缺是一个历史遗留问题，恐怕短时期内难以解决。但是，从价格分析的角度看，住房短缺的形成和加剧与最高租金限制密切相关。当时在中国，私人住房很少，住房以租房（国家或单位分配，个人付租金）为主，所以可以用房租来代表租房的价格。把住房作为一种福利，国家包住房，消费者只支付微不足道的租金，而且这种租金在相当长时期内是固定不变的。这就是在住房价格上实行了限制价格。这种限制价格产生了如下一些后果：

　　（1）住房供给严重不足。租金过低，甚至比住房的维修费用还低，造成住房部门资金严重不足，即使想盖房子，也心有余而力不足。在改革之后，尽管政府认识到要通过房改（提高租金或把住房作为商品进入市场）来解决住房问题，但由于低房租与低收入是相关的，在收入不能大幅度提高的情况下，要大幅度提高租金也是不可能的，这就使住房问题难以解决。

　　（2）黑市与寻租。黑市活动包括两方面：一是以极高的价格租用私人住房（这种活动严格来说并不算违法，我们是在其租金远远高于国家住房的意义上把它归入一种黑市活动的）；二是个人把分配到的住房高价出租（这种活动是非法的，严重侵犯了国家产权，但只要有些人可以按低价分到住房，而另一些人又急需住房，这种非法的地下交易就会存在）。在租金受到严格限制、住房采用配给（由单位分配）的情况下，必然产生寻租现象。这表现在，掌握分房权者可为自己获得更多的住房，或把分配住房作为为自己牟取私利的工具。例如，给有权势者分配更多、更好的住房，以达到自己晋升的目的。住房不通过市场来分配，而通过权力来分配，难免就会出现腐败现象。这正是腐败与各种不正之风的社会经济基础之一。

　　（3）房租控制会损害经济福利。如图 6.20 所示，与市场均衡比较，租金控制造成了生产者剩余 D 转化为消费者剩余，还造成了社会福利的净损失 C+E。

113

第七章
竞争性家庭的要素供给均衡

如果说第四到第九章研究的是市场机制的有效性，第十到第十七章研究的是产品市场的低效率，那么，第十八到第二十章就是按照产品市场的研究思路和方法来研究要素市场上要素量和要素价格的决定，并据此说明社会的收入分配状况。也就是说，从本章开始，我们的分析就从产品市场转入要素市场，从仅仅研究经济效率过渡到研究经济公平，研究效率与公平的关系。

第一节　个人的要素供给原则

在市场经济中，我们把个人和家庭看成是生产要素的所有者。个人不仅在向厂商购买的商品中追求效用极大化，而且在向厂商供给的要素中也希望获得最大的效用。根据前面的分析思路，个人在要素供给中获得极大效用，必须研究要素供给的边际利益和要素供给的边际成本。

一、个人要素供给的边际所得

对于个人来说，在一定时期内，他所拥有的资源或者要素量是既定不变的。这些生产要素，可以分为两种：一种称为"市场要素"，即个人把生产要素提供给市场，供厂商购买使用；另一种称为"自用要素"，即个人把生产要素留给自己使用。个人的要素供给行为，就是指个人把自己拥有的生产要素以一定的价格卖给厂商。

个人供给要素的所得就是个人从供给要素中所得到的效用。当个人把生产要素提供给市场，这种行为本身是不会给消费者带来任何直接效用的。但是，由于个人能够从要素供给中获得一定的收入，并可以用这些收入去购买自己需要的商品和服务，或者放在手中以图方便，因此，个人的要素供给是能够获得效用的，只不过是间接效用而已。

个人要从要素供给中获得效用，必须先从要素供给中获得收入。个人从要素供给中获得的收入的大小取决于要素市场价格和要素供给量。在要素价格不变时，要素供给量就决定货币收入量。从这个意义上讲，可以把供给要素量与相应的货币收入量的关系写成函数：$Y_l^t = f(L)$。当然，从中我们可以得到个人增加一个单位的供给要素所增加的收入，即边际要素收入为 $Y_l^m = \dfrac{\mathrm{d}Y_l^t\,(L)}{\mathrm{d}L}$。

当消费者得到货币收入后，他能够从货币收入中获得一定的效用。在其他因素不变的条件下，他所获得效用的大小主要由货币收入的多少来决定。因此，我们可以得到这样的函数：$U_{y_t}^t = f(Y_t)$。当然，我们还可以得到货币收入增加一个单位使消费者增加的效用，即边际收入效用 $U_l^m = \dfrac{\mathrm{d}U_l^t(Y_l)}{\mathrm{d}Y_l}$。

简单地讲，在其他因素一定时，要素供给为个人带来的效用受要素供给量的影响。如果用 U_l^t 代表供给要素的总效用，L 代表供给要素的量，而 f 表示供给要素的总效用 U_l^t 与供给要素量 L 之间存在的经济关系，那么，供给要素的效用函数可以写成：$U_l^t = f(L)$。相应地，供给要素的边际效用：$U_l^m = \dfrac{\mathrm{d}U_l^t(L)}{\mathrm{d}L}$。显然，供给要素的边际效用就是指最后一个单位的供给要素给个人带来的效用，或者说是个人增加一个单位的要素供给所增加的总效用。

通过变形，我们可以把供给要素的边际效用写成 $U_l^m = \dfrac{\mathrm{d}U_l^t(L)}{\mathrm{d}Y_l} \cdot \dfrac{\mathrm{d}Y_l}{\mathrm{d}L}$。式中，$\dfrac{\mathrm{d}U_l^t(L)}{\mathrm{d}Y_l}$ 实际上是个人增加货币收入所增加的效用，而 $\dfrac{\mathrm{d}Y_l}{\mathrm{d}L}$ 可以看成是个人从增加的一单位供给要素中获得的货币收入，在要素价格不变时，它就等于供给要素价格 P_l。也就是说，供给要素的边际效用等于供给要素的价格乘以货币收入的边际效用，即 $U_l^m = \dfrac{\mathrm{d}U_l^t(L)}{\mathrm{d}Y_l} \cdot P_l$。

115

二、个人要素供给的边际所失

对于既定的生产要素，个人可以把它作为"供给要素"，也可以作为"自用要素"。当个人向市场提供一定数量的要素，就不能把它们留给自己使用，从而就要失去自用要素可能带来的效用。把生产要素留着自己使用，个人可以直接获得效用。比如，消费者把货币保留自用，他可以从手持货币中享受到它的高度流动性，而这是把货币变成汽车、住房、股票和债券后所不能直接得到的，因为汽车、住房、股票和债券并不是一般等价物，不能完成计价单位和交易媒介的功能。如果你在春天百货看到了非常喜欢的服装，只要你手中有钱而且又愿意购买它，你可以享受马上付钱购买的方便；如果你今天"有朋自远方来"，你可以用手中的钱请他到餐馆饱餐一顿，那才真是"不亦乐乎"；如果你获知现在购买某只股票，一个月之内就能够赚回大学后两年的费用，你就可以马上购买它，你的心中别提有多爽！又比如，个人把自己的时间用于闲暇，就可以直接从闲暇中获得满足感。当你紧张工作一周之后，如果周末能够好好睡一觉，能够让你恢复体力，感受到舒坦和轻松；如果能爬上峨眉山金顶，有幸看到云海、佛光、日出和圣灯，那会让你有别样的满足感。很明显，自用生产要素能够直接给消费者带来效用。

个人要素供给的所失是指供给要素是存在成本的，这个成本就是要素供给的机会成本，用自用要素给他带来的效用来表示。要素供给的边际成本，就是个人供给最后一个单位要素的成本，或者说个人增加单位要素供给所增加的成本。从这个意义上讲，要素供给的边际成本就是自用要素的边际效用，即个人增加单位自用要素所增加的效用。

自用要素直接给消费者带来满足或者效用，在其他因素一定的条件下，自用要素的效用主要取决于自由要素的数量。因此，自用要素的效用函数可以写成 $U_h^t = f(H)$。式中，U_h^t 代表自用要素的总效用，H 代表自用资源的数量，而 f 表示自用要素的总效用 U_h^t 与自用资源数量 H 之间存在的经济关系。

很明显，自用要素量发生变化，必然引起消费者从中获得的总效用。自用要素的边际效用，就是在其他因素不变时，最后一个单位的自用要素所带来的效用，或者说增加一个单位的自用要素所增加的总效用。根据自用要素的总效用函数，我们可以通过求自用要素量求总效用的一阶导数得到它的边际效用。因此，自用要素的边际效用为 $U_h^t = \dfrac{dU_h^t (H)}{dH}$。

三、个人的要素供给原则

就生产要素所有者的个人来说，生产要素供给问题实际上就是：在一定的条件下，个人通过在市场"供给要素"和个人"自用要素"两种用途上合理配置其所有的资源，以获得最大的效用。个人要素供给的效用极大化原则就是"自用要素"的边际效用＝"供给要素"的边际效用，即

$$\frac{dU_h^t (H)}{dH} = \frac{dU_l^t (L)}{dY_l} \cdot P_l$$

或

$$\frac{dU_h^t (H)}{dH} \div \frac{dU_l^t (L)}{dY_l} = P_l$$

如果"自用要素"的边际效用大于"供给要素"的边际效用，也就是说消费者留着自用的最后一单位要素给他带来的效用比他卖给厂商的最后一单位要素产生的效用大，消费者可以通过多保留一些自用资源，少卖一些资源给厂商来增加效用。

如果"自用要素"的边际效用小于"供给要素"的边际效用，也就是说消费者留着自用的最后一单位要素给他带来的效用比他卖给厂商的最后一单位要素产生的效用小，消费者可以通过少保留一些自用资源，多卖一些资源给厂商来增加效用。

第二节　劳动的个人供给均衡

一、劳动供给量的决定

劳动的多少，通常以劳动时间来衡量。个人所拥有的全部时间资源是既定的。比如，每一天只有 24 小时，对于这 24 小时的时间，除了维持生命所必需的睡眠时间（假设 8 小时）外，剩余的时间 16 小时还得分配工作和闲暇的时间。把时间用

于闲暇，个人能够从中直接获得满足，而把时间用于工作，则能够从工作中间接获得效用。个人的劳动供给量，就是个人选择用多少时间来工作，实际上可以看成个人分配闲暇和工作的时间，也就是个人在闲暇和工作收入之间进行选择，以实现效用极大化。

为了便于理解消费者的劳动供给量的决定，我们结合前面介绍的无差异曲线分析方法，用图 7.1（Ⅰ）的具体例子来说明。图中的横轴代表闲暇时间 H，纵轴代表工作的收入 Y_W。因此，在同一条无差异曲线上每一个点均是代表消费者关于闲暇和工作收入之间的无差异组合，不同无差异曲线上的点有不同的偏好。

劳动是有价格的，这个价格就是我们常说的工资 P_W。工资并不是劳动要素在劳动市场上的出卖价格，仅仅是劳动要素的出租价格。如果某个厂商给予劳动的小时工资为 25 元，消费者把全部 16 小时用于工作能够获得 400 元的收入，当然如果闲暇 16 小时就没有任何收入了。因此，ad 线为消费者的预算线。从图 7.1 我们可以看出，在这种偏好和预算条件下，能够获得最大效用均衡点 E_a，即选择 8 小时闲暇和挣 200 元钱，所以劳动供给为 8 小时（16 小时 - 8 小时闲暇时间）。因为在点 E_a 上，刚好满足利润极大化的要素供给原则。

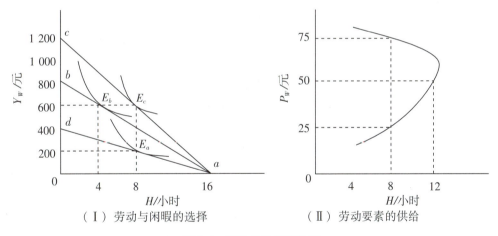

图 7.1　劳动供给量的决定

二、劳动的个人供给曲线

劳动的个人供给是指在其他因素不变的条件下，个人的劳动供给量与劳动价格（工资）的关系。因此，个人的劳动供给就是要说明劳动供给量 L 如何随着劳动工资 P_W 的变化而变化的，也就是说明对应每一个工资水平的劳动供给量。

仍用图 7.1 的例子，我们已经知道，在其他因素不变时，如果小时工资为 25 元，劳动供给量为 8 小时。运用上面同样的分析思路，我们可以找到小时工资为 50 元、75 元时的预算线，它们分别为 ab 线、ac 线，相应的均衡点为 E_b、E_c，与之对应的闲暇时间为 4 小时、8 小时。因此，我们得出：如果其他因素不变，当小时工资由 25 元涨到 50 元，劳动时间就由 8 小时增加到 12 小时，但是当小时工资由

50 元增加至 75 元，劳动的供给量反而从 12 小时减少为 8 小时。据此，我们有图 7.1（Ⅱ）中向后弯曲的个人劳动供给曲线。向后弯曲的个人劳动供给曲线表明：如果工资低于某一个临界水平，劳动供给量随着工资的提高而增加；当工资超过某一个临界水平，劳动供给量随着工资的提高而减少。

第三节　资本的个人供给均衡

一、资本供给量的决定

我们已经知道，资本又称为资本品，是指人们在生产过程中使用的人们过去所生产的物品，如厂房、机器、办公楼、计算机、铁锤、汽车、洗衣机、建筑物等。我们说个人是资本的所有者，不是说个人是这些资本品的所有者，这些资本品主要是厂商拥有的，而主要是说个人是形成这些资本品的货币资本的所有者。因为这些资本品是厂商投入货币资本生产出来的，而厂商的货币资本主要是通过储蓄转化为投资形成的。储蓄可以通过投资建厂直接转化成资本，也可以通过购买金融资产等间接形成资本。因此，为了简化理解，我们把资本量简单地用储蓄量来衡量。

个人拥有的全部货币资源是既定的，除了把一部分用于现在消费外，通常还把一部分收入储蓄起来。个人把货币收入用于消费，可以从消费的商品和服务中获得效用，个人把货币收入储蓄起来能够从储蓄收入中获得效用。个人储蓄实际上是现在把货币资本出租给厂商，并在未来从厂商那里获得一笔资本收入，这笔资本收入一部分就是个人出租的资本量，还有一部分就是储蓄的时间价值利息。如果以 K 代表出租的资本量，以 P_k 表示资本出租价格即利率，那么，出租资本收入 $Y_k = K \times (1+P_k)$。比如，如果在 2015 年的 1 月 1 日，个人的储蓄量为 100 元，按照年利率 5%，到 2016 的 1 月 1 日可取出 105 元钱，即 100×（1+5%）。

资本量的决定，就是个人把多少货币收入作为资本用于储蓄，或者把多少货币收入作为资本出租，实际上是个人把货币收入在消费和储蓄之间分配，也就是个人在消费和资本出租收入之间进行选择，以实现最大效用。

为了便于理解消费者的资本供给量的决定，我们结合前面介绍的无差异曲线分析方法，用图 7.2（Ⅰ）的具体例子来说明。图中的横轴代表消费量 C_0，纵轴代表资本出租的收入 Y_K。因此，其同一条无差异曲线上每一个点均是代表消费者关于消费量和资本出租收入之间的无差异组合，而不同无差异曲线上的点有不同的偏好。

如果个人的货币收入为 500 美元，某个厂商给予个人的资本出租价格即年利率为 2%，个人的最大消费为 500 美元，个人资本出租一年的最大收入就为 510 美元，个人的预算线为 ad。从图 7.2 可看出，在这种偏好和预算条件下，能够获得最大效用均衡点 E_d，即消费 200 美元，获得 306 美元资本出租收入，资本供给量为 300 美元，即 500 美元的货币收入减去 200 美元的消费。因为在 E_d，刚好满足利润极大化的要素供给原则。

二、资本的个人供给曲线

资本的个人供给是指在其他因素不变的条件下，个人的资本出租量 K_0 与资本价格（利率）P_K 的关系。因此，个人的资本供给就是要说明资本供给量如何随着资本利率变化而变化的，也就是说明对应于每一个工资水平的资本供给量。

我们已经知道，在其他因素不变的时候，如果年利率为 2%，均衡资本供给量为 300 美元，运用上面同样的分析思路，我们可以找到年利率为 5%、12% 时的预算线分别为 ab 线、ac 线，相应的均衡点 E_b、E_c，与之对应的消费量为 100 美元、200美元。因此，我们有：如果其他因素不变，当年利率由 2% 涨到 5%，资本供给就由 300 美元增加到 400 美元，但是当年利率由 5% 增加至 12% 时，资本的供给量反而从 400 美元减少到 300 美元。据此，我们有图 7.2（Ⅱ）中的向后弯曲的个人资本供给曲线。向后弯曲的个人资本供给曲线表明：如果利率低于某一个临界水平，资本供给量随着利率的提高而增加；当利率超过某一个临界水平，资本供给量随着利率的提高而减少。

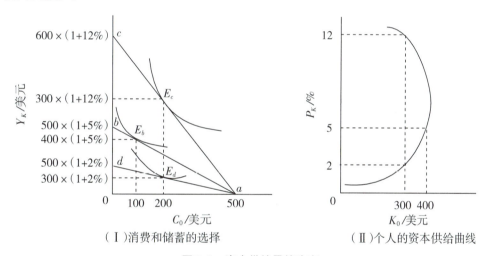

图 7.2　资本供给量的决定

第四节　土地的个人供给均衡

一、土地供给量的决定

个人所拥有的土地资源是既定的，个人既可以把土地用于自己使用，也可以把土地出租给厂商。自用土地能够给个人带来效用，供给土地也能够为个人带来效用，只不过是通过供给土地的收入来得到效用的。个人的土地供给量，就是个人选择用多少土地来出租，实际上可以看成是个人把土地资源在自用土地 L_c 和供给土地 L_s 之间分配，也就是个人在自用土地和供给土地收入之间进行选择，以实现效用极大化。

为了便于理解消费者的土地供给量的决定，我们结合前面介绍的无差异曲线分析方法，用图 7.3 的具体例子来说明。图 7.3（Ⅰ）中的横轴代表自用土地量，纵轴代表出租土地的收入。因此，U_B、U_C、U_D 为三条无差异曲线，同一条无差异曲线上每一个点均是代表消费者关于自用土地和土地供给收入 Y_L 之间的无差异组合，不同无差异曲线上的点有不同的偏好。土地的无差异曲线为平行于自用土地量轴的直线，而且这些无差异曲线并不与纵轴相交，而是交于自用土地量为 L_h 的垂线。究其原因，主要在于：一方面，土地的自用量主要是为了人的基础需要而产生的，其基础使用量基本不变。也就是说，消费者的自用土地量是一个不变的常量 L_h，小于这个固定量的自用土地是不能够满足基础需要的，而超过这个固定量的自用土地也不会增加消费者的效用。另一方面，自用土地量只占全部土地的很小一部分，即使它能给消费者带来效用，其总效用几乎可以忽略不计，所以土地所有者的效用与自用土地量无关，仅仅取决于出租土地的量。

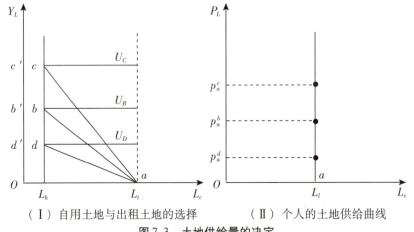

（Ⅰ）自用土地与出租土地的选择　　（Ⅱ）个人的土地供给曲线

图 7.3　土地供给量的决定

土地是有价格的，这个价格就是我们常说的地租。地租并不是土地要素在土地市场上的出卖价格，仅仅是土地要素的出租价格 P_L，即厂商为获得土地的使用权而支付的价格。如果某个厂商给予土地的租金率为 p_a^d 元，消费者把土地用于出租能够获得的收入就为 Od'。当然，如果把全部土地留着自用就没有任何收入了。因此，ad 线为消费者的预算线。从图 7.3（Ⅰ）中可以看出，在这种偏好和预算条件下，能够获得最大效用的均衡点为 d，即个人不把任何土地留着自己使用，而是把全部土地都出租出去，以获得 Od' 的收入，并获得最大效用。因此，个人土地提供量为 L_l。

二、土地的个人供给曲线

土地的个人供给是指在其他因素不变的条件下，个人的土地出租量与土地价格（地租）之间的关系。因此，个人的土地供给就是要说明土地供给量如何随着土地租金率变化而变化的，也就是说明对应每一个租金水平的土地供给量。

我们已经知道，在其他因素不变时，如果租金率为 p_a^d，土地供给量为 L_l。运用上面同样的分析思路，我们可以找到租金率为 p_a^b、p_a^c 时的预算线分别为 ab 线、ac 线，相应的均衡点为 b、c，与之对应的自用土地量全部都为零。因此，我们得出：如果其他因素不变，当租金率由 p_a^d 涨到 p_a^b、p_a^c，土地供给仍然为土地量 L_l。据此，我们有图 7.3（Ⅱ）中的以 a 点为垂足的垂直的个人土地供给曲线。垂直的个人土地供给曲线表明：土地供给量不随土地价格而变化。

第八章
竞争性厂商的要素投入均衡

第一节 厂商对要素的使用原则

在市场经济中，我们把企业或者厂商看成是要素的购买者或者使用者。与产品市场上厂商行为相比较，要素市场上厂商的行为更为复杂，主要在于要素市场上厂商对要素的购买或者需求是一种引致需求，因为在产品市场上存在个人对产品的需求。为了简化分析，我们把产品市场和要素市场都局限在完全竞争市场（简称"竞争性市场"），这样我们所要分析的厂商就属于表 8.1 中四种市场中的一种。

表 8.1 要素市场上厂商类型表

产品市场	要素市场	
	竞争性要素市场	垄断性要素市场
竞争性产品市场	Ⅰ类厂商（竞争性厂商）	Ⅱ类厂商（买方垄断）
垄断性产品市场	Ⅲ类厂商（卖方垄断）	Ⅳ类厂商（双边垄断厂商）

企业不仅在向个人出售商品中追求利润极大化，而且在购买要素中也希望获得最大的利润。根据前面的分析思路，企业在要素购买或者使用中要获得极大利润，必须研究要素使用的边际利益和要素使用的边际成本。

一、厂商使用要素的边际成本

厂商使用的要素是厂商在要素市场上购买的，他要为这些生产要素支付一定数量的价格，这些价格就构成厂商使用要素的投入量或者成本。厂商使用要素的边际成本，简称为边际要素成本。边际要素成本是指厂商增加单位投入要素所引起的成本增加，即要素增量所引起的总成本增量。如果要素投入用 Q_f 表示，那么边际要素成本就可以表示为 $\mathrm{MFC} = \dfrac{\Delta C^t}{\Delta Q_f}$，或 $\mathrm{MFC} = \dfrac{\mathrm{d} C^t}{\mathrm{d} Q_f}$。

要素成本是要素投入量与要素价格 P_f 的乘积。要素成本的变化实际上取决于要素量与要素价格的关系，从而取决于要素供给函数。因此，边际要素成本就由要素供给函数决定。在不同结构的要素市场上，生产要素的供给函数是不同的，从而厂商的边际要素成本也有不同的变化。

在完全竞争的要素市场上，各个要素所有者提供的生产要素是完全同质的，因而单个要素所有者改变要素供给对要素市场的供给没有影响，因而他们都不能以既定的市场价格销售全部的生产要素。这就是说，在完全竞争的要素市场上，厂商面临着一条以既定价格为高度的完全弹性的要素供给曲线 S_f。在要素供给完全弹性的情况下，厂商为他所购买的每一单位要素都支付相同的价格，厂商的边际要素成本就等于要素价格，从而厂商的边际要素成本曲线就与要素供给曲线重合，如图8.1所示。

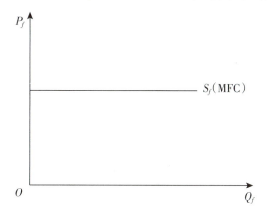

图 8.1　竞争性要素市场上厂商的边际要素成本曲线

二、厂商使用要素的边际收益

厂商投入要素生产出一定的商品和服务，且能够从出售这些商品和服务中获得一定数量的收益，这就构成厂商使用要素的收益。厂商使用要素的边际收益，简称为边际收益产品（MRP）。边际收益产品是指厂商增加单位要素投入所增加的收益，即厂商的要素增量所带来的收益增量。因而有：$\mathrm{MRP} = \dfrac{\Delta R_t}{\Delta Q_f}$，或 $\mathrm{MRP} = \dfrac{\mathrm{d} R_t}{\mathrm{d} Q_f}$。

要素投入增量之所以会带来总收益的变化，是因为它能够增加总产量，总产量的增加又会引起总收益的变化。要素投入增量所带来的总产量的增量即我们所熟悉的边际产量，而总产量增量所带来的总收益的变化就是边际收益。由于 $\mathrm{MRP} = \dfrac{\Delta R_t}{\Delta Q_f} = \dfrac{\Delta R_t}{\Delta q} \cdot \dfrac{\Delta q}{\Delta Q_f}$，或 $\mathrm{MRP} = \dfrac{\mathrm{d} R_t}{\mathrm{d} Q_f} = \dfrac{\mathrm{d} R_t}{\mathrm{d} q} \cdot \dfrac{\mathrm{d} q}{\mathrm{d} Q_f} = \mathrm{MP} \cdot \mathrm{MR}$，因此边际收益产品实际上取决于边际产量和边际收益，从而取决于生产函数和产品的需求函数。

根据边际报酬递减规律，边际产量在任何市场结构中均是递减的。

如果要素购买者是要素市场上的竞争性厂商，其面临的需求是完全弹性的，他的边际收益始终等于产品价格。因此，竞争性厂商的边际收益产品就是递减的边际产量与不变的产品价格的乘积。为了便于区分，经济学上把竞争性厂商的边际收益产品称为边际产品价值（VMP），$\mathrm{VMP} = \mathrm{MP} \cdot P$。边际价值产品曲线是一条向右下方倾斜的曲线，如图8.2所示。

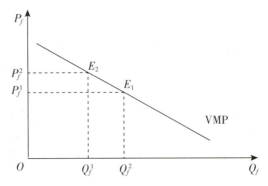

图 8.2　竞争性要素市场上厂商的边际要素收益

三、厂商使用要素的最优原则

经济学假定，厂商在产品的生产中是利润极大化的追求者，因而要按照 MC＝MR 的原则来决定自己的产品量。实际上，厂商在要素的投入上仍然是追求极大化利润的，也要按照利润极大化原则来决定要素投入量。厂商决定要素投入量的利润极大化原则就是边际要素成本与边际要素收益相等，即 MFC＝MRP。当然，对竞争性厂商来说，MFC＝MRP 还可以表述成 MFC＝VMP。

为什么边际要素成本与边际收益产品相等，厂商的要素投入量就是最佳的呢？或者说，为什么边际要素成本等于边际要素收益，厂商就达到了利润极大化呢？我们很容易从其反面来理解和证明。如果边际要素成本大于边际收益产品，意味着厂商增加单位要素所引起的总成本增量大于该单位要素所带来的总收益增量，因此厂商可以通过减少要素投入量来增大利润；如果边际要素成本小于边际收益产品，意味着厂商增加单位要素所引起的总成本增量小于该单位要素所带来的总收益增量，因此厂商可以通过增加要素投入量来增大利润。简而言之，只要边际要素成本不等于边际收益产品，厂商都能够通过调整要素投入量来增加利润。一旦厂商的边际要素成本等于边际收益产品，厂商不再调整其要素投入水平，此时能够得到的利润已经全部得到，可以避免的亏损也已经全部避免，厂商实现了利润最大化。

MC＝MR 和 MFC＝MRP 都是厂商实现最大化利润的决策原则，只不过两者考察的角度不同而已。为了获得最大的利润，厂商不仅需要确定最优的产品量，还要决定最优的要素投入量。如果厂商把产量作为决策变量，从而总成本、总收益和总利润都是产品量的函数，那么，厂商就应该把产量调整到一定水平，使得在这个产量水平上的最后单位产品所引起的总成本的增加量，恰好等于该最后产品单位所带来的总收益的增加量，即 MC＝MR。如果厂商把要素投入量作为决策变量，从而总成本、总收益和总利润都是要素投入量的函数，那么，厂商就应该把要素投入量调整到一定水平，使得在这个投入水平上的最后单位要素所引起的总成本的增加量，恰好等于该最后单位要素所带来的总收益的增加量，即 MFC＝MRP。因此，如果厂商将他的决策变量由产品量变为要素量，也就是厂商从产出决策转向投入决策，厂商的利润极大化原则 MC＝MR 就可以重新表述为 MFC＝MRP。

第二节　竞争要素市场的厂商投入均衡

竞争性要素市场是指表 8.1 中的 I 类厂商所在的市场，即厂商所在的要素市场是完全竞争的，他所在的产品市场也是完全竞争的。

一、竞争要素市场上厂商的要素使用量

在竞争性要素市场上，厂商为了获得最大利润，必须根据要素量决定的利润极大化原则来决定自己的要素，即根据要素价格等于 MRP，或 $P_f = VMP$ 的原则来决定自己的要素投入量。

由于厂商所处的要素市场是完全竞争的，因而厂商的边际要素成本始终等于要素价格。因此竞争性要素市场上的厂商决策，仅仅是单纯的关于要素投入量的决策。

结合上面的分析，可以得到图 8.3。如果企业既是要素市场上的完全竞争性买者，同时又是产品市场上的完全竞争性卖者，厂商将在要素价格 $P_f = VMP$ 达到利润极大化，均衡点为 E_c 点，对应的要素均衡投入量为 Q_f^c。如果企业是要素市场上的完全竞争性买者，但在产品市场上是垄断性卖者，厂商将在 $P_f = MRP$ 达到利润极大化，均衡点为 E_m 点，对应的要素均衡投入量为 Q_f^m。

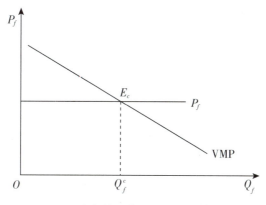

图 8.3　竞争性要素市场上厂商的均衡

二、竞争要素市场上厂商的要素需求

竞争性要素市场上，厂商对要素的需求是指在其他因素一定的条件下，厂商的要素需求量与要素价格之间的关系。因此，分析厂商对要素的需求，就要分析在其他因素不变时，厂商的均衡要素量是如何随着要素价格变化而变化的。

如图 8.4 所示，就竞争性厂商来说，在一定条件下，当要素价格为 P_f^c 时，它与 VMP 曲线交于 E_c，要素的均衡购买量为 Q_f^c。根据同样的思路，如果要素价格由 P_f^c 提高到 P_f^a、P_f^b，它们与 VMP 曲线的交点就由 E_c 上移到 E_a、E_b，从而要素的均衡购买量就由 Q_f^c 减少到 Q_f^a 和 Q_f^b。连接 E_c、E_a、E_b 就可以得到竞争性的要素需求曲线。

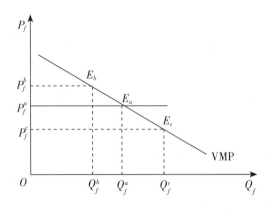

图 8.4　竞争性要素市场上厂商的要素需求

如图 8.4 所示，就卖方垄断厂商来说，我们已经知道，在一定条件下，当要素价格为 P_f^c 时，它与 MRP 曲线交于 E_m，要素的均衡购买量为 Q_f^m。根据同样的思路，如果要素价格由 P_f^c 提高到 P_f^a、P_f^b，那么，它们与 MRP 曲线的交点就由 E_m 上移到 E_n、E_k，从而要素的均衡购买量就由 Q_f^m 减少到 Q_f^n 和 Q_f^k。连接 E_m、E_n、E_k 就可以得到卖方垄断厂商的要素需求曲线。

很明显，在竞争性要素市场上，厂商的要素需求曲线是负相关的，即厂商对要素的需求量随着要素价格的上升而减少，也随着要素价格的下降而增加。竞争性厂商的要素需求曲线就是 VMP 曲线。

第三节　竞争性厂商要素最佳组合选择

为了便于理解，我们先说明单个厂商把两种数量有限的资源用来生产一种产品，以实现自己的资源最优配置。在一定的生产技术条件下，厂商的产量是取决于两种生产要素的投入量的，也就是依存于两种生产要素的组合。两种可变要素的组合是多种多样的，各种组合生产的产量也是多种多样的。就产量而言，各种组合之间要么提供相同的产量，要么提供不同的产量。这些组合之间的关系是用等产量曲线来描述的。

一、等产量曲线

产量线，又可以称为产量无差异曲线，即表示两种生产要素的不同数量的组合可以带来相同产量的一条曲线，或者说是表示某一固定数量的产品，可以用所需要的两种生产要素的不同数量的组合生产出来的一条曲线。

一条等产量曲线代表一定的产量水平，不同的产量水平就必然需要用不同的等产量曲线来代表。两种可变要素的多种组合可能存在多种产量水平，所以要用多条等产量曲线来表示各种组合之间的关系。

图 8.5 显示了生产某种产品的特定厂商使用劳动 L 和资本 K 这两种变动要素进

行生产的等产量曲线。其中，横轴代表劳动量 Q_L，纵轴代表资本量 Q_K。在曲线 Q_1 上，劳动和资本的各种数量组合 $a(1,3)$、$b(2,2)$、$c(4,1)$ 都能提供 500 个单位的产量。比如，该厂商用 2 个单位的劳动和 2 个单位资本组合能够提供 Q_1 水平的产量；它用 4 个单位劳动和 1 个单位资本组合也能提供 Q_1 水平的产量。如果两种要素的更多数量组合总能带来更大的产量，则等产量曲线 Q_2 代表的产量水平应高于 Q_1。图中只是显示了该厂商 Q_1、Q_2 两种产量水平的等产量曲线，事实上，图中应有无数条等产量曲线，它们平行铺满了整个正象限。但为了简化分析，我们通常只画出其中的几条曲线。

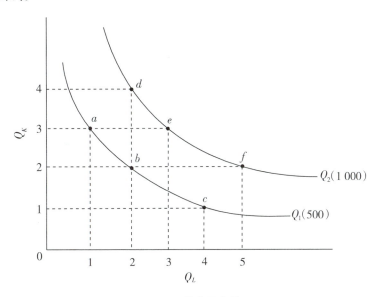

图 8.5　等产量曲线

从等产量曲线的走势、形状看，具有以下一些基本特征：第一，等产量曲线向右下方倾斜，说明等产量曲线上劳动和资本两种可变要素存在替代关系。第二，等产量曲线凸向坐标原点，就是资源的边际技术替代率递减。在一定的技术条件下，为了保持相同产量水平，生产者增加单位劳动量时所必须减少的资本数量，就是劳动对资本的边际技术替代率，即 $\mathrm{MRTS_{LK}} = -\dfrac{\Delta Q_K}{\Delta Q_L}$，或者 $\mathrm{MRTS_{LK}} = -\dfrac{\mathrm{d}Q_K}{\mathrm{d}Q_L}$。由于在同一等产量曲线上的任意两个要素组合带来相同的产量，而且要素组合的改变方式是一增一减的，因此增加 ΔQ_L 所能增加的产量就一定等于必须减少的 ΔQ_K 所减少的产量，因此有：$\dfrac{\Delta Q_K}{\Delta Q_L} = \dfrac{\mathrm{MP}_L}{\mathrm{MP}_K}$。根据边际报酬递减规律，随着劳动量的增加，劳动的边际产量（MP_L）必然递减；相反，因劳动增加而必须减少的资本，其边际产量（MP_K）却会相应提高。因此，劳动要素的边际产量与资本要素的边际产量之比必然递减。第三，等产量曲线之间不能相交，距离原点越远的等产量曲线代表的产量水平越高。

　　企业的产量要受生产技术和各种要素量的影响，这种关系就是企业的生产函数，一般可以表示为 $Q = f(Q_L, Q_K)$。在技术一定的条件下，一组等产量曲线可以用一个生产函数来表示，它的斜率（边际技术替代率）可以表示为 $\text{MRTS}_{L,K} = \dfrac{\partial Q}{\partial Q_L} \Big/ \dfrac{\partial Q}{\partial Q_K}$

$= \dfrac{\text{MP}_L}{\text{MP}_K}$。

二、等成本曲线

厂商的生产决策也要受到成本支出和要素价格的约束。生产者的生产约束用等成本曲线来描述。在企业成本和要素价格既定的条件下，如果厂商把他的成本预算全部用来购买两种要素，这两种要素的最大数量组合的轨迹就称为等成本曲线。

如果两种要素分别为劳动 L 和资本 K，它们的价格分别为 P_L 和 P_K，厂商的成本预算为 C。根据等成本曲线的定义，等成本曲线的方程可写成：

$$C = P_L \cdot Q_L + P_K \cdot Q_K$$

或

$$Q_K = -\frac{P_L}{P_K} \cdot Q_L + \frac{1}{P_K} \cdot C$$

这是一条线性方程。如果用纵轴代表资本量 Q_K，横轴代表劳动量 Q_L，等成本曲线就是一条斜率为 $-\dfrac{P_L}{P_K}$、纵截距为 $\dfrac{C}{P_K}$ 的直线。显然，等成本曲线向右下方倾斜，斜率为负。它反映了在既定成本下两种要素的替代关系。

设 $C = 600$ 元，$P_L = 2$ 元，$P_K = 1$ 元，则有 $Q_L = 0$，$Q_K = 600$；$Q_K = 0$，$Q_L = 300$。由此绘出图 8.6。在图 8.6 中，如果用全部货币购买劳动，可以购买 300 单位（a 点），如果用全部货币购买资本，可以购买 600 单位（b 点），连接 a 和 b 点则为等成本线。等成本曲线把劳动和资本的组合分成两部分。曲线以外的要素组合（如 e 点）是厂商用既定预算支出不能购买的要素组合，这反映了资源的稀缺性。曲线内（如 d 点）和曲线上（如 c、f 点）的要素组合都是厂商在既定约束下能够购买的要素组合，但购买曲线内的要素组合就会存在资源闲置。只有购买曲线上的要素组合，才能达到资源的充分利用。

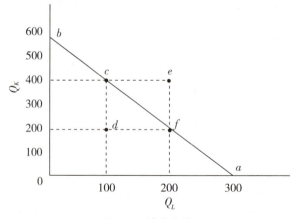

图 8.6　等成本线

如果成本预算和要素价格既定，等成本曲线就是一定的。如果厂商改变成本预算或者要素价格变化，等成本曲线就要发生移动——或者平移，或者旋转。在要素价格不变时，等成本曲线将随预算成本支出的增加向远离原点的方向平移，随预算成本支出的减少向原点平移；在成本支出一定时，如果两种要素价格同比例增加或减少，等成本曲线也将平行移动；但如果两种要素价格发生非同比例变化，等成本曲线则会发生旋转。

三、生产要素的最佳组合

厂商为了实现利润最大化目标，也要力求实现生产者均衡。生产者均衡就是生产要素的最优组合状态。生产要素的最优组合，是指厂商在既定的生产技术和要素价格条件下，以既定的成本生产最大化的产量，或生产既定产量而耗费的成本最小。简单地讲，生产要素的最优组合就是特定约束条件下生产要素的最小成本组合或最大产量组合。

厂商要如何配置资源才能实现生产要素的最优组合呢？经济学是利用等产量曲线和等成本曲线这两个工具来进行分析的。等产量曲线表明了产量对要素组合的依存关系，而等成本曲线则表明了成本对要素组合的依存关系。把等产量曲线与等成本曲线结合起来，就能建立要素组合、产量以及成本三者间的关系。

图 8.7（Ⅰ）中显示了既定成本条件下的最大产量组合。在图 8.7（Ⅰ）中，Q_1、Q_2 和 Q_3 分别代表不同的产量水平，而且有 $Q_1 < Q_2 < Q_3$。在确定的要素价格和成本预算条件下的等成本曲线为 C。在图 8.7（Ⅰ）中，等成本曲线与等产量曲线 Q_2 切于 e_0 点，与 Q_1 相交于 e_1 和 e_2 点。切点和交点表示以既定的成本 C 能够购买到的生产 Q_2 和 Q_1 的要素组合。很明显，只有切点所对应的要素组合才能在既定的成本条件下实现最大的产量水平，因为表示更高产出水平的等产量曲线（比如 Q_3）是既定成本支出无法生产的，而能够生产的其他产量水平（比如 Q_1）则低于切点 e_0 所在的产量水平 Q_2。等产量曲线与等成本曲线切点所对应的要素组合，比如（Q_L^0，Q_K^0），是既定成本条件下的最佳要素组合。

以既定成本获得最大的产量，也意味着以最小的成本生产确定的产量。因此，分析最大产量组合的方法同样适用于最小成本分析。在图 8.7（Ⅱ）中，C_1、C_2 和 C_3 分别代表在既定价格下的不同成本支出，而且有 $C_1 < C_2 < C_3$。曲线 Q 表示既定的等产量曲线，它分别与 C_2 切于 e_0 点，与 C_3 交于 e_1 和 e_2 点。e_0、e_1 和 e_2 表明了 C_2 和 C_3 的成本支出都能达到 Q_0 所代表的产量水平。从图 8.7（Ⅱ）中可以看出，只有等产量曲线 Q_0 与等成本曲线 C_2 的切点（Q_L^0，Q_K^0）的要素组合才是最低成本组合，因为低于 C_2 的成本支出达不到既定的产量 Q_0，而高于 C_2 的成本支出则意味着厂商要为产量 Q_0 付出比 C_2 更多的成本。

上述分析表明：要素的最佳组合必定是等产量曲线与等成本曲线切点的组合，因而切点就是生产要素的最佳组合点。由于切点处两条相切曲线的斜率相等，所以等产量曲线与等成本曲线斜率相等就是实现要素最优组合的必要条件。这也称为最佳要素组合原则，可以表达为

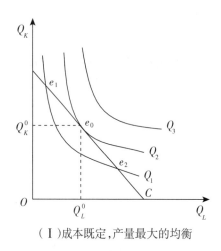 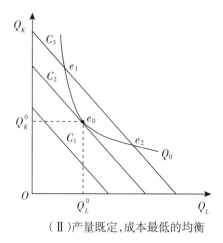

（Ⅰ）成本既定,产量最大的均衡　　　　　（Ⅱ）产量既定,成本最低的均衡

图 8.7　生产要素的组合

$$\frac{\mathrm{MP}_L}{\mathrm{MP}_K}=\frac{P_L}{P_K} \quad 或 \quad \frac{\mathrm{MP}_L}{P_L}=\frac{\mathrm{MP}_K}{P_K}$$

完整地讲,与图 8.7（Ⅰ）相对应,企业寻找以既定成本生产最大产量的要素组合,实际上可以联立求解方程（有约束条件下的最大化）：

$$\begin{cases} \dfrac{\mathrm{MP}_L}{\mathrm{MP}_K}=\dfrac{P_L}{P_K} \\ C=P_L\cdot Q_L+P_K\cdot Q_K \end{cases}$$

与图 8.7（Ⅱ）相对应,企业寻求以最低成本生产既定产量的要素组合,实际上就是求解联立方程组：

$$\begin{cases} \dfrac{\mathrm{MP}_L}{\mathrm{MP}_K}=\dfrac{P_L}{P_K} \\ Q=f(Q_L,\ Q_K) \end{cases}$$

上式表明：要实现生产要素的最优组合,必须使两种生产要素的边际产量之比与它们的市场价格之比相等,或者使用在两种要素上的最后一单位的货币的边际产量相等。

在存在固定投入的条件下,如果厂商投入多种可变要素 x,y,…,n,则其最优组合的必要条件为

$$\frac{\mathrm{MP}_x}{P_x}=\frac{\mathrm{MP}_y}{P_y}=\cdots=\frac{\mathrm{MP}_n}{P_n}$$

即只要每种要素的边际产量与价格之比都相等,就能实现多种要素的最优配置。生产要素的最优组合是通过厂商对要素购买比例的反复调整实现的。如果购买劳动的货币边际产量大于购买资本的货币边际产量,厂商将会增加劳动的购买,同时减少资本的购买。随劳动投入的增加和资本投入的减少,劳动的边际产量下降,资本的边际产量提高,直到两种投入的边际产量与价格之比刚好相等为止。此时,厂商不再调整要素组合,要素组合达到最佳。

第九章
竞争性要素市场的局部均衡

第一节　劳动工资和土地租金的决定

一、劳动工资的决定和工资差别

1. 工资的决定与管理

工资是劳动者提供劳动服务的报酬，构成劳动者的收入。工资通常用工资率来表示，它反映劳动者单位劳动时间的货币工资水平。

在完全竞争的劳动市场上，无论是劳动的所有者，还是劳动的使用者都不存在任何垄断，工资就完全由劳动的供给和需求决定。劳动的市场供给曲线用来反映劳动的市场供给量与劳动工资之间的关系。由于劳动的市场供给量是劳动个人供给量的总和，所以劳动的市场供给曲线是劳动个人供给曲线的水平加总。一般而言，劳动的市场供给量随着劳动工资的上升而增加。劳动的市场供给曲线是正相关的，而不是向后弯曲的。主要原因在于：一方面，个人劳动供给曲线开始向后弯曲时的工资临界水平是很高的，这在实际生活中很不容易达到，所以实际的个人劳动供给曲线还是正相关的；另一方面，每个人的临界工资水平也不相同，因而市场供给还是呈现正相关的特点。

劳动的市场需求取决于劳动的边际价值产品，是劳动的边际价值产品的水平加总，所以它是向右下方倾斜的曲线。在图 9.1 中，劳动市场供给曲线与劳动的需求曲线交于 E_0 点，其对应的均衡工资为 P_W^0，均衡劳动量为 Q_L^0。

劳动要素的特殊性，使得劳动市场上存在不同程度的垄断。比如，在西方国家，工会是完全独立的维护工人权益的工人组织，它不受政党和政府操纵。工资由工会代表工人与厂商谈判后协商确定。由于工会控制了工会会员，力量相当强大，经济学把它视为劳动供给的垄断者。工会对劳动供给的垄断，主要通过限制劳动供给、增加劳动需求、最低工资法三种方式影响工资和就业。

在劳动需求不变的条件下，工会通过减少劳动供给可以提高工资。工会减少劳动供给的方法主要有：限制非工会会员受雇，迫使政府通过强制禁止使用童工、限制移民、减少工作时间的法律等。工会限制劳动供给对工资和就业的影响可用图 9.2 来说明。在图 9.2 中，劳动的供给曲线原来为 S_L^0，它与劳动需求曲线 D_L 相交于

131

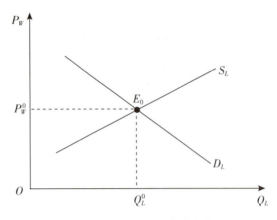

图 9.1　劳动均衡工资的决定

点 E_L^0，这决定了工资水平为 P_W^0，就业水平为 Q_L^0。工会限制劳动供给使劳动的供给减少，劳动供给曲线由 S_L^0 移到 S_L^1，S_L^1 与 D_L 相交于点 E_L^1。E_L^1 点所对应的工资水平为 P_W^1，就业水平为 Q_L^1。显然，工会减少劳动供给会导致工资水平提高和就业减少。

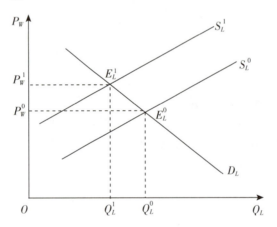

图 9.2　工会减少劳动供给对均衡工资和劳动就业的影响

　　在劳动供给不变的条件下，增加劳动需求可以提高工人工资水平。由于劳动要素需求是产品需求派生的，工会要求厂商增加对劳动的需求的主要途径是增加市场对产品的需求。工会可以通过议会等活动来促使政府制定和实施扩大需求的政策，如扩大出口、限制进口、实行保护贸易等。工会利用其垄断力量促使劳动需求增加，对工资和就业产生重要的影响。在图 9.3 中，S_L^0 为劳动供给曲线，它与原来的劳动需求曲线 D_L^0 相交于 E_L^0 点，决定了相应的工资水平为 P_W^0，就业量为 Q_L^0。由于工会垄断促使劳动需求增加，劳动需求曲线变为 D_L^1，D_L^1 与 S_L^0 交于点 E_L^1，对应的工资水平为 P_W^1，而就业量为 Q_L^1。可见，劳动需求的增加既能使工人获得更高的工资，又能扩大劳动就业量。

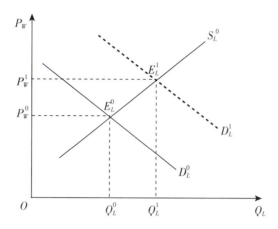

图 9.3　工会增加劳动需求对均衡工资和劳动就业的影响

工会的存在迫使政府通过立法规定最低工资，即使在劳动供给大于需求时也能够把工资维持在一定的水平。实际上，最低工资标准，就是一种支持价格。因此，与农产品市场上的支持价格一样，最低工资法的规定会提高劳动市场的工资水平，但会引起劳动市场的劳动过剩，也就是会出现劳动失业。这种因劳动者不愿意接受现行的工资标准或者工作条件所造成的失业被称为自愿失业。显然，如果劳动者愿意接受市场均衡工资标准，那么，愿意工作的劳动力都可以找到工作，就不会存在这种失业，如图 9.4 所示。

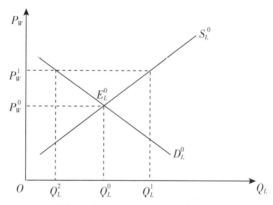

图 9.4　最低工资法对均衡工资和劳动就业的影响

2. 工资差别和工资激励

在劳动市场上，客观存在两个方面的问题：一是各个工人之间的工资存在差别，即使在不存在工会垄断的情况下也是如此；二是存在工人偷懒的现象，从而需要用人方对他们进行恰当的约束和激励。

所谓工资差别，是指具有相似的教育背景和工作经历的各个工人之间的工资差异。经济学认为，工资差别主要有补偿性工资差别、效率性工资差别以及歧视性工资差别等。工资差别可能与职业性质的差别有关。一份工作除了具有货币特征外，还具有非货币特征，其中包括工人享有的自主程度、工人承担的风险以及工作的乐趣等。厂商会根据这些非货币特征的诱人和不诱人之处调整工资，为一个工作的不合意的方面对工人进行补偿。这种因职业性质不同而产生的、为补偿工人承受的不合意所形成的工资差别，就是补偿性工资差别。工资差别还可能与个人之间生产效率的差别有关。有些工人的生产率较其他人高得多，甚至在具有相同经历和相同教育的人中也是如此。基于个人生产效率差别形成的工资差别被称为效率性工资差别。除补偿性和效率性工资差别外，还存在歧视性工资差别，即因年龄歧视、种族歧视、性别歧视以及职业歧视形成的工资差别。在具有类似教育背景、工作经历和大致相同的生产率情况下，通常上年纪的工人的工资低于中、青年工人，黑人的工资低于白人，女工的工资低于男工。近年来，上年纪的工人、黑人和妇女在工资上的不利地位逐渐好转，人们关注的焦点已转移到社会地位较低的阶层，这个阶层很少有机会得到收入更高的工作，这些造成歧视性的工资差别。

除非出故障，机器总是按照人们所要求的那样去工作。毕竟工人不同于机器，在缺乏约束和激励的情况下，工人偷懒的现象是普遍存在的。为了使工人充分有效地生产，而不是懒散地工作，管理者们设计出计件工资制度和效率工资制度这两种重要的约束制度。计件工资制度是指工人按其生产的每件产品或完成的每项生产任务取得报酬的支付制度。在计件工资制度中，具有更高生产率的工人获得更高的报酬，生产效率更低的工人获得的报酬更低。应该说，计件工资能提供促使工人努力工作的恰当激励。然而，完全实行计件工资制度存在一些实际障碍：一是工人在计件工资制度中要承担很大的风险。比如某个工人因病休假一周，那么，该工人在那一周就没有收入。二是雇主不能确切地衡量工人所完成工作的数量和质量。通常情况下，即使生产的数量容易衡量，工作的质量也不好评价，厂商对工人只有产品数量的激励而缺乏追求产品质量的激励。正因为这个障碍，以计件工资作为主要收入形式的工人较少，完全以这种形式取得收入的工人数量则更少。

在完全竞争的劳动市场上，所有的工人都有同样的生产率并得到同样的工资，所有愿意工作的人都会在等于他们边际产出的工资水平上找到工作。即使他们被某个雇主解雇，也能够在其他地方以相同的工资就业，因此他们会受到偷懒的刺激。为了得到员工的忠诚和高质量的工作并减少工人跳槽，厂商必须向工人支付比他们在其他地方所得报酬更高的工资。在这个工资水平上，由于偷懒而被解雇的工人就面临工资降低的风险。如果工资的差别足够大，工人就会被吸引到有效的工作上来。这种可以防止工人偷懒、刺激工人有效地生产的高工资就称为效率工资。

二、地租的决定和经济租金

1. 均衡地租的决定

作为土地租用的价格，地租不是土地最终所有权转移的经济体现，而是土地使用权暂时转移的经济体现。作为使用土地支付的价格，地租构成土地所有者的收入。根据价格理论的一般原理，地租是由土地的供给与需求共同决定的。

厂商对土地的需求是由土地的边际收入产品决定的。根据报酬递减规律，随土地使用量的增加，土地所提供的收益会递减。因此，土地的需求曲线是一条向右下方倾斜的曲线，它表示地租与土地使用量之间的反向变化关系。在前面我们已经分析过了土地的供给曲线为一条垂直于横轴的直线，其供给弹性为 0。

地租的决定与变动可以用图 9.5 来说明。图中横轴代表土地供给量，纵轴代表地租率，垂线 S_L^0 代表土地供给曲线，D_L^0 代表土地需求曲线。D_L^0 曲线与直线 S_L^0 在点 E_L^0 相交，E_L^0 决定的均衡地租为 P_L^0，均衡土地供给量为 Q_L^0，地租为矩形 $OP_L^0 E_L^0 Q_L^0$ 的面积。由于土地供给完全缺乏弹性，地租实际上就完全取决于土地需求。土地需求越高，地租就越高。随着人口增加和经济增长，人们对土地的需求会增加，因而地租具有上升的趋势。

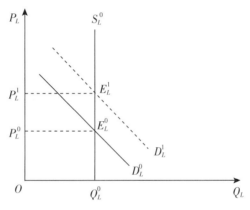

图 9.5　地租的决定与变动

在图 9.5 中，假定需求曲线从 D_L^0 扩大到 D_L^1，会导致地租升到 P_L^1 水平，地租则扩大为矩形 $OP_L^1 E_L^1 Q_L^0$ 的面积。显然，土地所有者获得的地租及其变化，并不取决于土地所有者支付的成本，也并非其耗费成本的必要补偿，因为土地是大自然的恩赐，土地所有者对土地的占有也是无偿的。

2. 转移地租

土地的总供给量是固定的，但因土地用途的多样性，一种特定用途上的土地供给量，可能因为其他用途的土地用途向其转移而增加，也可能因为该土地向其他用途转移而减少。例如，建筑厂房的用地，既可以因生产小麦、谷物等农用耕地向其他用途转移而增加，也可能因还耕于农而减少。如果土地在不同用途上能够相互替代、充分流动，特定用途的土地供给就是有弹性的，可以随地租的变动而变动。

在其他用途上的地租既定不变的条件下，如果某一特定用途的地租上升，土地所有者就会增加该用途的土地供给；反之，如果某一特定用途的地租下降，土地所有者就会减少该用途的土地供给。因此，某一特定用途的土地供给量与它在该用途上的地租成正比。特定用途的土地供给是一条正相关的供给曲线。

对某一特定用途土地的需求，仍然是一条负相关的需求曲线。特定用途的土地供给和需求共同决定该特定用途的土地均衡使用量和均衡地租，这个地租就称为转移地租，它是该特定用途上的土地供给价格与需求价格相等的地租。转移地租是推进土地资源实现配置的内在机制。

3. 经济租金、准租和纯租

经济租金是指厂商对某种要素的实际支付额超过该要素维持目前用途所需支付的最低价格的差额。厂商对某种要素的实际支付额，构成该要素所有者实际得到的要素报酬。某种要素维持目前用途所需支付的最低价格，就是该要素所有者希望获得的最低报酬。因此，经济租金也可看成要素所有者实际获得的报酬与他们所希望获得的最低报酬的差额。

地租就是经济租金的一种典型形式。图 9.6 说明了更为一般的情况。在图 9.6 中，S_L^0 代表要素供给曲线，D_L^0 代表要素需求曲线。D_L^0 与 S_L^0 在点 E_L^0 相交，E_L^0 决定的均衡要素价格为 P_L^0，均衡要素供给量为 Q_L^0，矩形 $OP_L^0E_L^0Q_L^0$ 的面积就是厂商实际支付的要素价格总额。要素供给曲线反映了在每个要素供给量上要素所有者所愿意接受的最低价格，所以使用 Q_L^0 数量的生产要素，厂商至少要支付相当于 $OP_L^0E_L^0Q_L^0$ 面积的货币额。因此，经济租金就是图中阴影部分面积。

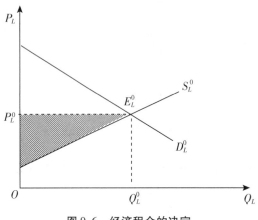

图 9.6　经济租金的决定

从图 9.6 中很容易发现：某种生产要素的供给弹性越大，即供给曲线越平缓，经济租金就越小。如果要素供给是具有无限弹性的，经济租金就不存在。比如，完全竞争性要素市场上要素供给曲线为水平线，就不存在经济租金；相反，如为某一固定供给的生产要素，其全部报酬都是经济租金，如地租。

如果一种生产要素在长期内完全缺乏弹性，其要素所有者由此获得的额外收入就是纯租。这种租金收入能长期保持，并随需求发生改变，是一种真正意义的租金。拥有不可替代的用途的土地所有者的地租收入就是一种典型的纯租。灵气四射的足球天才罗纳尔多、天生好歌喉的帕瓦罗蒂，他们的供给是没有弹性的，他们所获得的高额收入也具有纯租的性质。

如果一种生产要素在短期内完全缺乏弹性，它的所有者获得的额外收入就称为准租。在长期中，随着供给的增加，准租将会消失。比如，资本供给在短期内是固定不变的，资本利息就完全取决于资本需求，这时的资本利息就是一种资本准租。随着时间的推移，资本供给会更富于弹性，这种利息将会消失。企业家的任何一项创新都能获得正常利润。但在完全竞争性市场上，一项创新只能为他带来短期利润，随着他人的效仿，这部分利润就会消失，所以企业家每项创新得到的利润都具有准租的性质。

第二节　资本利息和利润的决定

一、资本利息及其决定

1. 时间偏好、迂回生产与资本利息

在经济学上，厂房、机器及其他生产工具等资本品就是资本，它是已生产出来但未被消费且被作为生产要素投入的物质资料。实际上，资本是由资本所有者放弃现期消费而选择未来消费形成的。因此，资本利息被认为是对要素所有者牺牲现期消费的一种经济补偿。

为什么要素所有者延期消费要求得到利息补偿呢？经济学认为，人们具有一种时间偏好，即在未来消费与现期消费中，人们是偏好现期消费的，从而同一物品未来的效用总是低于现期的效用。究其原因主要有三：一是人们预期未来的物品稀缺性会减弱；二是人们认为人生短促，也许自己活不到享受未来物品的时候；三是人们不太重视未来的欢乐和痛苦，习惯于低估未来的需求、低估满足未来需要的物品的效用。时间偏好的存在，决定了人们总是偏好现期消费。一旦人们放弃现期消费而把它变成资本，就应该得到利息以作补偿。

利息是资本使用者支付给资本所有者的。资本使用者之所以愿意并能够支付利息，是因为资本能够提高使用者的经济效率，生产出包含利息在内的更大收益。经济学认为，现代生产方式的基本特点就在于迂回生产，即人们先生产机器设备和生产工具等资本品，然后再利用这些资本品去生产消费品。迂回生产能够提高生产效率，而且迂回的过程越长，生产效率越高。比如，人们最初直接依靠人力和畜力栽种粮食，生产效率很低。现在，人们先发明了生产农用机械的机器设备，然后再使用这些设备去制造联合收割机等农用机械，最后用这些农用机械去种植农作物，生产效率大大提高。迂回生产的高效率，使得资本使用者获得的收益，除了补偿资本价值外，还能获得一个额外的余额。这个余额与资本原值的比，就是资本净生产力，又称为资本净生产率。因此，资本净生产力是资本利息的源泉。

2. 均衡利息率的决定

利息是厂商使用资本所支付的价格，它构成资本所有者的收入。作为资本要素的价格，利息不是指货币、股票、债券等金融资产的价格，而是指厂房、机器及其他生产工具等真实资本的价格。事实上，资本要素的价格有两种形式：一种是资本所有者让渡资本所有权的价格，即资本品的买卖价格；另一种是资本所有者让渡资本使用权的价格，也就是资本品的租借价格。前一种价格通常称为资本品价格，它的决定与一般的产品价格的决定相同。后一种价格，我们则习惯地称之为资本利息率，资本利息率作为资本要素的使用价格，它是时间的函数，表示为单位资本的时间利息率，如年利率、月利率等。利息率取决于资本需求和资本供给。

资本的市场供给曲线是一条向右上方倾斜的曲线，而资本的需求曲线是向右下方倾斜的曲线。结合资本供给和资本需求，就可以得到均衡利息率。如图 9.7 所示，S_K^0 代表资本供给曲线，D_K^0 代表资本需求曲线。S_K^0 与 D_K^0 在点 E_K^0 相交，E_K^0 决定的资本均衡利率为 P_K^0，均衡资本量为 Q_K^0。很明显，资本供给和资本需求的变化会导致资本利息率的变化。随着经济进入衰退时期，资本供给可能增加，而资本需求则会减少，利息率可能会降低；反之，在经济繁荣时期，利息率会相应提高。

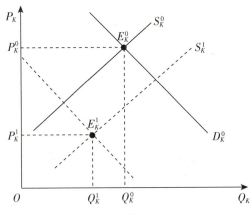

图 9.7　利息的决定和变动

二、利润的源泉及其决定

千方百计地追逐利润是厂商的本性。利润之于企业，犹如血液之于生命。利润有会计利润、正常利润和经济利润，会计利润是正常利润与经济利润之和。因此，这里将着重分析正常利润和经济利润的来源、性质及其决定。

1. 企业家才能与正常利润

所谓正常利润，是指厂商维持生产经营正常进行所必须得到的最低额外报酬。一般而言，要保证厂商继续正常生产，至少企业的生产成本耗费要得到全部补偿。因此，厂商获得的收益除了补偿明显成本或会计成本之外，还要补偿厂商的隐含成本。如果厂商的收益不能充分补偿其隐含成本，理性的厂商就不会继续正常生产，因而赚取相当于隐含成本数额的收益，就成了厂商维持正常生产的最低额外报酬。从这个意义上说，正常利润就是厂商获得的用来补偿隐含成本的那部分收益。经济学把这部分收益看作利润，因为从日常习惯和会计核算来看，隐含成本并非真正意义上的成本。它也不需要进行现实的货币支付，与隐含成本相当的那部分收益计入会计利润之中，从而具有利润的性质。在完全竞争市场中，厂商作为价格接受者可以自由进出市场，厂商之间的竞争会使市场价格降低到平均成本水平，每个厂商都只能获得正常利润。而在完全垄断市场中，厂商是价格的制定者，其市场价格高于平均成本。厂商不仅能得到正常利润，还能获得超过正常利润的经济利润。因此，正常利润也可定义为完全竞争性厂商即使在长期也能得到的那部分利润。

完全竞争性市场实质上是一个竞而不争的市场。在这个市场上，没有经营风险，没有创新动力，也没有垄断因素。在这样一个完全确定的静态市场中，厂商得到的正常利润不可能产生于风险、创新和垄断，而是企业家才能的报酬。在经济学看来，企业家才能是指厂商综合组织和管理生产要素的能力。正常利润就是由企业家才能的供给和需求决定的。实际上并不是每个人都具备企业家才能，只有那些有管理天赋和丰富管理经验的又受过良好教育的人才具备企业家才能。因此，企业家才能的生产成本很高，市场供给很小。企业家才能是合理配置各种生产要素的决定性因素，其市场需求很大。企业家才能的供求特点，决定了正常利润水平较高。这就是厂商利润和企业家收入远远高于一般劳动者工资的重要原因。

2. 风险与经济利润

经济利润是收益与经济成本之差，是厂商获得的超过正常利润的那部分利润。在利润理论中，经济学对于经济利润的来源和性质进行了大量的分析。一般认为，由于市场信息和竞争的不完全性，厂商的生产总是在风险、创新和垄断的条件下进行的。因此，经济利润可能与厂商的风险决策能力、生产创新能力和市场垄断力相关。

风险是指厂商决策所面临的亏损可能性。任何决策总是面向未来的，而未来是不确定的，因而企业决策总存在风险。有些风险是可以通过保险等来转移、分散和规避的，比如火灾、失窃、工伤事故等风险，这不是经济学上重点分析的风险。经济学着重考虑的主要是因市场活动的不确定性而可能带来的损失。比如，厂商因存在破产的可能性而不能履约的违约风险，由于产品需求、要素供给以及竞争对手行为的不确定性可能带来的损失等。上述风险的存在，不可能通过多样化投资和投保来分散和消除。对于这类风险，像通用汽车公司和大陆伊利诺斯银行这样的大企业也无法完全避免。风险的普遍存在，使得厂商生产经营某项目的期望收益与确定性收益不一致。一般而言，风险越高，期望收益和风险收益就越大；风险越低，期望收益和风险收益就越小。为了鼓励厂商从事风险经营活动，就必须为他承担这种风险提供一定的报酬，使成功的风险决策能获得利润收入。这个利润收入实际上就是厂商获得的风险收益。成功的风险决策能为厂商带来利润，但失误的风险决策将给厂商造成亏损，因而风险收益具有强烈的不稳定性，它可能为正值，也可能为负值。一般来说，理性的厂商都尽可能地规避风险，但许多具有风险的生产经营对居民户、企业和社会都是相当有益的。因此，厂商获得因承担风险而产生的经济利润是合理的。

3. 创新与经济利润

创新是指厂商把新的发明引入经济领域，对生产要素进行重新组合的活动。它包括开发和研究新产品、采用新的生产技术和生产方法、开拓新的产品市场、获得生产要素的新来源以及运用新的企业组织形式等多方面的内容。

创新使一个厂商能够获得优于其他厂商的市场需求条件和成本条件，从而得到超过正常利润的超额利润。开发和研究一种新产品，既可以创造和满足新的市场需求，还可以使厂商以一个满意的价格销售产品，从而增加收益和利润，如美国电报电话公司的研究机构贝尔实验室对激光和晶体管的研究开发，使得该公司得到了远远高于一般利润的超额利润。采用新的生产方法和企业组织形式，也可以大大提高生产效率和管理效率，明显降低生产经营成本，厂商因此也能得到更多的利润。比如，现代化生产中大量使用的模糊控制和机器人操作就是生产方法上的创新，而股份公司制则是企业组织形式上的创新。厂商获得一种原料的新来源，不仅能够克服生产中原料的限制而扩大产量，而且还能降低生产成本，从而获得更高水平的利润。开辟新的市场同样可以通过扩大需求和提高价格而获得超额利润。在完全竞争性市场，任何创新都会被他人模仿，因而一项创新只能为企业带来短期利润。随着他人的效仿，这部分利润就会消失。厂商只能在不断地创新中才能获得利润收入。同时，厂商的创新并非都能创造超额利润，只有那些符合市场需要的有效创新才能带来创新收益。从这个意义上讲，因创新而得到的那部分创新报酬也是不确定的，具有相当大的伸缩性。创新是社会进步和发展的源泉和动力，厂商因创新而获得经济利润是合理的，是社会对创新的必要奖励。

第三节　收入差距与收入分配政策

一、机会均等和结果公平

"任何一个社会都应该实现公平"是人类的理想，但在收入分配问题上主要有两种公平观——机会均等和结果公平。

1. 机会均等

根据分配的机制或手段来判断是否公平，这就是过程公平论。换言之，无论结果如何，只要机制是公平的，就实现了公平。在收入分配问题上，这种观点强调的是决定收入的机制是否公平。这种观点的主要代表是美国哲学家罗伯特·诺齐克，其代表作是《无政府、国家与乌托邦》。

这种观点认为，收入分配是否公平，关键在于决定分配的机制。在市场经济中，重要的是制度上的公平，而这种公平要以私有产权和自愿交易为基础。人们通过交易来实现私有财产的转移。只要交易是公平的，产生的结果就是公平的。在生产中，私有产权制度保证了每个人的要素由个人所拥有，各自交换自己的要素，这种交易的自愿性与平等性决定了分配的公平性。例如，一个歌手举行演唱会，每张门票100元，听众自愿购票。如果有5万人购票，歌手得500万元。这种收入虽然很高，但是只要没有强迫歌手唱歌和听众买票，歌手与听众是自愿的交易，歌手的高收入就没有什么不合理之处，他与其他人的收入差别就是公平的。根据这种观点，只要分配机制保证了私有权，保证了自愿交易，每个人都以平等的权利参与市场交易，无论分配的结果如何，分配都是公平的。

2. 结果公平

结果公平论根据分配的结果来判断收入分配是否公平。换言之，只有结果的平等才实现了公平，这种观点的主要代表是美国哲学家罗尔斯。这种观点认为，如果最穷的人可以通过从任何一个其他人那里得到收入而增加福利，那么，公平就是要求进行这种分配。按这个标准，最公平的分配应该是完全平等的分配。但实际上并非如此，因为这种分配会引起效率损失，会使所有人的福利减少。所以，结果公平论并不是主张完全平等的分配，而是关注最穷的人的状况，通过收入再分配来增加他们的收入。

这两种观点反映了人们对收入分配的不同看法。在现实中，无论持什么观点的人，都认为需要某种形式的收入再分配来保证社会某种程度的公平与稳定。

二、洛伦兹曲线和基尼系数

在不同的历史时期和不同的社会中，收入分配的不平等程度是存在差异的。经济学家们常常用洛伦兹曲线和基尼系数来测量收入分配的不平等程度。

1. 洛伦兹曲线

在社会角度上，收入分配的平等或不平等程度，可以通过简单考察一定比例的人口所占收入比例的大小来分析。比如，总人口中收入最低的 10% 的人口占总收入的百分比究竟是多少？收入最低的 20% 的人口占总收入的百分比是多少？收入最低的 30%、40%、50% 等的人口占总收入的比例是多少？如此等等。如果以人口的累积百分比和收入的累积百分比为两个坐标轴，把一个特定时期内特定社会的人口累积比例 α_X 与收入累积比例 α_Y 的对应关系点描绘在坐标平面上，就会勾画出一条曲线，这条曲线就是洛伦兹曲线。

简而言之，洛伦兹曲线是反映人口百分比与收入百分比关系的曲线。如图 9.8 所示，直线 OO' 为 45 度线，在 OO' 线上的点到两轴的垂直距离相等，即 20% 的人口占有 20% 的收入，60% 的人口占有的 60% 的收入，如此等等。因此，直线 OO' 表示了一定比例的人口就拥有与之相同比例的收入，表示了收入分配的绝对平等。与直线 OO' 不同，折线 OEO' 反映了收入分配的绝对不平等状况。在这样一种状况下，其中 99% 的人都没有收入，而 1% 的人拥有 100% 的收入。

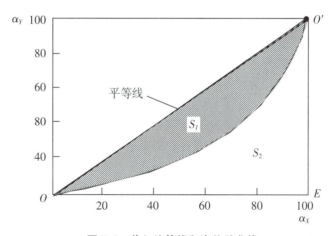

图 9.8　收入均等线和洛伦兹曲线

实际上，任何国家在任何时期的收入平等程度必定介于绝对平等和绝对不平等之间，如图 9.8 中的弧线 OO' 所示。弧线 OO' 代表了某一条洛伦兹曲线。很明显，洛伦兹曲线越靠近绝对平等线，反映收入分配的平等程度越高；洛伦兹曲线越靠近绝对不平等线，其代表的收入分配越不平等。经济学家通常根据统计调查资料来描画洛伦兹曲线，从而研究收入分配的平等程度。

2. 基尼系数

除了用图形直观地表示收入分配平等程度之外，基尼系数也是分析收入平等程度的重要工具。在图9.8中，把实际的洛伦兹曲线与绝对平等线之间的面积，表示为 S_1，把实际洛伦兹曲线与绝对不平等线之间的面积表示为 S_2，则基尼系数的计算公式为

$$基尼系数 = \frac{S_1}{S_1 + S_2}$$

显然，当实际洛伦兹曲线与绝对平等线重合，即 S_1 为 0 时，基尼系数为 0，这时收入分配绝对平等；当实际洛伦兹曲线与绝对不平等线重合，即 S_2 为 0 时，基尼系数为 1，这时收入分配绝对不平等。实际基尼系数总是大于 0 小于 1 的。基尼系数越小，收入分配越平等；基尼系数越大，收入分配越不平等。按照国际上通用的标准，基尼系数小于 0.2，表示收入分配高度平均；介于 0.2 至 0.3 的范围表示相对平均；介于 0.3 至 0.4 表示基本合理；0.4 是收入贫富差距的警戒线；如果基尼系数介于 0.4 至 0.5 则表示收入差距较大；0.6 以上视为高度不平均。

三、产生不公平的根源

在现实经济生活中，收入不平等是客观事实。引起这种收入不平等的原因主要有以下几个方面：

第一，由历史原因所决定的初始财产分配状态的不平等。财产的集中，一般是通过以往的高收入的积蓄、持有普通股票或不动产取得的投机收入、发现大量的天然资源、新产品和新工艺的发明等来实现的。由于财产的拥有具有无限性和可继承性，因而财产的拥有量成为决定收入不平等的重要因素。

第二，劳动力的差异，即能力（智能和体能）的不同，决定了具有不同能力的劳动者的收入的差距。此外，特殊行业和危险部门具有较高的报酬率，甚至运气也有收益，如找到一项能够充分发挥自己能力的合适的工作。这些因素也是造成收入不平等的原因。

第三，要素报酬率的不平等。这是由于在现实经济生活中，并不具备瓦尔拉斯边际生产力理论实现的前提，特别是大致相同的各种生产要素的相对供给量。健全的市场体制和要素完全自由流动等条件，很难在现实中得到满足。例如，政府的最低工资法和工会的集体谈判可能会使已就业工人的工资高于由完全竞争市场决定的均衡工资；地理上或专业上的固定性会阻碍生产要素转移到可能获得更高收入的经济部门；等等。所以，各种要素之间的相对稀缺性和市场竞争的不完全性会阻止生产要素获得自己边际生产力的价值，导致要素报酬的不平等，从而引起收入分配的不平等。

此外，种族歧视、性别歧视或年龄歧视也会严重阻碍许多工人得到自己全部边

际价值产品；而经济衰退和失业则会使许多劳动者根本无任何收入。

四、收入分配政策

市场经济中收入分配的不平等，主要源于社会成员提供的生产要素的质和量的差异，以及由市场形成的各种要素报酬率的差异。因此，收入分配政策着眼于对决定收入分配的各种主要因素的调节，主要包括收入和价格决定的均等化政策、收入再分配政策和收入源泉的均等化政策。

1. 价格政策

就收入和价格决定的均等化政策来说，一是价格支持政策，即政府将某些特定行业，特别是农业中的产品价格维持在由市场供求关系所决定的价格水平以上，以防止该产业产品价格的下降，维护该产业劳动者的收入水平。价格支持政策实际上是生产者和消费者在利益和价格方面的再分配，因而有利于收入分配的平等，同时也有利于维持这些重要的特定行业的生存。但其负面影响在于：它可能会使这些行业放弃提高效率的努力，同时也可能导致资源流动受阻，妨碍产业结构的合理调整，影响资源的最优配置。二是价格补贴政策，指将生活必需品的价格维持在较低的价格水平上，以保证低收入者的生活。但为此就需要对这些产品的生产者提供一定的价格补贴，以弥补产品价格和生产成本之间的差额。这种补贴显然也不利于资源的优化配置，因为这种资源向低边际生产力用途的转移不利于包括低收入者在内的全体社会成员收入水平的提高。

2. 收入再分配政策

收入再分配政策是指政府运用财政政策进行收入的再分配，以使国民收入从高收入阶层向低收入阶层转移。其内容包括两个方面：一是有利于低收入阶层的政府支出政策。它包括向低收入者提供社会保险和社会福利以及向低收入阶层提供政府救济和带福利性质的公共服务等，其核心是建立完善的社会保障制度。其作用不仅在于提高低收入阶层在国民收入中的分配份额，促进收入分配的平等化，而且能够在人们由于某种原因而无法靠自己的力量维持生计时，保障其最低生活水平，同时通过向社会分散风险的办法来避免或减轻因意外原因如疾病、失业、灾害等导致的伤害。二是有利于低收入阶层的税收政策。与收入分配及再分配有关的税种包括个人所得税、消费税、财产税和利润税等。其中，与再分配有关的税种主要是个人所得税和消费税。作为直接税的个人所得税具有累进性税率结构以及对低收入者的免税性质，因此被视为是最有效的收入再分配工具。一般高收入者购买的奢侈品税率相对较高，而低收入者购买的大众化商品税率相对较低，甚至为零，因此消费税也能在一定程度上减小社会成员的收入差距。但是个人所得税和消费税都实际上是或类似于是对劳动课税，因此它们无助于人们增加劳动的供给，这就可能对资源配置带来一定影响，从而影响经济的效率。

3. 收入源泉均等化政策

为了缓解收入分配的不平等，除了上述政策措施外，还必须对形成收入差距的初始因素进行政策调节，这就是收入源泉均等化政策。其内容主要包括两项：一是

143

劳动收入源泉的均等化，包括机会均等和权力均等。机会均等主要是指每个社会成员接受教育的机会均等，以促进人力资本向能够获取较高收益的职业移动，从而缓解劳动收入的不平等。权力均等是指消除各种非经济的歧视因素，以达到各种收入机会的平等，它有利于缓解由于社会不公平所导致的收入不平等。二是财产收入源泉的均等化。如前所述，财产拥有的不平等是导致收入分配不平等的重要因素，而其根源在于财产拥有具有无限性和继承性。从收入源泉均等化的角度看，财产继承制度给予继承者与生俱来的财富支配权是欠公正和不尽合理的。因此，实行累进性遗产税制度，既可以实现调节收入分配的目的，又可以防止因遗产税的征收不合理而导致的储蓄下降和劳动意愿的低下。

实行收入分配政策后，收入分配的公平性就提高了，如图 9.9 所示。比如，在美国，税收和收入维持计划减轻了市场引起的不平等程度。在 1997 年，20% 收入最低的家庭得到了净津贴，这使他们在总收入中的份额从 3.6% 提高到 13%。20% 收入最高的家庭纳了税，这使他们在总收入中的份额从 49.4% 下降到 31%。

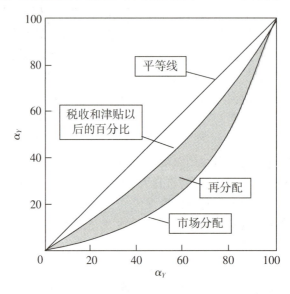

图 9.9　收入再分配政策与洛伦兹曲线

五、公平与效率的交替

效率是一个社会不可缺少的，公平也是一个社会不可缺少的。效率与公平有时是可以兼得的，甚至是相互促进的。比如，加强对低收入劳动者的教育和培训就能够一举两得，它既可以提高这些劳动者的生产效率，又可以改善整个社会的收入分配。但是，它们在多数时候却是相互替代的。一方面，为了提高效率，有时必须忍受更大程度的不平等；另一方面，为了增进公平，有时又必须牺牲更多的效率。社会常常不得不面临一个困难的选择——是要更高的效率，还是要更大程度的公平。如何在效率与公平之间进行权衡，找到二者在不同条件下的最优组合，是经济学需要解决的一个重大现实问题。

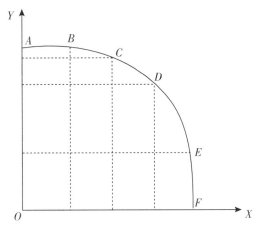

图 9.10 效率与公平的关系

多数情况下，效率与公平之间的关系可以用效率 X –公平 Y 边界曲线来表示，如图 9.10 所示。效率与公平之间关系可以概括为以下三种：

第一种关系，在不降低效率的前提下增进公平，如图 9.10 中从 F 到 E 所示。高度发达国家通常面临的就是这种关系。应该说，社会是容易处理这种关系的。比如，一个经济社会具有很高的经济效率，但公平性很差，社会通常倾向于"公平优先"原则，采取一些增进公平的措施。因为这种改变是一种帕累托改进，本身是有效率的。

第二种关系，在不恶化公平的前提下提高效率，如图 9.10 中从 A 到 B 所示。发展中国家通常面临的就是这种关系。应该说，社会也是容易处理这种关系的。比如，一个经济社会公平程度很高，但经济效率很低，社会通常倾向于"效率优先"原则，采取一些提高效率的措施。因为这种改变是一种帕累托改进，本身是有效率的。

第三种关系，效率与公平是交替关系，如图 9.10 中的 BE 段所示。社会在效率和公平之间的利弊权衡和艰难选择，主要根源于效率与公平之间的这种替代关系，对于一个发展中国家或者转型国家来说尤其如此。当一个社会既要提高效率，同时又要增进公平，这种关系常常使决策者左右摇摆。我们有时倾向于"效率优先，兼顾公平"的原则，有时又不得不实行"公平优先，兼顾效率"原则。

效率与公平之间的替代关系，意味着政府的经济政策始终在寻找效率与公平的均衡。这种均衡的寻找需要权衡效率与公平的边际转换率。根据边际报酬递减规律，机会成本是递增的。因而，随着效率的提高，效率对公平的边际转换率是递增的。这意味着，要提高一个单位的效率必须以牺牲越来越多的公平为代价。同样地，随着公平的增进，公平对效率的边际转换率也是递增的，社会必须牺牲更多的效率才能获得同样水平的公平。

第十章
完全垄断厂商的产出均衡

前面我们学习了完全竞争市场的运行规律，完全竞争市场是一种理想化的市场，它是我们认识现实世界的参照系。在本章，我们就以完全竞争市场作为参照系，来研究现实生活中的完全垄断市场上企业的价格和产出决策，从而发现垄断的世界与理想化的竞争世界的差距，并说明缩小差距和实现竞争的政策。

第一节 垄断厂商的收益

研究垄断市场的均衡，主要就是研究垄断厂商的价格决定和产量决策。由于我们仍然假设垄断厂商是追求极大化利润的，因而必须研究它的成本和收益。由于前面对竞争性厂商成本的分析仍然适合垄断厂商，所以本章中只需研究它的收益。如前所述，厂商的收益函数是由它所面临的需求函数决定的，所以研究它的收益必须先研究它所面临的需求，为此则必须先研究垄断市场的主要特征。

一、垄断市场的主要特征

垄断市场又称为独占市场，它是指整个行业的市场完全处于受一家企业控制的状态。简单地讲，就是所谓的"独家出售"。它是与完全竞争市场相反的一种极端的市场结构。在现实生活中，与此比较接近的是天然气、自来水等公用事业。根据垄断市场的判别标准，垄断市场具有以下几大特征：

1. 厂商就是行业

垄断市场只有一个厂商，它提供整个行业的产品，一个企业就构成整个行业。因此，对垄断市场的所有分析，就是对垄断厂商的分析。

2. 进入壁垒高

如果市场上只有一个厂商，但是潜在的竞争者可以无障碍地进入和退出，那么就是一个可竞争市场。垄断的形成源于厂商所具有的市场势力或者垄断力，这种垄断力可能源于自然资源或规模的限制，可能源于立法和行政的限制，还可能源于投入要素的限制，甚至还可能源于信息不完全和厂商采取的市场策略的限制。正是这些限制形成了阻止其他厂商进入行业的壁垒。

3. 产品异质

垄断厂商所提供的产品，没有相近的替代品，其需求替代弹性为零。因此，垄断厂商不受任何竞争者的威胁，任何其他企业都不能进入这一行业。

4. 独自决定价格

垄断厂商不是价格的接受者，而是价格的制定者。为了获得最大的垄断超额利润，他会尽可能地制定一个高于边际成本的市场价格，甚至利用包括差别价格在内的各种手段决定价格。

二、垄断厂商所面临的需求

与完全竞争厂商面对水平的需求曲线不同，不完全竞争厂商面对向右下方倾斜的需求曲线。我们在前面已经知道，由于边际效用递减和消费者的理性选择，单个消费者对某种产品的个人需求一般是负相关的，即使有些人的产品需求不是负相关的，但由全体消费者构成的市场需求必定是负相关的，符合需求规律。由于垄断厂商本身就构成一个垄断市场，全体消费者对垄断市场的产品需求，实际上就是对垄断厂商的产品需求。因此，垄断厂商所面临的需求就是从左向右倾斜的，如图 10.1 中的曲线 D。

负相关的需求曲线表明，垄断厂商作为价格制定者，可以选择不同的定价。只不过，如果价格定得高一些，则只能销售较少的数量，而如果价格定得低一些，则可以销售较多的数量。也就是说，不完全竞争厂商不能同时独立地选择价格和产量，对于任何给定的价格，它只能以市场能够承受的数量出售商品。

三、垄断厂商的收益

根据厂商所面临的需求函数来理解厂商的收益，我们可以依次分析总收益、平均收益和边际收益。为了简化分析，我们假设垄断厂商面临的需求为线性的。如果反市场需求为 $P=a-bQ$，$a>0$，$b>0$，由此可得

$$\text{TR}(Q) = Q(a-bQ) = aQ-bQ^2$$

$$\text{AR}(Q) = \frac{\text{TR}(Q)}{Q} = a-bQ$$

$$\text{MR}(Q) = \frac{\text{dTR}(Q)}{\text{d}Q} = a-2bQ$$

比较垄断厂商的市场需求函数和垄断厂商的边际收益函数，我们发现一个十分有用的特征：两个函数的右端，常数项相同（均为 a），一次项的系数不同，后者是前者的 2 倍（市场需求函数 Q 前的系数为 b，边际收益函数 Q 前的系数为 $2b$）。

如果我们把垄断厂商面临的需求和边际收益表示为图形，可得到图 10.1。从图 10.1 我们可以直观地得到：

第一，对于线性的市场需求而言，垄断厂商平均收益曲线也是线性的，而且平均收益曲线就与需求曲线重合，这是因为在任何数量水平上，平均收益都等于市场价格水平。

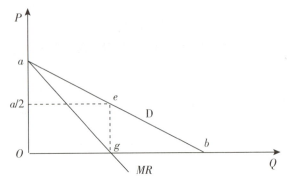

图 10.1　垄断厂商面临的需求与收益

第二，当市场需求函数是负相关的线性函数的时候，边际收益曲线位于需求曲线的下方。也就是说，如果我们已经画出了市场需求曲线，那么，边际收益曲线和市场需求曲线具有相同的纵截距，而横截距是市场需求曲线横截距的一半。这是因为在单一价格条件下，商品价格下降所引起的产量增大会增大收益，但是由于面对向右下方倾斜的需求曲线，为了能够销售更多的产量，所出售的所有商品都只能得到较低的价格。在此，我们一定要注意的是，消费者的需求约束使得垄断厂商只有降低价格才能增大销售量，但是并不仅仅是新增的部分，而是所有的商品都只能按一个较低的价格出售。产生错误理解的主要原因是把边际收益理解为增加的产量所带来的销售收入，因此我们应始终注意，边际收益是指总收益的变化率。例如，第100 个单位的商品的边际收益应该理解为是销售 100 个单位的商品的收益和销售 99 个单位的商品的收益的差。不只是增加的商品单位的价格下降，而是包括前面所有商品单位的价格都要下降，从而边际收益比价格和平均收益下降得更快。

必须指出，上述关于垄断企业的收益与所面临的需求的关系，对所有需求是负相关的厂商都是适用的。记住这一点，对今后还要研究的垄断竞争厂商、寡头垄断厂商的产出决策非常重要。

第二节　垄断厂商的产量和价格决定

利润最大化仍然是理解垄断厂商行为的基本假设，因此垄断厂商仍然要遵循 MR = MC 的原则。根据垄断厂商不能单独决定价格和产量的特点，我们既可以认为由垄断厂商选择价格，由消费者选择愿意购买的数量，也可以认为垄断厂商对产量做出选择，而由消费者选择支付价格。当然，这两种方法是等价的。我们下面利用第二种方法来理解垄断厂商的行为。

一、垄断厂商的短期均衡

在生产规模既定的短期调整中，垄断厂商因受市场需求的约束，其短期均衡可能是获得经济利润的均衡，也可能是仅获得正常利润的均衡，甚至还可能是亏损条

148

微／观／经／济／学

件下的均衡。我们用图 10.2 来说明垄断厂商短期均衡的三种情况。

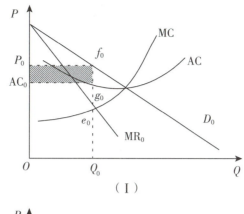

（Ⅰ）

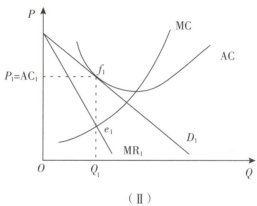

（Ⅱ）

149

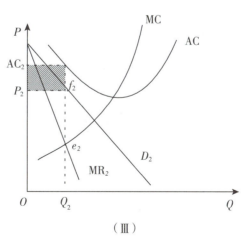

（Ⅲ）

图 10.2 垄断厂商的短期均衡

1. 垄断厂商短期的产量和价格调整

在图 10.2（Ⅰ）中，假定厂商面临的需求曲线为 D_0，相应地，我们可以得到厂商的边际收益曲线 MR_0。MR_0 与既定的边际成本曲线 MC 交于 e_0 点。根据 $MR =$

MC 原则，厂商将把产量水平选择在 Q_0 上。在产量为 Q_0 时，厂商的平均成本为 AC_0，价格为 P_0。由于 $P_0 > AC_0$，垄断厂商可获得阴影面积的经济利润。

如果需求由 D_0 下降到 D_1，如图 10.2（Ⅱ）所示。D_1 在 f_1 点切于平均成本曲线 AC，相应的边际收益曲线 MR_1 与边际成本曲线 MC 交于 e_1 点，则对应的厂商均衡产量为 Q_1。在 Q_1 处，厂商的平均成本等于价格，即 $P_1 = AC_1$。此时总收益等于总成本，即 $TR = TC$，厂商不能获得经济利润，只能获得正常利润。

如果需求水平继续下降到 D_2，垄断厂商就会面临亏损。在图 10.2（Ⅲ）中，需求曲线 D_2 位于平均成本曲线 AC 下方，相应的边际收益曲线 MR_2 与边际成本曲线 MC 交于 e_2 点，厂商的均衡产量为 Q_2。在 Q_2 产量水平上，厂商的平均成本为 AC_2，价格为 P_2。由于 $AC_2 > AR_2$，$TR < TC$，厂商存在亏损。

在短期调整中，由于其他厂商不能进入，垄断厂商将保持其经济利润。当其亏损时，厂商可能期待需求在长期调整中上升，以谋求长期利润，故也可能达到其价格和产量均衡。短期均衡的条件是 $MR = SMC$。所以，垄断厂商的短期均衡可能是盈利的均衡，也可能是亏损的均衡。

2. 垄断厂商的供给问题

在完全竞争市场上，厂商的停止生产点之上的 MC 曲线表达了确定的价格－产量组合关系，成为厂商的短期供给曲线。然而，在垄断市场上，厂商的边际收益曲线与需求曲线是相互分离的，均衡产量由 MC 和 MR 的交点决定，而价格却取决于与之相分离的需求曲线。由于需求弹性和需求水平的不同，在不同的价格之下，厂商可能生产相同的产量；而在相同的价格之下，厂商也可能生产不同的产量。

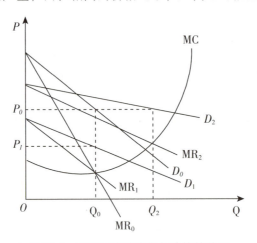

图 10.3　垄断厂商的产量与价格的关系

在图 10.3 中，当垄断厂商面临的市场需求为 D_0 时，其均衡价格为 P_0，均衡产量为 Q_0。如果市场需求改变为 D_1，边际收益曲线为 MR_1，在既定生产成本下，均衡产量仍为 Q_0，但均衡价格为 P_1。可见，在不同价格下，垄断厂商可能生产相同的产量。相反，如果市场需求变为 D_2，边际收益曲线为 MR_2，均衡价格仍为 P_0，但均衡产量却变为 Q_2，这说明了在相同的价格水平下，垄断厂商可能生产不同的产量。

所以，垄断厂商的价格与产量之间并不存在唯一的对应关系，因而不可能建立起垄断厂商的供给曲线。进一步讲，垄断厂商的停止生产点之上的边际成本曲线也不是其短期供给曲线。上述结论，对于任何一个需求曲线向右下方倾斜的厂商都是适用的。

二、垄断市场和厂商的效率评价

评价垄断厂商或市场的效率，是以完全竞争市场的效率为参照系，通过比较完全竞争市场均衡和垄断市场均衡来进行的。

在图 10.4 中，假定完全垄断和完全竞争市场面临相同的市场需求 D。因为完全竞争市场有 $P=\text{MR}$，故需求曲线 D 上任一点的均衡价格都是完全竞争厂商的边际收益 MR_c，而垄断厂商的边际收益曲线 MR_m 位于需求曲线下方。为简化分析，假定垄断厂商和完全竞争厂商都有相同的成本函数，且边际成本和平均成本相等而且不随产量变动。从图 10.4 中可以看出，完全竞争市场的均衡价格和产量分别为 P_c 和 Q_c，而垄断市场的均衡价格和产量分别为 P_m 和 Q_m，而且 $P_c<P_m$，$Q_c>Q_m$。因此，垄断厂商均衡的效率和福利特征是：

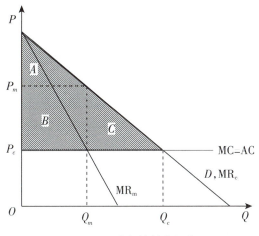

图 10.4　垄断的效率评价

（1）资源没有合理配置。在完全竞争市场上，均衡产量对应于长期平均成本和短期平均成本最低点，此时 $P_c=\text{MC}$，产出为最佳产出量 Q_c，这意味着生产是在最有效率的方式下进行的。而垄断厂商为了获得利润最大化，把产量限制在 Q_m，$Q_c>Q_m$，必然使其生产脱离最优生产规模，即长期均衡时长期平均成本没有处于最低点，丧失生产效率。

同时，在垄断厂商的利润最大化的产量水平 Q_m 上，垄断价格大于边际成本，即 $P_m>\text{MC}$。假设垄断市场上的成本函数为 $c(Q)=cQ$。利润最大化产量满足 $\text{MR}(Q)=\text{MC}(Q)$，即 $a-2bQ=c$，可得 $Q_m=\dfrac{a-c}{2b}$，且 $a>c$，进而从反市场需求函数可得 $P_m=\dfrac{a+c}{2}$。由于 $a>c$，垄断厂商制定的价格高于边际成本。它意味着在该产品上对资源的使用相对不足，不能满足以价格表示出来的社会需要。

（2）社会净福利损失。在垄断厂商的长期均衡上，由于均衡量限制在 Q_m 上，使得长期均衡价格高于平均成本，即 $P_m > AC$。这部分多支付的价格成为垄断厂商的垄断利润，在图10.5中表示为塔洛克四边形 B 的面积。由于垄断价格，消费者除了损失矩形 B 面积的剩余外，还损失了哈伯格三角形 C 的剩余，只剩下三角形 A 的剩余或福利了。从整个社会的角度来看，哈伯格三角形 C 的剩余损失是社会福利的净损失。表10.1给出了两种市场结构的绩效的比较。

表10.1　完全竞争市场与完全垄断市场的效率比较

市场结构	消费者剩余	生产者剩余	总剩余
完全竞争	$A+B+C$	O	$A+B+C$
完全垄断	A	B	$A+B$

由表10.1可以看到，垄断降低了消费者福利，这非常易于理解。因为完全竞争行业在价格等于边际成本的，垄断行业在价格高于边际成本。因此，一般来说，如果一个厂商的行为是垄断的而不是竞争的话，那么，他的价格就会更高，而产量则会较低，因此消费者的福利低于以竞争组织生产的行业。

和完全竞争市场相比，垄断厂商的境况却变得更好。那么，如果同时考虑厂商和消费者，哪一种市场结构更好呢？注意，要回答这个问题，我们并不需要对厂商和消费者的相对福利做出价值判断，我们可以用总剩余加以度量。我们可以看到，和完全竞争市场的运行结果相比较，垄断市场的总剩余要低。其损失部分可以用阴影面积 C 表示。由于这部分损失是社会福利的净损失，我们经常称之为垄断的无谓损失，我们用它来度量垄断市场的低效率。

如何理解无谓损失的产生呢？我们知道垄断厂商不愿意提供大于 Q_m 的产量，因为这会降低其利润，但从社会来看，消费者对 $Q_m \to Q_c$ 这部分产量的评价（P）高于生产成本，从而垄断阻碍了这部分交易的发生。在此，我们可以看到垄断厂商的利益和社会利益的差别。生产超过 Q_m 的产量会创造社会价值，增加一个单位的产品的社会价值就是消费者的支付意愿和边际成本之间的差。由于垄断厂商选择的利润最大化产量满足价格高于边际成本，因此总是存在增大社会价值的产量安排。但是，由于垄断厂商关注增大产量对边际内产品的收益的影响，因而生产超过 Q_m 的产量不符合垄断厂商的利益。

（3）垄断的寻租性损失。从垄断的结果看，似乎社会福利的净损失仅仅为三角形 C，但是从垄断的获得和维持过程上看，垄断的净福利损失可能要比三角形 C 大得多，它还要包括塔洛克四边形的一部分，或者全部，甚至可能更多一些。这是因为，为了获得和维持垄断地位，享受由垄断带来的高额利润，厂商常常需要付出一定的成本或者代价，比如厂商向政府官员行贿，或者雇用律师向政府官员游说，或者选出代表影响法律的制定和修改，等等。由于厂商的这些支出并不是用于生产，没有创造任何有益的社会财富，因而完全是一种非生产性的，在实质上与三角形 C 没有什么区别，都是社会福利的净损失。在经济学中，把厂商通过生产性行为而获得经济利润的活动称为"寻利"活动，而把厂商为获得和维持垄断利润从事的非生产性活动称为"寻租"活动。

第三节　垄断厂商的价格歧视

在完全竞争市场上，同一商品有完全相同的市场价格，也就是说，完全竞争厂商在价格上对任何消费者均是一视同仁的。上一节的所有分析都依赖于一个重要的假设：垄断厂商对现有的商品收取相同的价格。例如，垄断厂商是在低效率的产量水平上经营，他之所以不想生产额外的产量，是因为这样做会降低所有产品的价格。但在现实中，由于垄断厂商的特殊垄断地位，垄断厂商往往可以对相同的商品收取不同的价格，使得他可以实行价格歧视。

一、价格歧视及其实施条件

1. 价格歧视的含义

价格歧视又称价格差别，是指垄断厂商对成本基本相同的同种商品在不同的市场上以不同的价格出售。由于同种商品的成本基本相同，这种价格差别并不是因为产品本身成本存在差别，因而带有歧视的性质。价格歧视是指同一消费者或不同的消费者对相同的商品支付了不同的价格。有时，我们还需要放松上面的定义：不同的商品，如内容相同的书的精装版和平装版、飞机上的头等舱和经济舱等，如果价格差超过了成本差，我们也认为存在价格歧视。例如，供电部门根据不同时刻的需求确定不同的电价；医生根据病人的富有程度收取不同的费用；公交公司对公共汽车的盈利线路和亏损线路实行不同的价格；航空公司根据旅游旺季和淡季实行不同的客运价格；出口商品实行出口价和内销价；等等。它们都可被视为价格歧视。

2. 价格歧视的成因

实施价格歧视的基本思路是：不同的消费者对相同的商品，或同一消费者对不同数量的商品具有不同的边际支付意愿。因此，只有降低价格才能吸引更多的消费者，而实施价格歧视的目的在于用低价格吸引更多的消费者的同时，迫使那些支付意愿高的消费者仍然支付高价格。因此，垄断厂商实施价格歧视，主要在于歧视定价比单一定价能够获得更大的生产者剩余或者利润，如图 10.5 所示。

在图 10.5（Ⅰ）中，制定单一价格的垄断厂商每年生产 8 千次的产量，并以每人 1 200 美元单位的价格来销售，最终能够获得的最大利润为 480 万美元，此时的消费者剩余为上面深色三角形的面积。即使在不增加产量的情况下，垄断厂商也可以根据消费者的需求价格，通过对不同消费量的消费者收取不同的价格来侵蚀消费者剩余。在图 10.5（Ⅱ）中就显示了这种情况。当他对前 0~2 单位产量收取 1 800 美元的价格，对 2~4 单位收取 1 600 美元的价格，对 4~6 单位收取 1 400 美元的价格，对 6~8 单位收取 1 200 美元的价格，厂商可以增加右图中深色面积的垄断利润或者生产者剩余，相应的消费者剩余由图 10.5（Ⅰ）中的大三角形减少为图 10.5（Ⅱ）

153

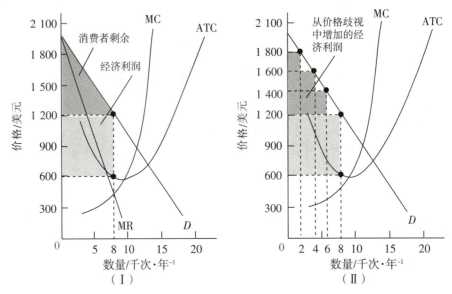

图 10.5　单一价格与价格歧视的获利空间比较

中的四个小三角形了。

3. 实行价格歧视的条件

实行价格歧视的目的是要获得经济利润（或称垄断利润）。要使价格歧视得以实行，一般须具备三个条件：

第一，厂商要具有一定的垄断力。比如，当市场存在竞争信息不通畅，或者由于种种原因被分隔时，垄断者就可以利用这一点实行价格歧视。例如，美国图书出版商通常使图书在美国的销售价高于在国外的销售价，这是因为国外的图书市场竞争更激烈，并且存在盗版复制问题。

第二，厂商掌握消费者需求的信息。比如，厂商要了解其所面临的需求，了解需求价格。当购买者分别属于对某种产品的需求价格弹性差别较大的不同市场，而且垄断厂商又能以较小的成本把这些市场区分开来，垄断厂商就可以对需求弹性小的市场实行高价格，以获得垄断利润。

第三，市场之间的有效分割。它是指垄断厂商能够根据某些特征把不同市场或同一市场的各部分有效地分开。比如，公司可以根据国籍、肤色、语言的不同来区分中国人和外国人，对他们实行差别工资。市场有效分割的实质就是厂商能够防止其他人从差别价格中套利。很明显，完全垄断市场具备上述条件，所以垄断厂商可以实行价格歧视。值得注意，不仅是垄断厂商可以实施价格歧视，只要具有垄断力的厂商都可以实施价格歧视，比如，寡头厂商和垄断竞争厂商。

二、价格歧视的分类

1. 一级价格歧视

在经济学上，根据垄断厂商掌握的信息的不同，价格歧视往往分为一级价格歧视、二级价格歧视和三级价格歧视。

如果厂商拥有每个消费者对商品需求的全部信息，就可以实施一级价格歧视。一级价格歧视也被称为完全价格歧视，是指垄断厂商对每个消费者购进每单位商品都按照消费者愿意支付的最高价格来确定不同的售价。例如，一个医术高超的医生对每个患者收取不同的费用就是这种情况。实行一级价格歧视，垄断厂商必须确切知道各个消费者购买每单位商品时愿意支付的价格。因此，只有在垄断厂商面临少数消费者以及垄断者机灵到足以发现消费者愿意支付的价格时才可能实行。完全价格歧视使得每一单位产品都卖给对其评价最高并愿意按最高价格支付的个人。

我们通过下面的例子来了解完全价格歧视的实施。假设某消费者的需求表如表10.2所示。

表 10.2　某消费者的需求情况表

价格/元	10	8	6	4	2
需求量	1	2	3	4	5

如果垄断厂商销售4个单位的商品给这个消费者，在没有价格歧视的时候，价格定为4元，则销售收入为16元，消费者剩余为12元（10-4+8-4+6-4=12）。如何实施价格歧视呢？第一种可选的方法是采取两部定价。其一般形式为：$A+PQ$。A为一次性支付的费用。例如，电信市场中的月租费、公园的门票、俱乐部的会员费等。在这个例子中，如果$P=4$，那么消费者购买4个单位的商品，垄断厂商另外收取A（$A=12$），销售收入为28元（12+16=28），这样就占有了全部的消费者剩余。我们用CS(P)表示价格为P时的消费者剩余，那么，利用两部定价的方法实施一级价格歧视的收费方法是CS(P)+PQ。第二种方法是采取全部收费或全不收费方法实施一级价格歧视。因为消费者愿意为4个单位的商品最高支付28元（10+8+6+4=28），因此垄断厂商提供消费方案（28，4）给这个消费者，消费者或者选择接受，或者选择拒绝，选择拒绝则不能得到任何商品。我们知道消费者愿意支付的最高费用等于总效用（用货币度量），因此这种收费方法可以写为TU(Q)。显然，因为CS=TU-PQ，因此这两种方法是等价的。

为什么说这种价格安排是价格歧视呢？这是因为消费者为4个单位的商品支付的总费用为28元（10+8+6+4=28），而它正是消费者为每个单位的商品的边际支付意愿之和。因此，我们可以理解为消费者为每个单位的商品支付了不同的价格。

如果存在众多不同的消费者，垄断厂商就可以分别为每个消费者制订不同的定价或者采取全部收费或全不收费的收费方案而实施完全价格歧视。

在一级价格差别中，由于垄断厂商是按消费者愿意支付的价格来确定售价的，所以他吞食了全部消费者剩余，并把这些剩余变成了垄断利润。但是，值得注意的是，虽然完全价格歧视侵占了全部的消费者剩余，但却实现了总剩余最大化。因为这时垄断厂商的边际收益等于价格，从而利润最大化的产量满足价格等于边际成本，而这正是总剩余最大化的条件。因此，正如"完全"这个词所表明的，完全价格歧视是一个理想化的概念，虽然在现实当中不易发生，但却具有重要的理论意义，因为它告诉我们一种不同于完全竞争的实现帕累托效率的资源配置机制，如图 10.6 所示。

在图 10.6 中，单一定价时，垄断企业的产量为 8，卖价为 1 200，获利为浅色矩形面积 4 800，消费者剩余为深色大三角形面积 3 200，福利损失为深色小三角形面积 450。实行完全价格歧视时，垄断企业生产 11 的产量，获利为阴影面积 9 350，消费者剩余为 0，福利损失为 0。

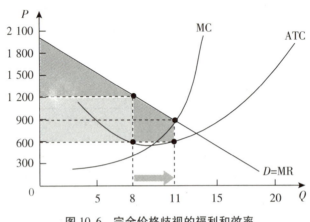

图 10.6　完全价格歧视的福利和效率

2. 二级价格歧视

有时厂商只知道存在不同需求的消费者但无法加以区分，此时，厂商可以提供不同的消费方案，让消费者自己选择，消费者的选择自动地完成了价格歧视，这被称为二级价格歧视。在某些市场上，各个消费者在给定时期内都要购买许多单位的货物，而且随着购买单位数的增加，其需求价格是下降的。比如，各个消费者每月都要购买几百度电，前 100 度电可能对消费者价值很高——用以开动一台冰箱和提供最低限度的照明，而对额外的单位消费就变得更保守一些。在这种情况下，厂商可以根据消费量实施歧视。这就是二级价格歧视，厂商通过对相同货物或服务的不同消费量或者"区段"索取不同价格来实施。垄断厂商把消费量划分为多个消费区间，然后对同一区间的每单位消费量收取相同的价格，对不同消费量区间的消费者收取不同的价格，这就是二级价格歧视。

二级价格歧视的一个例子是电力公司的分段定价。如果存在规模经济使平均成本和边际成本下降，控制公司价格的政府机构可能会鼓励分段定价。通过扩大产量和实现较大的规模经济，消费者的福利能够增加，即也允许公司取得更大的利润。理由是价格普遍下降了，同时生产原来单位成本的节省使得电力公司仍能够赚到合理的利润。图 10.7 演示了具有递减的平均成本和边际成本的二级价格歧视。若定单一价格，则它的价格将是 P_0，产量为 Q_0。但是现在根据购买量定了三个价格，第一段定价 P_1，第二段定价 P_2，第三段定价 P_3。显然，实行二级价格歧视只是把部分消费者剩余变成了垄断利润。

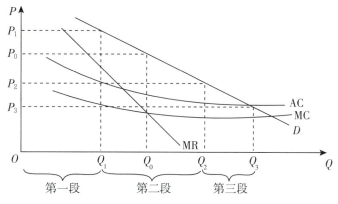

图 10.7　二级价格歧视

3. 三级价格歧视

如果厂商可以根据某些外在特征，把消费者分成不同的类别，就可以对不同类的消费者收取不同的价格，这被称为三级价格歧视。垄断者需要掌握每个消费者的需求信息才能实施完全价格歧视，但有时垄断者只能通过年龄、职业、所在地等外在特征把消费者分成若干群体。垄断厂商知道每个群体的需求信息，但不知道每个群体内部不同消费者的需求信息，从而无法在每个群体内部进行价格歧视，但如果可以防止不同群体之间的转售套利，就可以在不同的群体间进行价格歧视。这种价格安排被称为三级价格歧视。

三级价格歧视，实际上就是垄断厂商把非消费量的特征作为市场细分的标准，并对不同市场的不同消费者实行不同的价格。这是最常见的价格歧视，比如出口和内销的价格差别、对老年公民的折扣优惠、对大学生的火车票半价优惠、飞机票的多级定价，以及企业经常使用的夹杂在广告中的优惠券等。

如果三级价格歧视是可行的，我们可以这样来理解厂商决定对两个组的消费者的要价。首先，厂商必须根据边际成本等于他向各组的消费者构成的全体消费者销售产品的边际收益来决定产量，即仍然必须坚持 MC = MR 的原则。如果不相等，厂商还可以通过改变总产量来增加利润。其次，为了获得最大化利润，厂商必须按照 $MR_1 = MR_2$，把总的产量分配在各组的消费市场上。比如，如果从第一组顾客获得的 MR_1 大于 MR_2，厂商通过降低对第一组的卖价和提高对第二组的卖价，可以实现增加第一组的产量和减少第二组的产量来获得更大的收益。因此，厂商实施三级价格歧视应该遵循的基本原则是：$MR_1 = MR_2 = MC$。

假设垄断厂商把所有消费者分成两类，每类消费者构成一个市场，第一类消费者的需求函数为 $Q_1 = D_1(P_1)$，第二类消费者的需求函数为 $Q_2 = D_2(P_2)$，$C(q_T)$ 是厂商生产产量 $Q_T = Q_1 + Q_2$ 的总成本。垄断者面对的选择问题是求解下面的优化问题：

$$\max_{P_1, P_2} \pi = P_1 D_1(P_1) + P_2 D_2(P_2) - C[D_1(P_1) + D_2(P_2)]$$

要实现利润最大化，价格安排要满足如下条件：

157

$$D_1\ (P_1)\ +P_1\ \frac{\mathrm{d}D_1\ (P_1)}{\mathrm{d}P_1}-C'\ [\ D_1\ (P_1)\ +D_2\ (P_2)\ ]\ \cdot\ \frac{\mathrm{d}D_1\ (P_1)}{\mathrm{d}P_1}=0$$

$$D_2\ (P_2)\ +P_2\ \frac{\mathrm{d}D_2\ (P_2)}{\mathrm{d}P_2}-C'\ [\ D_1\ (P_1)\ +D_2\ (P_2)\ ]\ \cdot\ \frac{\mathrm{d}D_2\ (P_2)}{\mathrm{d}P_2}=0$$

由上述条件可以得到 $P_1\ (1-\frac{1}{|\ \varepsilon_1\ |})\ =P_2\ (1-\frac{1}{|\ \varepsilon_2\ |})$。我们知道等式左边是在第一个市场上销售的边际收益,而右边是第二个市场上销售的边际收益。因此,三级价格歧视的特点是不论产品在哪个市场上销售,带来的边际收益都是相等的,

这样做的目的在于可以实现总收益的最大化。这样,我们就有 $\dfrac{P_1}{P_2}=\dfrac{1-\dfrac{1}{|\ \varepsilon_2\ |}}{1-\dfrac{1}{|\ \varepsilon_1\ |}}$。如果

$|\ \varepsilon_1\ |>|\ \varepsilon_2\ |$,那么有 $\dfrac{1}{|\ \varepsilon_1\ |}<\dfrac{1}{|\ \varepsilon_2\ |}$,$1-\dfrac{1}{|\ \varepsilon_1\ |}>1-\dfrac{1}{|\ \varepsilon_2\ |}$,最后有 $P_1<P_2$,即在需求弹性越小的市场制定越高的价格。

图 10.8 演示了三级价格歧视。注意厂商面临的第一组消费者的需求曲线比第二组的需求曲线的弹性要小,而对第一组的卖价也较高。总产量 Q_T 是边际收益 MR_1 和 MR_2 相加所生成的虚线 MR_T 与厂商的边际成本 MC 曲线的交点得到的。由于 MC 必须等于 MR_1 和 MR_2,我们可以从这个交点向左引一条水平线以找到 Q_1 和 Q_2,而且 $Q_T=Q_1+Q_2$。

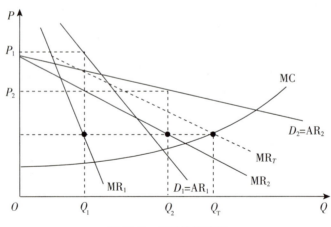

图 10.8　三级价格歧视

第四节　垄断治理的基本思路

理解市场结构的一个经典范式是 SCP 范式，即市场结构决定企业行为，企业行为决定市场绩效。按照这个范式我们可以理解治理垄断的两个思路：一是反垄断，它通过横向和纵向拆分的方法改变一个行业的垄断结构，构建竞争性的市场结构，由此改变企业的行为和市场绩效。但是，如果该行业的生产存在规模经济和范围经济，拆分会损害生产效率。一种极端的情况是自然垄断行业，该行业的规模经济如此显著，以至于引入竞争性厂商会导致严重的生产效率损失。对这种行业采取的办法往往是通过进入管制来限制竞争者的进入，并通过直接的价格管制限制其垄断力量，这就是治理垄断的第二种思路：管制。

一、反垄断中的权衡：生产效率与配置效率

我们前面在分析垄断的低效率的时候，有一个暗含的假设，即市场结构不会影响生产成本，但有时（如存在规模经济效应的行业），厂商数量的增加会带来生产成本的上升。这时，对垄断的效率的评价需要加以扩展。给定市场需求，如果该市场是完全竞争的，那么，不变的平均成本为 C_c，而垄断厂商的不变平均成本为 C_m，我们假定 $C_m < C_c$。

图 10.9 绘出了垄断市场均衡和完全竞争市场均衡。垄断市场的总剩余为 $A+B+D$，完全竞争市场的总剩余为 $A+B+C$。两种市场结构的福利高低的比较取决于 C 和 D 的阴影面积的大小。如果 $D>C$，也就是说，垄断带来的成本的节约超过了垄断带来的配置效率的损失，垄断市场就是可取的。反过来说，对这种市场，引入竞争是不划算的。

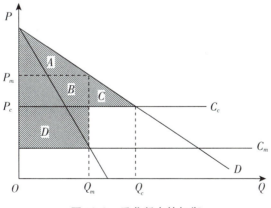

图 10.9　反垄断中的权衡

159

二、自然垄断行业的管制

管制主要运用于自然垄断行业。自然垄断行业的核心特征是成本的次可加性。成本次可加性是指越多的厂商生产一个给定的产量会面对一个更高的成本。假设行业内厂商具有相同的成本函数，厂商 i 生产产量 Q_i 的成本为 $C(Q_i)$，那么成本次可加性是指 $C(\sum Q_i) < \sum C(Q_i)$。成本次可加性可以产生于范围经济，但这里我们主要关心产生于规模经济的成本次可加性。

规模经济是成本次可加性的一个充分条件，其边际成本和平均成本曲线如图 10.10 中 LMC 和 LAC 所示。

注意，对任意的产量而言，我们都有 MC (Q) <AC (Q)。

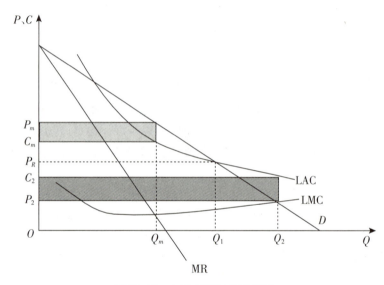

图 10.10　自然垄断行业的管制

自然垄断行业的特殊性在于规模经济和市场竞争的两难。引入竞争会损失规模经济，因此对这种行业一般施加准入限制，并用价格管制这种方法抑制其垄断力量。根据前面学过的知识，我们知道当 $P(Q)$= MC (Q) 的时候，一个行业的资源实现了最优配置，总剩余最大化。这种价格管制方法被称为边际成本定价法。但是，这种方法存在一个困难。因为自然垄断行业的特征是 MC(Q)<AC(Q)，而边际成本价格管制方法设定价格满足 $P(Q)$= MC (Q)，因此有 $P(Q)$<AC(Q)。显然，这会导致厂商亏损。设想这样的一种成本结构 TC(Q)=F+CQ，其中 F 是固定成本、C 是不变边际成本。按照边际成本定价法，厂商的亏损数正好是 F。自来水公司就拥有类似的成本结构。

如何解决这一问题呢？一种办法是通过转移支付的方式弥补固定成本。另一种办法是管制者在试图最大化社会福利的时候考虑企业的生存约束（利润非负）。这样就求得了一个次优价格管制方法——平均成本定价法。如图 10.10 中，P_R 就是平均成本定价水平。当信息经济学的发展启发人们考虑决策者所面对的不完全信息的约束之后，人们认识到价格管制存在的更多问题，突出地表现为以下两个方面：第一，管制者往往并不知道垄断企业的成本函数，从而必须依靠垄断企业提供的信息来制定管制价格。这样垄断企业就可以通过隐藏信息而获利，管制者必须设计某种机制以得到真实的信息。为了激励垄断企业提供真实的信息，管制者往往对其提供信息租金。第二，即便管制者能够无成本地获得垄断企业的成本信息，但边际成本取决于垄断企业的选择（例如，追加一些固定投资就可以降低边际成本），而边际成本定价的方法对于降低成本是没有激励的，因为管制价格会随成本的降低相应下降。

认识到价格管制所存在的问题，理论和实践从两个方面对其进行了深入探讨：一是考虑如何优化管制政策；二是放松管制，即通过引入竞争替代价格管制的作用。

第十一章
同质寡头市场的产品均衡

前面的章节已经分析了市场结构中的两种极端情况——完全竞争和完全垄断。在完全竞争模式中，我们假定有大量的生产同质产品并且对价格没有影响的厂商，他们是价格接受者。在完全垄断模式中，我们假定只有一个厂商，他是价格制定者。在很长的一段时间里，经济学家们认为他们可以利用这两个模型分析任何市场，即便有些市场不同于这两种模型，但是可以把这两个模型结合起来加以分析。但是，在20世纪20年代和30年代，经济学家对这两种极端的市场结构日益感到不满。许多行业介于这两种模式之间，更重要的是，这两种模式似乎都不能提供准确的预测。

因此，从这一章开始，我们将在接下来的三章介绍并分析更为现实的市场。这些市场存在一些新型的决策问题，它们比那些面对既定价格来决定产出的完全竞争厂商的决策问题，或者那些在确定需求情况下决定价格和产出的垄断企业的决策问题更为复杂。这一章，我们考察寡头市场上的厂商同时行动的均衡，在第十章，我们考察寡头市场上的厂商相继行动以及存在重复性的相互作用时的均衡，而在第十一章则考察产品差异如何影响市场均衡以及市场结构如何影响产品差异。

第一节　不确定需求与策略性行为

寡头市场的基本特征是：少数几家大规模厂商提供整个行业或行业的大部分产出。出现这种情况的一个主要原因是存在生产上的规模经济效应，规模较小的企业由于面对较高的平均成本而无法参与市场竞争。如果行业内只有两个厂商，我们称之为双寡头市场。例如，我国目前的移动通信市场，联通和中国移动之间的竞争与合作就可以利用双寡头模型加以分析。由于我们仍然假定寡头厂商是一个理性的决策者，仍然要按照边际成本等于边际收益的原则来决定自己的产出，因而我们必须研究寡头面临的需求。

一、相互依存与厂商面临的不确定需求

1. 厂商的相互依存

寡头市场与完全竞争市场不同，因为在完全竞争市场上每个厂商的产量都只占

微不足道的市场份额，从而并不存在这种相互影响的关系，也就可以独立考察每个厂商的决策。寡头市场也不同于垄断市场，垄断厂商独占市场，如果不考虑进入威胁，同样是独立决策。但是，实际生活中的情况却是厂商的决策是相互依存的。相互依存意味着任何一个企业在市场中的行为都将影响到其他企业的销售和收益情况。每一个企业都知道自己的行为或者变动会对其他企业产生这样的影响，并且也知道其他企业也将采取行动或者进行改变来影响自己的销售收入，但是没有一家企业真正知道其他企业将如何反应。正是因为这种相互依存的关系，一个企业的决策的收益还同时取决于其他企业的行为。所以，一个企业在决策时必须考虑竞争对手的反应。

2. 厂商面临不确定的市场需求

在完全竞争市场上，厂商作为一个价格接受者，面临着一个确定的市场需求，销售量完全由他自己决定，无论其他竞争厂商是提价还是降价。在垄断市场上，由于厂商本身就构成整个市场，因而厂商面临的市场需求就是整个市场需求，所以他的销售量也仅仅取决于自己的行为，面临的是一个确定的市场需求。但是，寡头厂商之间的相互依存决定了每一个厂商的销售量并不完全独立地取决于他自己的行为，还取决于其他寡头厂商的行为。比如，如果其他寡头厂商提价，那么，每一个寡头都可能卖出更多；反之，如果其他寡头厂商降价，那么每一个寡头都只能卖出更少。因此，寡头厂商都面临着一个不确定的需求。

二、寡头厂商面临的需求

为了理解寡头厂商之间的相互依存和面临的需求，我们以百事可乐公司的价格决策为例来加以说明。

百事可乐公司的营销管理者聚在一起，讨论公司是否应该改变 6 罐包装百事可乐的价格。几个月来，百事可乐和可口可乐的 6 罐包装都卖 3 美元。在这期间，百事可乐公司平均一天销售 100 万个 6 罐包装的百事可乐（如图 11.1 中的 c 点所示）。问题是，百事可乐公司为了获得更多的利润应该改变价格吗？

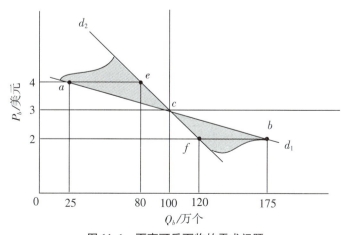

图 11.1　百事可乐面临的需求问题

第一组的营销副总裁建议把百事可乐的价格涨到 4 美元，因为他们相信百事可乐的销售量不会下降太多，所以较高的价格会带来利润。当问及可口可乐将如何反应时，他们说可口可乐公司可能也会把价格涨到 4 美元，不会有太多的人用可口可乐代替百事可乐。如果真是这样的话，百事可乐的销售只会降到 80 万个。如果这位副总裁是正确的，在图中 c 点将沿着需求曲线 d_2 移动到 e 点。你可以看到 1 美元的价格提高导致了 6 罐装的销售量下降了 20 万个。

第二组的副总裁持强烈的反对意见，他们认为可口可乐绝不会跟随 1 美元的涨价。如果可口可乐把价格保持在 3 美元，百事可乐将失去大量的销售额，大约下降到每天 25 万个 6 罐包装。如果这一组是正确的，c 点将沿着需求曲线 d_1 移动到 a 点。在这种假设下，销售量将下降 75 万个。

由于增加 1 美元造成的影响十分混乱，故有些人建议减少 1~2 美元。同样地，也有人认为可口可乐不会希望失去很大的市场份额，所以将会立即跟进 1 美元的减价，于是百事可乐只能得到 20 万的销售增长，达到 120 万个。如果这是正确的，c 点将会沿着需求曲线 d_2 移动到 f 点。当可口可乐以低价回应时，百事可乐增加了一些销售量，但增加不多。

接着那些认为可口可乐不会跟随价格的人提出，从 3 美元到 2 美元的降价将使百事可乐的销售量大幅度增加。如果这些人的意见正确，c 点将沿着需求曲线 d_1 移动到 b 点。在这种假设下，销售量将上升 75 万个至 175 万个。在这种情况下，百事可乐将获得大量可口可乐的市场份额。

经过对哪一个需求曲线正确的大量讨论后，一个管理实习生问，如果可口可乐以不到 1 美元的提价来回应百事的涨价，或者以降价不到 1 美元来对付百事的价格变动，那又将如何呢？在这样的假设下，百事可乐的实际需求会不会在需求曲线 d_1 和 d_2 之间的阴影部分的某一处呢？实习生接着问，如果可口可乐选择在百事可乐涨价时不跟随涨价，而在百事可乐降价时跟随降价，那么百事可乐的需求曲线会不会在高于 3 美元的涨价时为 d_1，在低于 3 美元的降价时为 d_2 呢？最后高级市场副总裁宣布："除非可口可乐变动价格，百事可乐近期将不变动价格。"

这就是寡头面临的需求问题。厂商想知道实际的需求，以便在那样的需求和边际收益情况下最大化自己的利润。然而他们不能这样做，因为实际的需求依赖于对手将怎样做。

三、折弯的需求曲线与博弈方法

显然，研究寡头厂商的决策，关键在于对对手反应的期望和估计，或者说对对手行为的推测和假设来消除其所面临的需求的不确定性。我们以最简单的斯威齐模型来说明这种研究方法。

对寡头市场价格的经验研究表明，这种市场的价格是刚性的或黏性的。对于寡头垄断市场中的价格刚性，斯威齐于 1939 年建立了一个著名的理论，对此进行了解释。这个理论就是折弯的需求曲线模型。斯威齐指出，如果寡头企业降低其价格，可以肯定他的竞争对手也会降价来与之争夺市场，结果率先降价的厂商并不能扩大他的需求，甚至会减少总收益。因此，寡头厂商在降价时，面临一条缺乏弹性的需求曲线。如果某寡头企业由于成本增大而提高价格，其他寡头则可能会维持既定价格，乘机争夺市场份额，使他的总收益减少。这实际上意味着寡头厂商在提高价格时，面临着一条富于弹性的需求曲线。所以，需求曲线在既定的价格和产量所对应的点上被折弯。

如图 11.2 所示，假定某寡头面临既定的需求曲线 aeb，并有相应的边际收益曲线 $akhg$。由 MR＝MC 原则可知，当成本从 MC_1 降到 MC_2 或 MC_3 后，它似乎应降低价格，扩大产量，使其利润达到最大化。但是，由于寡头厂商面临的需求曲线在既定的价格水平 P^* 和产量水平 Q^* 上被折弯，无论厂商怎样改变价格，都会减少总收益。只有维持既定的价格，即价格粘住不变，才能实现利润的最大化。对应于折弯的需求曲线，边际收益曲线在既定的产量水平 Q^* 上出现了一个垂直的缺口 kh。它表明：在既定的价格—产量水平上，只要成本变化范围不超过 kh，那么总有 MR＝MC，既存的产量 Q^* 和价格 P^* 就是可能的最大化利润的产量和价格。

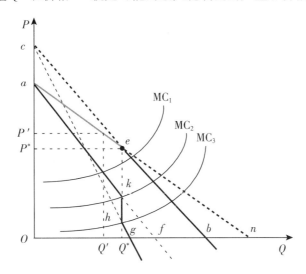

图 11.2 寡头厂商折弯的需求曲线

折弯的需求曲线说明了黏性价格存在的原因，但它并没有说明需求曲线为什么在这一点而不是在其他点被折弯，即价格为何要粘在 P^* 这个价格水平而不是其他价格水平。

斯威齐模型告诉了我们一种研究寡头厂商行为的方法，即通过假设对手的反应来使厂商原本面临的不确定需求转化成确定的需求。但是，由于对手的行为是不能确知的，从而上述方法存在很大的局限性。因而，对于相互依存的厂商行为，不能运用传统的供求均衡方法分析，而是需要引入新的方法。这种方法就是博弈论，因为博弈论关注的就是意识到其行动将相互影响的决策者们的行为。

第二节 古诺模型

奥古斯丁·古诺，法国人，生于 1801 年。他在 1838 年出版了具有深远影响的著作《财富理论的数学原理研究》。他提出的寡头市场均衡在一百多年后被纳入了博弈论的分析框架当中。古诺的原始模型考察的是两个相互竞争的矿泉水厂商如何决定产量的问题。在古诺那个年代，并没有现代的博弈论作为分析工具。古诺采取的办法是：假设市场上开始的时候只有一个厂商，例如厂商 1，选择垄断产量；然后一个新的厂商——厂商 2 进入该市场。古诺假设厂商 2 做决策的时候，厂商 1 的产量是给定的，市场需求减去厂商 1 的产量就得到了厂商 2 所面对的需求，根据这个需求，厂商 2 选择利润最大化的产量；由于厂商 2 的加入，厂商 1 的初始产量不再是最优的，从而厂商 1 把厂商 2 的产量视为给定的，根据自己所面对的剩余需求决定利润最大化的产量，这反过来又会促使厂商 2 随之调整。这样的过程一直继续下去，直到没有厂商愿意进一步调整，这种稳定的状况就是古诺均衡。这时，每个厂商都处在这样的一种情况：给定其他厂商的产量，每个厂商的生产都是利润最大化的产量。

一、双寡头模型

虽然现在还有人使用古诺的这种推理方法理解这种市场的运行规律，但是现代经济学已经普遍采用博弈论的方法来推导古诺均衡。由于古诺均衡是典型的纳什均衡，因此我们在这一节会把古诺模型的解称为古诺-纳什均衡解。

我们从一个只有两个厂商的寡头市场开始分析，在理解了古诺模型的基本思想之后，把模型扩展到厂商数量任意的一般化模型。

假设一个行业内只有两个厂商，以不变的平均成本 c 生产同质产品，产量分别表示为 Q_1，Q_2。为了分析的简便，我们假设他们面对的反市场需求函数为 $P = a - b(Q_1 + Q_2)$，$a > 0$，$b > 0$，$a > c$。

古诺模型中厂商之间的竞争的特点可以描述为这样的博弈规则：两个厂商同时选择产量，市场价格由供求均衡决定。用博弈论的术语来说，这是一个同时行动的静态博弈，我们要求解的是纳什均衡。

我们首先分析厂商 1 的选择。由于厂商 1 无法观测到厂商 2 的产量，因此只能根据对厂商 2 产量的预期做出决策，但是由于在最终的均衡这种预期必须是正确的，因此如果我们只关心均衡状况，我们可以把厂商 1 的选择建立在厂商 2 的实际产量的基础上，这样厂商 1 的目标函数就为：$\pi_1 = [a - b(Q_1 + Q_2)]Q_1 - cQ_1$。如果我们给定一个利润水平，就可以确定厂商 1 的一条等利润线。需要注意的是，厂商 1 的任意一条等利润线都是凹函数，而且在厂商 1 的产量给定的时候，厂商 1 的利润和厂商 2 的产量负相关。在图 11.3 中，当厂商 1 的产量为 Q_1^a 时，如果厂商 2 的产量由 Q_2^a 上升为 Q_2^b，那么厂商 1 的利润就下降了，即厂商 1 在 a 点的利润低于在 b 点的利润。图 11.3 中画出了厂商 1 的两条等利润线，靠近横轴的等利润线具有更高的利润水平，如 $\pi_a > \pi_b$。

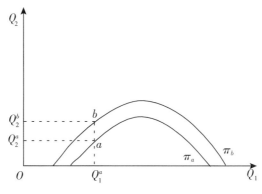

图 11.3　寡头厂商的利润曲线

厂商 1 利润最大化的产量满足的一阶条件为 $\dfrac{\partial \pi_1}{\partial Q_1} = a - 2bQ_1 - c = 0$，由此可以得到厂商 1 的反应函数 $R_1(Q_2) = \dfrac{a - c - bQ_2}{2b}$。在几何图形中，厂商 1 的反应曲线正好是厂商 1 的等利润线最高点的连线。

纵截距是 $\dfrac{a-c}{b}$，这是说，如果厂商 2 生产竞争性产量，那么，厂商 1 就不生产，因为生产任何大于零的产量都会亏损。横截距是 $\dfrac{a-c}{2b}$，这是说，如果厂商 2 不生产任何产量，那么厂商 1 生产垄断产量。

同理，我们可以得到厂商 2 的反应函数 $R_2(Q_1) = \dfrac{a - c - bQ_1}{2b}$。

古诺均衡产量 $(Q_1^*,\ Q_2^*)$ 满足 $Q_1^* = R_1(Q_2^*)$，$Q_2^* = R_2(Q_1^*)$，即给定其他厂商的最优产量，每个厂商都实现了最大利润，从而也没有激励单方面改变，正因为此，古诺均衡是纳什均衡。

由 $\begin{cases} Q_1 = \dfrac{a - c - bQ_2}{2b} \\[2mm] Q_2 = \dfrac{a - c - bQ_1}{2b} \end{cases}$ 可以得到 $Q_1^* = Q_2^* = \dfrac{a-c}{3b}$，这就是这个简化模型中的古诺均衡产量。

我们可以用几何方法理解这一结果。两个厂商的反应函数可以给出两条反应曲线，古诺均衡就是两条曲线的交点，如图 11.4 所示。

整个行业总供给量为 $Q = Q_1 + Q_2 = \dfrac{2(a-c)}{3b}$，市场价格为 $P = \dfrac{a+2c}{3}$，由于我们限定 $a > c$，因此 $P = \dfrac{a+2c}{3} > c = \mathrm{MC}$。这表明，古诺模型中的产量竞争不同于完全竞争市场，没有实现总剩余最大化。但是，古诺模型确实含有两个寡头厂商之间的竞争，

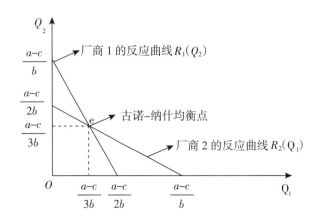

图 11.4　几何方法表示的古诺–纳什均衡点

行业的总供给量也大于垄断产量 $\dfrac{a-c}{2b}$。

二、模型的一般化：n 个寡头古诺模型

古诺模型的思想可以扩展到多个寡头的情况。假设 n 个寡头具有相同的不变平均成本 c，反市场需求为 $P = a - b\left(\sum\limits_{i=1}^{n} Q_i\right)$，$a>0$，$b>0$，$a>c$。任取一个厂商 i 作代表，其利润函数为 $\pi_i = \left(a - b\sum\limits_{j=1}^{n} Q_j\right)Q_i - cQ_i$，利润最大化的产量满足的一阶条件为 $\dfrac{\partial \pi_i}{\partial Q_i} = a - bQ - bQ_i - c = 0$，其中 $Q = \sum\limits_{j=1}^{n} Q_j$。所有厂商的均衡产量都需要满足这一条件，把这一条件相加 n 次，可以得到：$na - bnQ - bQ - nc = 0$。由此可以解得 $Q = \dfrac{n(a-c)}{b(n+1)}$，这就是市场均衡产量。根据反需求函数，市场价格为 $P = \dfrac{a+nc}{n+1}$。

之所以介绍这个模型，是因为这个模型给出了一个非常一般化的结论。当 $n=1$ 时，我们得到垄断解：$Q = \dfrac{a-c}{2b}$，$P = \dfrac{a+c}{2}$。当 $n=2$ 时，我们得到双寡头古诺均衡解：$Q = \dfrac{2(a-c)}{3b}$，$P = \dfrac{a+2c}{3}$。当 $n \to +\infty$ 时，我们得到完全竞争解：$Q \to \dfrac{a-c}{b}$，$P \to c$。

第三节　伯特兰模型

古诺模型考察的是厂商之间的产量竞争，而伯特兰①模型试图说明的是同质厂

---

① 伯特兰，法国经济学家，他在 1883 年提出了这一模型，并且引起了人们对古诺模型的兴趣。

商之间的价格竞争。

假设两个寡头厂商以不变的平均成本生产同质产品，没有生产能力限制，企业之间只竞争一次，并且同时进行定价决策。市场需求为 $Q = D(P)$。假设两个厂商价格相同时平分市场需求，那么，我们可以得到厂商 i 的利润函数为

$$\pi_i = \begin{cases} 0 & if \quad P_i > P_j \\ (P_i - c)\ \dfrac{D(P_i)}{2} & if \quad P_i = P_j \\ (P_i - c)\ D(P_i) & if \quad P_i < P_j \end{cases}$$

厂商 i 面对的决策是选择价格 P_i 最大化利润 π_i，由于目标函数不是连续函数，因此不能使用微积分的方法。我们用逐一排除的方法来寻找此博弈的纳什均衡。

第一，$P_i > P_j > c$ 不是纳什均衡，因为给定 P_j，厂商 i 制定高于 c 但小于 P_j 的价格可以增大利润，由于存在单方面改变行动的激动，因此它不可能是纳什均衡。

第二，$P_i = P_j > c$ 不是纳什均衡，因为任一厂商都可以通过单方面略为降低价格而增大利润。

第三，$P_i > P_j = c$ 不是纳什均衡，因为厂商 j 可以提高价格，增大利润。

因此，只有 $P_i = P_j = c$ 是纳什均衡，每个厂商都没有激励单方面改变价格。例如，给定 $P_j = c$，厂商 i 提高价格，利润仍为零，而降低价格则利润为负。

伯特兰第一次发现了这一均衡，因此这一均衡就被称为伯特兰均衡。这一双寡头模型的均衡结果和完全竞争相同（价格等于边际成本）。显然，这与人们的常识有别，传统上人们认为只有众多厂商之间的竞争才能使价格等于边际成本，但伯特兰的模型则指出，哪怕只有两个厂商，只要产品同质就可以实现完全竞争结果。人们的常识与伯特兰结果之间的不一致被称为伯特兰悖论。

之所以会出现伯特兰悖论，是因为伯特兰模型的基本假设在很多方面和现实不符。放松这些假设，就可以消除这一悖论，具体来说，有四种办法。

第一，伯特兰模型假设了产品同质，因此当一个厂商的价格高于另一厂商时，销售量为零。但如果存在产品差别，高价格的厂商不会失去所有的顾客，从而高于边际成本的价格可以获得正的利润，等于边际成本的价格就不再是均衡价格。我们将在后面的章节中介绍产品差异下的价格竞争。

第二，伯特兰模型假设了任何一个厂商的生产能力都可以供给整个市场的需要，但是如果规模不经济，一个厂商就存在最大产量限制，例如为 $\bar{Q}$，而且 $\bar{Q} < D(c)$，那么，一个厂商有激励选择 $P > c$，因为它面对的需求为 $\bar{Q} - D(c) > 0$，可以获得正利润。

第三，伯特兰模型暗含了消费者拥有价格分布的完全信息的假设，因此消费者不会从高价格的厂商处购买产品。如果引入搜寻价格的信息费用，搜寻费用比较高的消费者会选择随机购买。同样，一个厂商选择高于边际成本的价格可以获得正利润。

第四，伯特兰模型没有考虑厂商之间合谋的可能性。如果厂商之间长期重复博弈，由于担心降价引发价格战并损失未来的利润，合谋就成为可能，从而两个厂商

会制定高于平均成本的价格，共同获得正利润。

现在我们已经学习了有关寡头市场的两个基本模型：古诺模型和伯特兰模型。同学们容易感到困惑的是，这两个模型对寡头市场做出的推测是完全不同的，古诺均衡产量大于垄断产量但小于竞争性产量，从而两个寡头之间既有竞争也有垄断力量。而在伯特兰模型中，两个厂商的价格竞争的结果是完全竞争市场的产量，每个企业都没有任何市场力量。由于这一显著的差异，同学们会很自然地问这样的问题："企业既要进行价格决策也要进行产量决策，当要选择一个模型分析寡头市场的运行的时候，我应该选择哪个模型呢？"

有一个一般化的原则，即在选择模型的时候，我们需要区分时间长度。相对于价格决策而言，生产能力和产量决策是长期决策。因此当我们分析长期均衡的时候，我们假设企业先选择生产能力，再选择价格，这时适用古诺模型。而如果产量可以在短期内迅速调整，这样，企业可以先决定价格，再决定产量，这时选择伯特兰模型比较适合。因此，选择合适的模型的关键是看哪个模型更符合实际。由于不同产业的实际情况差别比较大，因此在一些产业中，古诺模型更实用些，而在其他的一些产业中，伯特兰模型则更实用些。

第四节　斯塔克尔伯格模型

古诺模型和伯特兰模型都假设厂商同时行动，但有时厂商之间存在行动上的先后顺序，其原因在于竞争厂商之间的不对称的地位。例如，一个行业内有一个主导企业，其他企业就会把这个主导企业的行为作为给定的，然后相机行事。这种情况下，寡头厂商之间的竞争属于动态博弈。由于是斯塔克尔伯格第一次研究这种博弈，所以我们把这一节的模型称为斯塔克尔伯格模型。在这种动态模型中，我们把先行动的厂商称为领导者，后行动的厂商称为追随者。寡头厂商之间的竞争既可能是产量博弈也可能是价格博弈，因此我们可以把它们分为产量领导模型和价格领导模型。

一、产量领导模型

领导者的产量表示为 Q_L，追随者的产量为 Q_F。由于产量一旦提供出来，就不能逆转，具有承诺价值，因此两个厂商参与的是动态博弈。

运用反向归纳法求解这一博弈的子博弈精炼纳什均衡，先考虑追随者的选择，它把领导者的产量视为给定的，选择产量最大化利润，仍然假设厂商具有不变平均成本的情况，即求解下面的最大化问题：$\max_{Q_F} [a-b(Q_F+Q_L)-c]Q_F$。一阶条件为：$a-2bQ_F-bQ_L-c=0$，由此得到追随者的反应函数 $Q_F = \dfrac{a-c-bQ_L}{2b}$。随后，我们分析领导者的决策，他在预期到追随者的反应的前提下选择产量最大化自身的利润，即面对下面的最大化问题，$\max_{Q_L} \left[a-b\left(Q_L+\dfrac{a-c-bQ_L}{2b}\right)-c\right]Q_L$。一阶条件为 $\dfrac{a-c}{2}-bQ_L=0$，由此

解得 $Q_L = \dfrac{a-c}{2b}$，并进而得到 $Q_F = \dfrac{a-c}{4b}$，产量组合 $\left(\dfrac{a-c}{2b}, \dfrac{a-c}{4b}\right)$ 就是斯塔克尔伯格均衡的结果。

我们把这一均衡与古诺均衡做一比较。在斯塔克尔伯格模型中，领导者在追随者的反应的约束下最大化利润，从几何上表现为在追随者的反应曲线上选一点与领导者最高水平的等利润线相切。假设厂商 1 为领导者，厂商 2 为追随者，我们在图 11.5 中同时标出了古诺均衡和斯塔克尔伯格均衡。

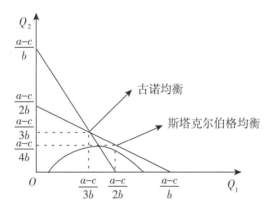

图 11.5　古诺均衡与斯塔克尔伯格均衡

通过观察上面的图形我们发现，先动优势确实给领导者带来了更高的利润。但是，有的读者会发现，如果给定追随者选择 $\dfrac{a-c}{4b}$，那么，领导者选择 $\dfrac{a-c}{2b}$ 并不能最大化利润，领导者减少产量可以增大利润。但是，如果领导者调整了产量，追随者会进一步调整，最终会达到古诺均衡，领导者只能获得一个较低的利润。这就是动态博弈提供的一个非常有意思的启发，先行者通过限制自己的选择（做出承诺）反而可以提高自己的支付。

看上去，我们好像发现了一个悖论：一个企业限制自己的产量选择的可能性，反而会提高利润，对此应该如何解释呢？这是因为领导者选择的产量通过两种效应影响产量：一是直接效应，二是间接的策略效应。它通过影响对手的行动而影响自己的利润。限制产量选择的可能性恰恰起到了策略效应。

二、价格领导模型

这一模型描述了这样一种情况，价格领导者制定价格，追随者作为价格接受者选择利润最大化的产量。这一模型的适用条件是一个市场中存在一个规模非常大的主导厂商，然后存在一些规模非常小的竞争性企业。

假设企业 L 是领导者，仍然需要运用反向归纳法求解均衡。第一步，得到追随者的反应函数 $S_F(P)$，它告诉我们追随者如何在给定的价格下选择产量；第二步，按照 $D(P) - S_F(P) = R(P) = Q_L$ 的原则得到领导者的剩余需求曲线；第三步，领导者根据需求和成本确定利润最大化的产量和价格。

图 11.6 说明了上面的求解方法。

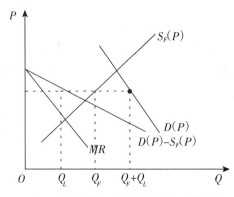

图 11.6　斯塔克尔伯格价格领导模型

　　不论是产量领导模型还是价格领导模型，斯塔克尔伯格模型都可以用于分析行业内厂商阻止进入的策略选择，这时领导者是在位厂商，追随者是潜在的进入者，我们需要分析在位企业选择什么样的产量和价格就会阻止进入。显然，求解的思路和上面一样，只是我们需要增加一个条件，即追随者的利润为零。以此为条件，读者可以计算一下限制进入的产量和价格安排。

第五节　卡特尔模型

　　在讨论伯特兰悖论的时候，我们已经指出两个寡头之间的激烈的价格竞争产生于一次性博弈，而如果寡头厂商处在重复博弈当中，由于认识到降价行为会带来报复性的价格战，企业就可能会约束自己的价格竞争行为而共同维持一个垄断价格水平，这种情况被称为默契合谋。

　　首先让我们来分析在什么情况下会出现这种合谋。根据前面学过的重复博弈的知识，我们知道如果博弈重复有限次，而且所有企业都知道博弈结束的时间，合谋就无法发生。但是在无限次重复博弈中，就会形成合谋的激励。虽然伯特兰均衡仍然是这个博弈的均衡解，但是在某些策略下，会出现合谋解。

　　假设每个企业在时期 0 制定垄断价格，对于时期 t 而言，如果以前各时期两个企业都索取垄断价格，那么，在时期 t 每个企业会继续索取垄断价格，否则就永远把价格制定在边际成本水平上。这就是触发策略，它意味着一次的背离就会失去以后合作的全部机会。

　　用 π_m 表示垄断利润，如果一直合作，那么利润为：$\frac{\pi_m}{2}(1+\delta+\delta^2+\cdots)=\frac{\pi_m}{2(1-\delta)}$，其中 δ 为贴现因子。假设降低价格可以获得全部市场，由于这只需要价格的微小下降，从而我们可以认为降价企业会得到约等于垄断时的利润，但随后就只能获得零利润。策略选择需要比较$\dfrac{\pi_m}{2(1-\delta)}$和$\pi_m$，显然，贴现因子会影响到策略的选择。贴现因子越大，说明未来越重要，触发策略对背离合谋的惩罚越严厉，合谋解就越可能会出现。

合谋解只是重复博弈的一种可能性，为了避免伯特兰价格竞争的出现，往往需要某种协调机制，这种协调机制规定所有企业的价格和产量，从而实现总利润的最大化。这种机制往往由被称为卡特尔的组织来实施。在某个寡头市场中，如果几个主要的厂商联合起来限制产量、操纵价格，以获取垄断利润，这种联合组织就被称为卡特尔。卡特尔的作用是消除厂商之间的竞争。

下面我们就来说明卡特尔的运行规律。

仍然假设有两个厂商，成本函数分别为$C_1(Q_1)$和$C_2(Q_2)$，面对反市场需求函数为$P=P(Q_1+Q_2)$。卡特尔的产量安排是求解下面的最大化问题：

$\max\limits_{Q_1,Q_2}\pi=P(Q_1+Q_2)(Q_1+Q_2)-C_1(Q_1)-C_2(Q_2)$ 一阶条件为

$$\begin{cases}\dfrac{\partial P(Q_1+Q_2)}{\partial Q_1}\cdot(Q_1+Q_2)+P(Q_1+Q_2)-C'_1(Q_1)=0\\ \dfrac{\partial P(Q_1+Q_2)}{\partial Q_2}\cdot(Q_1+Q_2)+P(Q_1+Q_2)-C'_2(Q_2)=0\end{cases}$$

从一阶条件可以得到卡特尔内部的产量安排满足$C'_1(Q_1)=C'_2(Q_2)$。即不论总的产量是多少，卡特尔内部成员之间的产量份额满足边际成本相等的原则，这样的产量安排可以用最小的成本生产给定的总产量，从而卡特尔内部的生产是有效率的。

由于$P'(Q_1+Q_2)(Q_1+Q_2)+P(Q_1+Q_2)$是卡特尔的边际收益，因此卡特尔的利润最大化产量满足$MR(Q_1^*+Q_2^*)=C'_1(Q_1^*)=C'_2(Q_2^*)$，卡特尔制定的价格为$P^*=P(Q_1^*+Q_2^*)$，如图11.7所示。

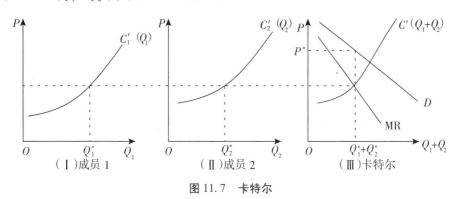

图11.7　卡特尔

在历史上，卡特尔曾经盛极一时，但是所有的卡特尔都寿命不长，并且除了国际石油输出国组织之外，很少有卡特尔能够产生重大的经济影响。卡特尔不能持久的一个原因是因为很多国家的法律限制这种合谋，但是从经济学的角度来看，卡特尔的失败则是因为其内在的不稳定性。

首先，卡特尔内部的每个成员都有强烈的欺骗动机。因为卡特尔的高价格需要通过限制产量来维持，但是每个成员都认识到，如果其他厂商遵守卡特尔的协议，自己增大产量则可以在获得价格提高的好处的同时，又不承担代价——减少产量。如果只有个别成员增大产量，这并不会带来很大的问题，但是每个厂商都面对这样的激励。因此，如果没有办法有效监督和制裁违约的行为，卡特尔就很容易崩溃。

卡特尔的不稳定性是典型的囚徒困境，虽然每个成员都认识到合作限制产量可以共同增大利润，但这样的产量安排不是纳什均衡，从而并不能自动实施。

因此，卡特尔的维持需要某种显示价格信息和进行惩罚的机制。这种机制有时以非常巧妙的方式实施。我们举一个例子，在城市的大型超市中，我们有时可以看到这样的广告："如果顾客在 5 千米之内的同等规模的超市内发现更低的价格，我们会双倍返还差价。"实际上，这就是一个惩罚机制。消费者承担了发现价格下降的信息提供者的职能，而如果一个商场降低了价格，会引来其他商场更大幅度的降价。这种条款可以帮助维持一个卡特尔的运行。

但是即便如此，卡特尔的维持仍然是非常困难的。因为价格信息往往并不易于获得。例如，对大客户的批发价格就往往不公开，而且降低价格可以通过提高质量和服务的方式实现。因此，如果存在产品差异，合谋更加难以维持。观察不到对手价格的企业可以通过观察自己的市场份额的变化来推断对手的行为，但这又受到市场需求具有随机性的变化的限制。这时，参与者会把由于需求降低带来的销量下降解读为对方的暗中销价行为。

其次，卡特尔成员在产量份额的安排上很难达成一致。前面的分析指出，按照等边际成本的原则分配产量可以实现卡特尔内部的生产效率，但是如何获得边际成本的真实信息呢？每个成员都希望增大自己的份额，从而可以得到更多的利润，这样的问题往往在卡特尔内部争论不休。

最后，卡特尔的高利润会引来新厂商的进入，如果卡特尔无法阻止进入的发生，那么，新厂商就会迅速占领完全竞争产量和卡特尔产量之间的市场空白。这样，卡特尔成员不仅无法获得垄断利润，而且最终会失去市场。有些资源性的行业的进入较为困难。例如，国际石油输出国组织控制了绝大部分的石油储量。但是即便如此，石油的高价格也会引来替代性的能源的开采和使用。这正是石油输出国组织在 20 世纪 70 年代减少石油开采而短期内大幅提高价格，但随后价格又下降的原因，因为对天然气的开采和使用降低了对石油的需求。对替代品的开发的激励和消费者的替代选择是石油输出国组织面对的主要挑战，也是任何卡特尔要实现长期维持所遇到的困难。

第十二章
产品差异市场的产品均衡

前面已经分别介绍了完全竞争市场、垄断市场以及寡头市场，虽然这些具有不同结构的市场上的行为和绩效有明显的不同，但它们有一个共同点，即都没有考虑产品差异，也就是说我们前面的分析始终假设不同厂商提供的产品是同质的，在消费者看来是完全替代品。产品同质对于前面的分析施加了较强的假设。例如，前面学过的伯特兰模型已经向我们展示了产品同质对激烈的价格竞争的作用。但是，在现实当中，企业为了避免激烈的价格战，可以为自己的产品增添一些特色，以区别于竞争对手的产品，这样的产品就被称为差异产品。

在很多时候，产品差异都是比产品同质更现实的假设，各种类型的市场上都有多个不同品牌的供应商。在消费者看来，不同品牌的产品不论在技术和物质上多么接近，也属于差异产品，消费者的这种主观判断可能仅仅来自这些厂商的广告宣传的不同。我们在这一章考察产品差异的作用，以试图回答产品差异对价格竞争和产量竞争会产生什么样的影响。

首先我们需要回答产品差异指的是什么。一般我们把产品差异分为两种——横向差异和纵向差异。横向差异是指不同的消费者具有不同的偏好的产品差异，从而在相同的约束下，不同的消费者会做出不同的选择。例如，汽车的颜色、衣服的款式、商场的位置等都属于横向差异。而纵向差异是指所有的消费者都具有相同的偏好的产品差异，如产品的质量、技术水平等，所有的消费者都会更偏好高质量的产品。有时产品既含有横向差异，也包括纵向差异。例如，歌手的演唱技巧属于纵向差异，而演唱风格则属于横向差异。简单来说，如果以相同的价格出售不同的产品，消费者偏好不同的产品，这就是横向差异；如果以相同的价格出售不同品牌的产品，不同消费者的选择是不一样的，这些产品就具有纵向差异。

需要说明两点，在这一章中，我们分别考察寡头市场放松产品同质假设后的市场竞争和完全竞争市场放松产品同质假设后的市场绩效。当我们给出这些分析的时候，我们都假设消费者获得了不同厂商提供的产品的差异信息。而我们将在后面的章节中讨论当消费者并不拥有不同厂商的产品差异（尤其是纵向差异）的信息的时候，市场运行的特征。

第一节　异质双寡头市场的均衡

一、代表性消费者方法

所谓的代表性消费者是指这个消费者的需求就是市场需求。显然，这种方法考察的是纵向差异，它无法考察横向差异的情况。这种方法也无法考虑厂商如何选择产品的差异性，因此，我们假设产品差异是外生给定的，我们考虑在产品差异给定的前提下厂商之间的竞争。同样我们需要分别考察产量竞争和价格竞争。

1. 差异产品产量竞争

仍然假设两个厂商提供的差异产品的产量分别为 Q_1、Q_2，消费者对厂商 1 提供的产品的反需求函数为 $P_1=\alpha-\beta Q_1-\gamma Q_2$。需要注意的是，$\beta>0$，这是由需求定律决定的。在高度一般化的情况下，我们不需要限定 γ 的符号，因为它将随两种产品是替代品还是互补品而变化。但是，我们在此要考察的是虽然存在差异但仍然具有良好替代性的产品之间的竞争关系，因此我们限定 $\gamma>0$。而且由于两个厂商提供的产品是有差异的，因此我们应该设定 $\beta>\gamma$，这表明一种产品自身的产出对价格的影响更大。当然，同质产品的情况可以用 $\beta=\gamma$ 来描述。同学们可以和前面学过的古诺模型做一对照，就会发现古诺模型中的反需求函数是这里的需求函数的一个特例。当然，如果 $\gamma=0$，这表明两个厂商提供的是高度差别产品，属于互不相关的产品。

为了简单分析，我们给出一个对称的对第二个厂商提供的产品的反需求函数为 $P_2=\alpha-\beta Q_2-\gamma Q_1$，而且我们假设两个厂商的生产成本都为零。

厂商的决策是选择最大化利润的产量，即求解下面的问题：

$$\max_{Q_i}\pi_i\,(Q_i,\,Q_j)=(\alpha-\beta Q_i-\gamma Q_j)\,Q_i\,(i,\,j=1,\,2;\,i\neq j)$$

一阶条件为 $\dfrac{\partial\pi_i}{\partial Q_i}=\alpha-2\beta Q_i-\gamma Q_j=0$，由此可以得到厂商 i 的反应函数为

$$Q_i=R_i\,(Q_j)=\frac{\alpha-\gamma Q_j}{2\beta}$$

读者可以发现产品差异程度对反应曲线斜率的影响：当产品差异越小时，即 $\dfrac{\gamma}{\beta}$ 更接近于 1 的时候，反应曲线更为平坦，这表明两个厂商之间的相互作用的效应更显著；而极端地，如果两个厂商提供的产品没有任何替代性，也就是说 $\gamma=0$，反应曲线将会成为一条水平线或者竖直线，这表明这时没有策略效应。

通过反应函数构成的联立方程组可以解出纳什均衡解为 $Q_1^*=Q_2^*=\dfrac{\alpha}{2\beta+\gamma}$，产品价格为 $P_1^*=P_2^*=\dfrac{\alpha\beta}{2\beta+\gamma}$，利润为 $\pi_1=\pi_2=\dfrac{\alpha^2\beta}{(2\beta+\gamma)^2}$。由此，我们可以得出的基本结论是：随着 γ 提高趋近于 β，产品趋于同质，单个厂商的产出以及总产出、价格、利润都将下降；反之，随着产品差异的增大，产出、价格和利润都会上升。读者可以验证，产

品同质的结果和前面学过的古诺模型的结果是一样的。

2. 差异产品价格竞争

为了分析差异产品的价格竞争，我们需要使用直接需求函数，而且为了分析产品差异程度对价格竞争的影响，我们仍然需要用 $\dfrac{\gamma}{\beta}$ 反映产品差异的程度。为此，我们从上面的反需求函数中解出直接的需求函数。通过简单的运算可以得到，两种产品的直接的需求函数为 $Q_1 = a - bP_1 + cP_2$，$Q_2 = a + cP_1 - bP_2$，其中，$a = \dfrac{\alpha\,(\beta - \gamma)}{\beta^2 - \gamma^2}$，$b = \dfrac{\beta}{\beta^2 - \gamma^2} > 0$，$c = \dfrac{\gamma}{\beta^2 - \gamma^2} > 0$。

我们仍然先求解企业的反应函数。注意，这时的行动是价格。对厂商 i 求解下面的最大化问题：

$$\max_{P_i}\pi_i\,(P_i,\ P_j) = (a - bP_i + cP_j)\,P_i\quad(i,\ j = 1,\ 2;\ i \neq j)$$

利润最大化的价格需要满足一阶条件：$\dfrac{\partial \pi_i}{\partial P_i} = a - 2bP_i + cP_j = 0$，由此可以得到厂商 i 的反应函数为

$$P_i = R_i\,(P_j) = \frac{a}{2b} + \frac{cP_j}{2b}\quad(i = 1,\ 2;\ i \neq j)$$

两个厂商的反应曲线如图 12.1 所示。

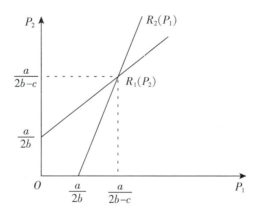

图 12.1　差异产品的价格竞争

上图中两条反应曲线的交点就是这个价格博弈的纳什均衡，我们可以通过求解两个厂商的反应函数组成的方程组，得到均衡价格为

$$P_1 = P_2 = \frac{a}{2b - c} = \frac{\alpha\,(\beta - \gamma)}{2\beta - \gamma}$$

进而有

$$Q_1 = Q_2 = \frac{ab}{2b - c} = \frac{\alpha\beta}{(2\beta - \gamma)\,(\beta + \gamma)}$$

$$\pi_1 = \pi_2 = \frac{a^2 b}{(2b-c)^2} = \frac{\alpha^2 \beta (\beta-\gamma)}{(2\beta-\gamma)^2 (\beta+\gamma)}$$

分析上面的结论，我们发现，当 γ 等于 β 的时候，也就是产品同质的时候，均衡价格为零，企业利润为零，这正好是伯特兰模型的结果。而在存在产品差异的情况下，均衡价格为 $P_1 = P_2 > 0 = MC$，从而产品差异弱化了价格竞争，也消除了伯特兰悖论。

二、豪泰林[①]（Hotelling）模型

在 1929 年，豪泰林建立了一个后来被广泛使用的模型化横向差异的简单方法。他用商品距离消费者的距离表示消费者所关心的某种商品的特性，产品差异就表现为距离消费者位置的不同[②]。当然，如果两个厂商同处于一个相同的位置，这就属于产品同质的情况。

1. 模型化横向差异的方法

假设一个长度为 1 的"线性城市"，消费者沿着城市均匀分布[③]。有两个厂商分别位于城市的两端，销售物质上相同的商品，厂商 1 的位置是 $x=0$，厂商 2 的位置是 $x=1$。这样，我们就给定了两个厂商的差异。显然，这种方法是用空间中的位置反映产品的差异，而对于不同位置上的消费者而言，距离两个厂商的距离不同，因此属于横向差异的情况。

产品差异对消费者意味着什么呢？一般来说，我们知道消费者愿意为更偏好的商品性质支付更高的价格，如何模型化这一思想呢？我们假设消费者每一单位距离的运输成本是 t（这一成本包括消费者的时间价值），并且他们有单位需求，即他们消费 0 个或 1 个单位的该种商品。以 P_1、P_2 代表这两个厂商提供的产品的价格。坐标为 x 的消费者去厂商 1（厂商 2）处购买的"总价格"是 P_1+tx 或 $P_2+t(1-x)$。这样，我们就理解了产品差异对消费者的意义，消费者更偏好距离近的厂商，这表现为他愿意为距离更近的厂商支付更高的价格。

为了能够分析产品差异如何影响价格竞争，我们需要知道如何求解需求函数。求解的方法是首先寻找一个在给定价格和产品差异下的对两个厂商无差异的消费者。如果位于 $\bar{x}$ 的消费者从厂商 1 购买和从厂商 2 购买是无差异的，则满足：$P_1+tx = P_2+t(1-x)$，这样我们可求得 $\bar{x} = (P_2-P_1+t)/2t$。

下面我们来区分不同的情况。

第一种情况，如果两家厂商之间的价格差不超过沿整个城市的运输成本 t，也就是说不会发生 $\bar{x}>1$ 的情况。这样，两个厂商的需求分别为

$$D_1(P_1, P_2) = N\bar{x}(P_1, P_2)$$
$$D_2(P_1, P_2) = N[1-\bar{x}(P_1, P_2)]$$

① 豪泰林，美国经济学家，首创用空间中的不同位置表示产品特性和产品差异的空间方法。
② HOTELLING. Stability in competition [J]. Economic journal, 1929 (39): 41-57.
③ 如果消费者分布在两个产品空间位置的某一侧，如消费者的分布是（1，+∞），就构造了一个纵向差异的情况。

其中，N 是消费者总数。

第二种情况，如果两家厂商之间的价格差超过 t，那么，高价格的厂商就没有需求了。例如在 $P_2 > P_1$ 的情况下，消费者如果购买就只会买厂商 1 提供的产品。这时，我们需要分析到底有多少消费者会选择购买。假设消费者购买一个单位的商品的效用币值为 s，如果 $P_1 \leqslant s-t$，意味着所有的消费者都可以通过购买商品获得消费者剩余，这样，$D_1(P_1,P_2)=N$。如果 $P_1 > s-t$，那么，厂商 1 的需求为：$D_1(P_1,P_2)=N(s-P_1)/t$。在这种情况下，市场没有被覆盖，有一部分消费者没有购买，只有 $s-P_1 \geqslant t$ 的消费者才会购买。

第三种情况是每一家商店都有地区垄断势力，而且并没有提供产品给所有的消费者，市场没有被完全覆盖。

用图 12.2 可以清晰地描述上述的思想。用横轴表示消费者的区位，纵轴表示消费者净剩余，斜率表示单位距离的运输成本。图形表明：不同的消费者由于区位不同，对商品有不同的偏好。消费者购买商品的条件是净剩余大于零，选择厂商的条件是净剩余更大的商店。在图 12.2（Ⅰ）中，市场被完全覆盖，x 左边的消费者选择购买厂商 1 提供的产品，右边的消费者选择购买厂商 2 提供的产品。在图 12.2（Ⅱ）中，所有的消费者都只购买厂商 1 提供的产品。在图 12.2（Ⅲ）中，中间一部分消费者不购买任何一个厂商提供的产品。

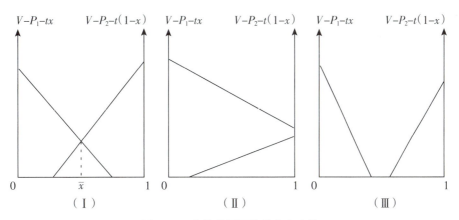

图 12.2　产品差异下的消费者决策

2. 产品差异与价格竞争

下面我们把厂商的位置视为固定的，也就是给定外生的产品差异，考察价格竞争的纳什均衡。出于技术上的考虑，我们假设运输费用是二次的，而不是线性的，即住在 x 的消费者购买厂商 1 的产品的运输费用为 tx^2，购买厂商 2 的产品的运输费用为 $t(1-x)^2$。按照这种模式，边际运输成本随去商店的距离增长而增长。

假定两厂商同时选择价格，我们首先来推导二次运输成本下的需求函数。一个在两个厂商间无差异的消费者居住的位置满足：$P_1+tx^2=P_2+t(1-x)^2$，我们假设价格满足前面所述的第一种情况，这样，两个厂商所面对的需求分别为

$$D_1(P_1,P_2)=x=\frac{P_2-P_1+t}{2t}$$

$$D_2\ (P_1,\ P_2) = 1-x = \frac{P_1-P_2+t}{2t}$$

厂商 i 要求解的问题为

$$\max_{P_i}\pi_i\ (P_i,\ P_j) = (P_i-c)\ \frac{P_j-P_i+t}{2t}$$

利润最大化的价格满足一阶条件：$P_j+c+t-2P_i=0$，由此可以得到厂商的反应函数，并进而可以求得纳什均衡为 $P_1=P_2=c+t$，利润为 $\pi_1=\pi_2=t/2$。

让我们来理解这个结果的一般性。当 $t=0$ 时，消费者对厂商的位置的偏好是无差异的，这正好刻画的是产品同质的情况。同样，我们得到了伯特兰结果：均衡价格等于边际成本，利润为零。而当 t 增大的时候，产品变得更具差异性，从而一个厂商附近的消费者（也就是更偏好这个厂商提供的产品特性的消费者）变得更可能被俘获，并给予这个厂商更强的垄断力量，这种垄断力量作用的结果就是更高的价格。

3. 模型的一般化

上面的分析给定厂商在两个端点，这是非常特殊的情况。更一般化的情况是，我们可以任意给定厂商的位置，然后考察价格竞争如何受到厂商位置（也就是产品差异）的影响。

正式地，让我们假定：厂商 1 坐落于 $a\geq0$ 点上，厂商 2 坐落于 $1-b$ 点上，这里 $b>0$。不失一般性，假定 $1-a-b\geq0$，这是说厂商 1 在厂商 2 的左边。而我们前面介绍的最大差异化的情况要求 $a=b=0$，而如果 $a+b=1$，这表示两个厂商定位于相同的位置，这是产品同质的情况。

仍然假设运输成本是二次性的，运用和上面相同的方法得到需求如下：

$$D_1\ (P_1,\ P_2) = x = a+\frac{1-a-b}{2}+\frac{P_2-P_1}{2t\ (1-a-b)}$$

$$D_2\ (P_1,\ P_2) = 1-x = b+\frac{1-a-b}{2}+\frac{P_1-P_2}{2t\ (1-a-b)}$$

如何理解这两个需求函数呢？它告诉我们，在同一价格下，厂商 1 控制着它自己的领地（等于 a），并且提供产品给住在两个厂商之间靠近厂商 1 的半数消费者 [数量等于 $(1-a-b)/2$]，而需求函数中的第三项表示需求对价格差别的敏感性。

运用和上面相同的方法，我们可以求得价格竞争的纳什均衡为

$$P_1\ (a,\ b) = c+t\ (1-a-b)\ \left(1+\frac{a-b}{3}\right)$$

$$P_2\ (a,\ b) = c+t\ (1-a-b)\ \left(1+\frac{b-a}{3}\right)$$

这是一个更为一般化的模型，从而前面我们所学习过的理论就变成了特例。如果两个厂商定位于线性城市的两端，也就是差异最大化的情况，这时 $a=b=0$，而均衡价格为 $P_1=P_2=c+t$，这就是我们前面介绍过的结论。同样，$1-a-b=0$ 表示产品同质的情况，这时均衡价格为零，这正好是伯特兰模型的结果。

4. 产品差异的选择

前面的分析都是事先给定产品，分析价格竞争的结果。下面我们简要说明厂商如何选择产品差异，也就是把产品差异内生化。

首先我们考虑最简单的一种情况，即价格是给定的，并且我们假设两个厂商制定相同的价格，这时厂商需要确定自己的产品的性质，也就是确定自己的位置。什么样的位置会是均衡结果呢？

两个厂商如果定位于不同的位置，那就不可能是均衡的。因为给定另外一个厂商的位置不变，一个厂商总是可以通过去靠近另一个厂商而增大自己的市场份额，从而增大利润。

在图 12.3 中，厂商 1 在厂商 2 的左边，厂商 1 垄断了自己左边的消费者，并且分得两个厂商之间的一半消费者。如果厂商 1 把自己的位置向右边移动 Δx，它的市场份额就会增大 $\Delta x/2$。

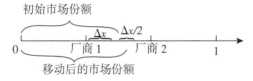

图 12.3　产品差异内生化后的厂商定位（Ⅰ）

而且，如果两个厂商不是定位于线性城市的中间，也不可能均衡。因为其中任何一个厂商都可以通过略微靠向中间而增大自己的市场份额。

在图 12.4 中，两个厂商定位于线性城市的左半部，每个厂商分得一半市场份额，任何一个厂商向城市的中间略微的移动，就会垄断自己右边的所有消费者，显然，这时的市场份额大于一半。

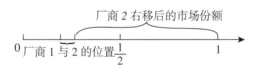

图 12.4　产品差异内生化后的厂商定位（Ⅱ）

因此，在给定价格的前提下，产品差异的选址模型的均衡结果是两个厂商定位于城市的中间。对此，经济学的解释是两个厂商的产品的属性符合中间消费者的偏好。这个简单的模型有着广泛的应用。例如，在城市的街道上，我们经常看到商场或银行以及餐馆聚集在一起。而且，如果把两个厂商理解为两个政党，把选址理解为确定竞选纲领，我们用豪泰林的模型就可以解释竞选纲领趋同的情况。

上面的模型有一个简化之处，即假设了价格事先给定，也就是抽象了价格竞争。我们可以考虑一个更一般化的模型，即把依存于产品差异的价格竞争包括进来。这样一来，理解产品差异的选择就需要考虑两个阶段的静态博弈：在第一阶段，两个企业同时选择产品差异，在模型中就是选择自己的位置；在第二阶段，在给定产品差异的前提下进行静态价格竞争博弈。显然，在第一阶段选择位置的时候，每个企业都会意识到产品差异程度对价格竞争的影响，因此求解这个博弈可以采取这样的步骤：首先，求解第二阶段的价格竞争如何依赖于产品差异；其次，假设企业能够正确地预期到价格对产品差异的依赖关系，求解第一阶段的位置选择。

对于这个模型，我们不打算在此进行详细的求解，有兴趣的同学可以尝试一下。值得说明的是，每个企业在决定自己的位置的时候需要考虑两个效应：一是直接效应，越靠近竞争对手，越有更高的市场份额，由此可以增大利润；二是间接效应，也是策略效应，越靠近竞争对手，产品差异越小，从而会面对更激烈的价格竞争。因此，产品差异的选择需要权衡直接效应和策略效应，一般的结论可以由此得出：企业选择产品差异可以避免激烈的价格竞争。

第二节　垄断竞争市场

一、垄断竞争市场的特征

在上一节的分析中，产品差异发生在寡头市场上，显然，厂商的数量限制了产品差异的作用。实际上，厂商数量也是影响市场结构的重要因素，厂商数量不同的市场上，产品差异的作用也有所不同。在这一节，我们考察一种不同的市场结构，和寡头市场相比，这个市场上有众多的厂商，和完全竞争市场相比，这些厂商生产的是存在差别的产品，这种市场结构被称为垄断竞争市场，最早由爱德华·张伯伦在 1933 年出版的《垄断竞争理论》一书中提出。

简单来说，垄断竞争市场是指众多的厂商生产具有良好替代性但又有差别的产品的市场。具体来说，有以下特点：

第一，行业内存在众多的厂商。这包含三个含义：一是由于厂商数量众多，每一个厂商都只有非常小的市场份额，从而对市场价格只有微不足道的控制力量。二是在寡头市场上，厂商数量较少，可能会出现寡头之间的合谋。但是，在垄断竞争市场上，数量众多的厂商要形成合谋是非常困难的，厂商数量众多使得合谋的成本非常高。三是厂商的行为是独立的，即每个厂商的产量和价格变化不会引起其他厂商的反应，从而我们可以忽略厂商之间的相互影响。这就和寡头市场不同，我们不需要考虑厂商行为的策略效应。

第二，存在产品差异。这使得在消费者看来，不同厂商提供的产品不是完全替代品，这构成了垄断竞争厂商垄断力量的来源：他有一定的制定价格的能力，面对一条向右下方倾斜的需求曲线，一个垄断竞争厂商制定的价格可以高于其他厂商。当他这样做的时候，并不需要担心会失去所有的顾客，因为有些顾客偏好这种产品的某种特性，从而愿意支付更高的价格。

但是产品差异也不能过大，它需要被限定为在消费者看来仍然是良好的替代品，否则这些厂商就应该属于不同的行业。但是即便如此，产品差异也为定义市场的边界带来了困难，什么样的替代性是良好的，只能是一个主观的判断。而且，由于产品差异的存在，我们几乎很难定义一个产业，张伯伦就建议使用"产品集团"来代替产业这一概念。我们仍然沿用产业一词，但是需要注意的是，由于产品差异的存在，我们没有良好意义的市场需求和市场供给，而只能通过研究代表性厂商的行为特征来理解整个行业的特征。

第三，和完全竞争市场相同，垄断竞争市场不存在进入壁垒和退出壁垒，厂商可以自由进入和退出该行业。这意味着，当实现长期均衡的时候，行业利润应该为零。

零售行业通常被认为是典型的垄断竞争行业，如加油站和商场，在消费者看来，它们仅仅因为位置不同而存在差异。

二、垄断竞争市场的短期均衡

1. 垄断竞争厂商面对的需求曲线

由于分析代表性厂商的必要性，因此我们假设所有的厂商生产条件与成本状况都一样，并且如果价格相等，每个厂商的销售量都相等。也就是说，价格相等的时候，所有的垄断竞争厂商平分市场。

垄断竞争厂商面对两条需求曲线，分别为自需求曲线和比例需求曲线。其中自需求曲线（Own Demand Curve）建立在其他厂商总是保持价格不变的前提下，这样沿着这条需求曲线移动，我们得到的是，当此厂商改变价格而其他厂商保持价格不变时，该厂商的销售量的变化。在图 12.5 中我们用 d 表示自需求曲线。由于其他厂商价格不变的时候，此厂商提高价格会失去大量的顾客，降低价格则会吸引到大量的顾客，因此这条需求曲线是比较富有弹性的。

比例需求曲线（Proportional Demand Curve）是假设所有厂商总是同比例改变价格而得到的，这条需求曲线用 D 表示。在这条需求曲线上的点的移动告诉我们：当所有厂商总是同比例改变价格的时候，代表性厂商销售量的变化。由于一个厂商改变价格会引来其他厂商同比例的价格调整，因此不同厂商提供的产品的相对价格不变，价格变化就没有替代效应，而只有收入效应，因此这条需求曲线相对缺乏弹性。

这两条需求曲线之间是什么关系呢？在图 12.5 中，假设初始价格为 P_1，厂商的销售量为 Q_1，假设其他厂商价格不变，此厂商把价格降低到 P_2，销售量则沿需求曲线 d 增加到 Q_2，但是由于市场竞争，其他厂商也随之同比例降低价格，这使得 d 左移到 d'（替代品的价格下降会使得需求曲线左移），结果销售量就只能增加到 Q_3，联结图中的 a、b 两点，就是比例需求曲线。因此，比例需求曲线是市场竞争的结果。

2. 垄断竞争市场短期均衡

垄断竞争市场的短期均衡需要满足三个条件：一是产量满足 $\mathrm{MR}(Q) = \mathrm{MC}(Q)$，边际收益由垄断竞争厂商所面对的自需求曲线决定，边际收益等于边际成本的产量保证垄断竞争厂商实现利润最大化。二是 $\mathrm{AR}(Q) \geqslant \mathrm{AVC}(Q)$，也就是说，价格高于平均变动成本，这保证了继续经营是划算的。三是所有厂商制定的价格稳定不变。我们知道，市场竞争的过程是垄断竞争厂商相继调整价格的过程，因此只有在比例需求曲线上经营，才不会有进一步的价格调整，所以短期均衡要求垄断竞争厂商的

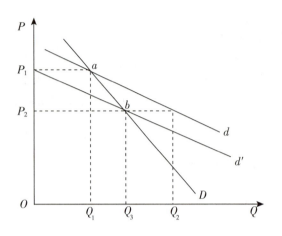

图 12.5　自需求曲线与比例需求曲线

产量和价格组合落在比例需求曲线上。

　　垄断竞争厂商根据自需求曲线确定利润最大化的产量和价格,而市场均衡又要求在比例需求上经营,因此在垄断竞争市场实现短期均衡时,代表性厂商的产量和价格一定如图 12.6 所示:

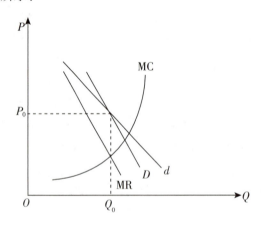

图 12.6　垄断竞争厂商短期均衡

　　在短期均衡的时候,垄断竞争厂商的利润水平可以有多种情况,既可能有正的利润,也可能是盈亏相抵,也可能是亏损,但亏损额小于固定成本。

三、垄断竞争市场长期均衡

　　同完全竞争市场一样,长期内行业内厂商可以改变其规模,在亏损的情况下可以退出该行业,而且在行业盈利的时候,新的厂商也可以进入该行业。因此,只有经济利润为零的时候,才能实现长期均衡,即厂商数量不变,价格稳定不变。

　　和短期均衡一样,垄断竞争厂商根据自需求曲线决定价格和产量,均衡的时候,在比例需求曲线上经营。但和短期均衡不同的是,长期均衡必须是零利润均衡,也就是说利润最大化的价格和平均成本相等，在几何图形中，表现为厂商所面对的自需求曲线和平均成本曲线相切。

故在垄断竞争市场实现长期均衡时，代表性厂商的价格和产量如图 12.7 所示。

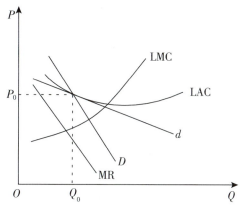

图 12.7　垄断竞争厂商长期均衡

同完全竞争市场类似，长期均衡的实现依靠厂商的进入和退出，厂商数量变化影响垄断竞争厂商所面对的需求，直到经济利润为零。我们用图 12.8 做一简要说明。

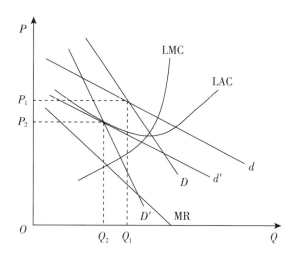

图 12.8　垄断竞争市场长期均衡的实现过程

当市场价格为 P_1 时，垄断竞争厂商的产量为 Q_1，这时经济利润为正。正的经济利润引来新厂商的进入，新厂商的进入使代表性厂商所面对的需求曲线左移（也就是使每个厂商面对的需求减少），直到与 LAC 曲线相切为止。这时，厂商的产量为 Q_2，价格为 P_2，利润为零。读者可以自己画图分析，如果初始的价格较低使得行业内厂商亏损的话，在长期就会有厂商的退出，厂商的退出使得留下来的厂商所面对的自需求曲线右移，这使得价格上升，利润上升，同样当厂商所面对的自需求曲线和长期平均成本曲线相切的时候，市场实现长期均衡。

四、垄断竞争市场的效率

垄断竞争市场和完全竞争市场相对照，两者之间仅仅存在产品差异，所以当我们比较垄断竞争市场的长期均衡和完全竞争市场的长期均衡时，这两个市场的长期均衡的资源配置的特征的不同就都可以归结为产品差异作用的结果。

我们仍然假设市场结构不会影响生产成本，完全竞争市场实现长期均衡的时候，$P=LAC=LMC$。但是，垄断竞争市场实现长期均衡的时候，$P=LAC>LMC$。之所以有这样的结果，正好是产品差异的作用。当实现长期均衡的时候，这两个市场都要求厂商所面对的需求和平均成本曲线相切，这样才能实现零利润均衡。但是在完全竞争市场上，产品同质，厂商所面对的需求曲线是水平线，这使得价格在等于平均成本的时候也等于边际成本。但垄断竞争厂商提供的是差别产品，从而所面对的需求曲线向右下方倾斜，这样当它与平均成本曲线相切的时候就不可能又等于边际成本。因此，这两个市场的主要差异，即产品差异的作用结果就表现在：垄断竞争市场上的资源配置的特征是长期平均成本大于长期边际成本。这到底意味着什么呢？

第一，垄断竞争市场达到长期均衡时，平均成本高于边际成本，从而没有在平均成本曲线的最低点经营。从生产能力利用角度来讲，垄断竞争市场的长期均衡存在过剩的生产能力和没有利用的规模经济。

第二，从资源配置效率来讲，总剩余的最大化要求价格等于边际成本，由于垄断竞争市场实现长期均衡的时候，价格高于边际成本，因此存在社会福利的净损失，具体来说，即这个行业提供了较少的产量。

总结上面的分析，我们会认为和完全竞争市场相比，垄断竞争市场存在效率损失。但是，垄断竞争市场也有一可取之处，即产品差异能够满足消费者的多样化的偏好。读者可以设想，如果所有的人都穿相同的衣服，就不会有产品差异。这样，为了生产衣服，我们只需要相同的材料和相同的机器。显然，每件衣服的平均成本会大幅度下降，但是这无法满足人们的多样化的偏好。因此总的来看，完全竞争市场低效率的结论并不是那么确定，因为人们愿意为了式样的多样化而承担生产成本的上升。如果要进行评价，我们应该分析多少产品差异是符合社会利益的，而不是比较是否应该存在产品差异。

有时人们批评一个行业内有太多的品牌，一位化学家会说，不同品牌的饮料在化学成分上是完全相同的，区别仅仅是不同的牌子，这样的品牌有什么意义呢？实际上，这时不同品牌的意义在于显示质量信息。如果没有类似品牌这样的信号来显示信息，消费者就并不了解一个产品的质量到底如何，而这往往会抑制市场交易的发生。

但是，和完全垄断市场相比，垄断竞争市场更有效率，这是因为垄断竞争厂商面对的需求更加富于弹性。根据 $\dfrac{P-MC}{P}=\dfrac{1}{|\varepsilon|}$，我们知道，垄断竞争厂商价格超过边际成本的程度低于垄断市场，从而社会福利的净损失较小。

第三节　广告是非论

垄断竞争市场提出了一个不同于前面所有市场分析的内容，即厂商之间既有价格竞争，也有非价格竞争，非价格竞争的一种重要的方式就是广告宣传。在这一节，我们简单地讨论一下广告的作用。

一般来说，人们把广告分为两种：信息型广告（informative advertising）和劝说型广告（persuasive advertising）。

信息型广告向消费者提供与商品有关的信息，宣布一个产品的存在，标明它的价格，告诉消费者购买的详细地址，并且描述产品的质量。这种广告的存在在于帮助消费者降低搜寻费用，对厂商而言，则使得他所面对的需求曲线向右边移动，也就是说广告宣传会增加潜在的顾客。从整个社会来说，这种广告使得一个市场更接近"信息充分"的条件，使市场的运行更有效率。是的，经济学家支持这种广告，按照这一理论，报纸是经济学家钟爱的传播媒介，因为它常常提供关于价格、供应者和零售地点的信息。

但是，劝说型广告则不同，它试图影响消费者的偏好，使消费者更忠诚于某个品牌，或者更偏好于某种产品特性。而在经济学家看来，这些特性并不一定具有真实的效用。例如，电视上的广告往往以形象为内容，除了产品的存在以外传播很少的信息，在很多人看来，这种广告是一种浪费。但是，读者不要在此就轻易下结论，信息经济学家认为这种广告同样重要，因为它会传递商品的质量信息。简单来说，如果消费者无法直接获得商品的质量信息，厂商可以通过广告来传递信息，因为广告投入是无法回收的，只有具有较高质量产品的生产者才愿意投入，他可以通过大量的重复销售获得的利润补偿这一成本。

除了关注广告是否传递有价值的信息之外，人们也经常讨论广告是弱化进入壁垒还是强化进入壁垒，也就是讨论广告对市场竞争的作用。对此，人们仍然没有统一的结论。

一种观点认为，广告有利于新企业进入市场，这种观点往往针对的是信息型广告，因为这种广告告诉消费者一种新的品牌的出现。另一种观点则认为，广告创造产品差异，提高了市场上的垄断力量，不利于市场上的竞争，而且它还会构成进入壁垒。广告是如何加强了进入壁垒的呢？一种理解认为，广告投入只有达到一定的数额才有效果，所以一个新的企业在进入市场的时候面对一个更高的必要资本量的要求。另一个理解是，广告的效果不仅取决于投入的绝对值，更取决于投入的相对值。举例来说，就是你要想让人听到你的声音，在一个充满噪音的环境里，你就必须喊得更大声。因此，一个新进入的企业必须投入更多的广告，才能吸引消费者。

第十三章
产权不完全与市场均衡

- -

第一节　外部性与产权

一、外部性的定义

完全竞争市场能够实现资源的最优配置，隐含着这样的假设：某种生产或消费行为，只会给生产者或消费者自身带来收益或成本，而且这种收益或成本能够完全反映在市场交易当中，不会给市场交易以外的经济主体带来任何正面或者负面的直接影响。换句话说，完全竞争市场经济效率的实现是建立在如下假定之上的：生产产品的成本及其销售收益全部归卖主，而获得这种产品的收益以及购买它的成本全部归买主。不过，现实经济却并非总是如此，在现实经济中普遍存在着未被市场交易包括在内的额外收益和额外成本，如最常见的吸烟者和被动吸烟者的问题，就是典型的存在外部效应的例子。正是这种外部效应的存在，使得资源不能得到有效配置，造成市场失灵。

外部性是指一个经济主体的行为对其他经济主体的福利（消费者的效用水平或厂商的利润水平）产生影响，而这种影响没有在市场交易中完全反映出来的一种市场失灵的现象。这时消费者或企业没有承担其行为的全部成本或没有享受到其行为的全部收益，从而造成私人收益和社会收益的不一致或者私人成本和社会成本的不一致。私人（边际）成本是指由单个经济主体承担的（边际）成本，私人（边际）收益是指单个经济主体从其自身行动中获得的收益。我们前面所指的成本或收益都是指的私人（边际）成本或私人（边际）收益，更准确地说，以前我们没有考虑外部性现象，私人收益（成本）和社会收益（成本）是一致的，所以没有区分私人收益（成本）和社会收益（成本）的概念。一旦经济中出现外部性，那么，私人收益（成本）和社会收益（成本）就会出现不一致，因此我们就必须明白什么是社会成本和社会收益。社会（边际）成本是指由社会中所有经济主体（包括造成外部性的经济主体和受外部性影响的所有经济主体）共同承担的（边际）成本。社会（边际）收益指社会中所有经济主体（包括造成外部性的经济主体和受外部性影响的所有经济主体）从私人行动中所共同获得的（边际）收益。

二、外部性的分类

外部性从其性质上来看，可分为正的外部性和负的外部性。正外部性，又叫外部经济或积极外部性，是指一个经济主体的行为给社会上其他经济主体带来了好处，而自身没有得到足够的补偿，这时，这个经济主体从其行动中得到的私人收益往往小于社会收益。负外部性，又叫外部不经济、消极外部性，是指一个经济主体的行为给社会上其他经济主体带来了危害，而没有对社会给予足够的补偿或承担相应的成本，这时，这个经济主体的行动中带来的社会成本往往大于私人成本。外部性从其产生的来源看，有生产过程中的外部性，也有消费过程中的外部性。在社会经济中，经常出现以下四类外部性：

1. 生产中的负外部性

当一个生产者的经济行为给社会上其他经济主体带来了危害，而没有对其他经济主体给予足够的补偿时，便产生了生产中的负外部性。生产中的负外部性的现象相当普遍，最常见的是企业在生产过程中向空气中排放的废气、向河流中排放的污水，给社会环境造成污染。

现在我们以一个例子来解释一下生产中的负外部性。假设一个企业生产钢铁，当不存在外部性的时候，正如以前章节所分析的那样，市场能够很好地发挥作用。我们知道，在一个竞争性的市场中，市场的需求曲线反映的是消费者的私人（边际）收益，供给曲线反映的是生产者的私人（边际）成本（由于没有外部性，实际上这时私人收益和社会收益以及私人成本和社会成本是一致的），在供求关系和价格的调整下，市场最终处在均衡状态，这时的市场均衡实现了经济的效率。当企业为生产钢铁而排放出废水废气等污染时，企业的经济行为给社会造成了负面影响，带来了负的外部性。此时，企业的供给曲线只反映出了企业自身的私人成本，而没有完全反映出带给社会的成本，因此生产钢铁的私人成本小于社会成本。

2. 生产中的正外部性

当一个生产者的经济行为给社会上其他经济主体带来了益处，而他自身没有得到足够的回报时，便产生了生产中的正外部性。比如，一个私人林场，其植树的目的是卖木材，但在植树过程中，树木净化了空气，而企业并没有得到相应的回报，于是产生了正外部性。此时，社会成本小于私人成本[①]。

3. 消费中的负外部性

当一个消费者的经济行为给社会上其他经济主体带来了危害，而他自身没有对其他经济主体给予足够的补偿时，便产生了消费中的负外部性。吸烟是最常见的消费中的负外部性的例子。当吸烟者造成不吸烟者被动吸烟，影响了不吸烟者的身体健康而又没给不吸烟者补偿的时候，便产生了消费中的负外部性。

4. 消费中的正外部性

当一个消费者的经济行为给社会上其他经济主体带来了益处，而没有得到足够

---

① 也可认为私人收益小于社会收益。

的回报时，便产生了消费中的正外部性。教育是一个比较典型的消费中的正外部性。接受教育不但有利于受教育者本人，而且接受了良好教育的人往往会给社会带来极大的好处。

三、外部性与产权

1. 产权与市场交易

产权是人们对资源或产品的排他性权利，它是所有权、收益权和处置权等一系列权利的集合体。完全的产权（property rights）总是以复数名词出现的，它允许个人在权利所允许的范围内以各种方法使用权利，即使用权；在不损害他人的情况下可以享受从事物中所获得的各种利益，即收益权；改变事物的形状和内容，即决策权；通过出租可以把收益权转让给别人或把所有权出售给别人，即让渡权。

显然，在经济学家看来，市场交易，无论是要素市场的要素交易，还是产品市场的产品交易，本质上都是所有者之间的产权交易。正是因此，产权建立是市场交易的前提。

2. 外部性与产权不完全

经济学认为，外部性之所以产生，原因就在于产权不完全，即某些有价值的东西缺乏在法律上有权控制它的所有者。

钢铁企业的生产、公共场合吸烟之所以产生负外部性，是因为环境是没有所有者的，没有人能因为它们对环境的污染而对它们收费。同样地，私人林场的植树行为和大学提供教育之所以带来正外部性，还是因为没有人能因为它们对自然环境和社会环境的美化而给它们定价。

第二节　外部性与经济效率

外部性是一种典型的市场失灵的现象，无论是负的外部性还是正的外部性，带来的一个严重后果就是市场缺乏效率，资源没有实现帕累托最优配置。从前面的分析中我们可以看到，对于负外部性来说（无论是生产中的还是消费中的），市场量都大于社会最优量，这说明资源被过度投入这些产生负外部性的地方；而对于正外部性来说，市场量都小于社会最优量，这说明资源在有利于社会的地方的投入是不足的。现在我们就对这两种现象做一个更理论化的探讨。

一、负外部性与资源投入过多

假设某经济主体给社会带来了负的外部性，其经济活动的私人成本和社会成本分别是 C_p 和 C_s。当存在负外部性时，私人成本小于社会成本，即 $C_p<C_s$。如果该经济主体从事这项经济活动所得到的私人收益 R_p 大于其私人成本而小于社会成本，即 $C_p<R_p<C_s$，从该经济主体的角度来看，采取这项经济活动是有利的，其净收益为 R_p-C_p；而从社会的角度来看，该经济行为是不利的，社会有 C_s-C_p 的净损失。因

此，当该经济主体采取该项经济活动时，资源被过度使用到具有负外部性的地方，经济没有实现帕累托最优，当然也就存在帕累托改进的余地。如果该经济主体不采取这项经济活动，则他放弃该行动的损失为R_p-C_p，而社会避免的损失为C_s-C_p，显然有$C_s-C_p > R_p-C_p$。这意味着以某些方式重新分配损失，就可以使每个人的损失都减少，即可以使社会中的每个经济主体的福利水平都增加，从而社会得到帕累托改进。图13.1表示的是生产中的负外部性①，在图13.2中，我们可以看到市场最优量Q_p大于社会最优量Q_s，表明资源被过度使用。图中阴影部分e_se_pe面积表示负外部性造成的社会福利的净损失。

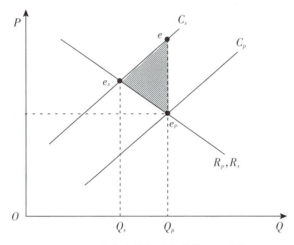

图13.1 生产中的负外部性的福利分析

二、正外部性与资源投入不足

假设某经济主体给社会带来了正的外部性，其经济活动的私人收益和社会收益分别是R_p和R_s。当存在正外部性时，私人收益小于社会收益，即$R_p<R_s$。如果该经济主体从事这项经济活动所得到的私人成本C_p大于其私人收益而小于社会收益，即$R_p<C_p<R_s$，从该经济主体的角度来看，不采取这项经济活动是有利的；而从社会的角度来看，实施该经济行为则是有利的，这时社会有R_s-R_p的净收益。因此，当该经济主体不采取该项经济活动时，资源就没有投入到具有正外部性的地方，经济则没有实现帕累托最优，当然也就存在帕累托改进的余地。如果该经济主体采取这项经济活动，则他遭受的损失为C_p-R_p，而社会得到的净收益为R_s-R_p，显然有$R_s-R_p>C_p-R_p$。这意味着从社会得到的净好处中拿出一部分来弥补给该经济主体的损失，就可以使社会中的每个经济主体的福利水平都增加，从而社会得到帕累托改进。图13.2表示的是生产中的正外部性②，在图13.2中，我们可以看到市场最优量小于社会最优量，表明资源投入不足。图中阴影部分e_se_pe面积表示正外部性造成的社会福利的净损失。

---

① 消费中的负外部性的福利损失也可以用类似的图形表示。
② 消费中的正外部性的福利损失也可以用类似的图形表示。

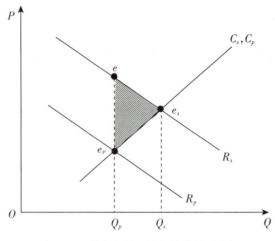

图 13.2　生产中的正外部性的福利分析

第三节　解决外部性的政府政策

从前面的分析我们可以看出，外部性产生的主要原因在于私人经济主体在做出决策的时候，只会考虑自身的私人收益和私人成本，而忽视了社会收益和社会成本，从而使得私人收益和社会收益的不一致或者私人成本和社会成本的不一致，最终造成市场最优量和社会最优量不一致，出现市场失灵。要解决外部性，一个很重要的思路就是让私人经济主体在做决策时，不但要考虑自身的私人收益和私人成本，还要考虑社会收益和社会成本，或者说让私人收益和社会收益或者私人成本和社会成本统一起来，这样市场最优量和社会最优量就会趋于一致，外部性就会得到解决，资源得到有效配置。这就是所谓的"外部性内部化"的解决思路。以下就是常见的一些解决外部性的方法。

一、管制或排污标准

排污标准是对企业可以排放多少污染物的法定限制，是政府对外部性进行管制的一种措施。如果厂商超过限制，他就会面临严厉的经济和法律的惩罚。政府把排污标准定在社会最优量的水平上，如果企业超标就会受到严厉惩罚。该标准可以保证社会在有效率的状态下生产。厂商只有通过安装减少污染的设备来达到排污标准，而这意味着企业的成本增加，私人成本向社会成本靠拢，最终达到有效率的污染量，外部性得到消除，如图 13.3 所示。

二、政府征税和提供补贴

对负外部性征税或对正外部性提供补贴是解决外部性的一种常见方法。这一方法的基本思想是调整私人成本，使之包含社会成本，调整私人收益，使之包含社会

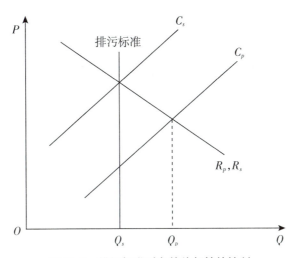

图 13.3 排污标准对负的外部性的控制

收益。这一方法最初是由庇古在 1920 年提出的。按照庇古的观点①，如果对负外部性的生产者征收相当于负外部性价值的税，则他的私人成本就会与社会成本一致，即私人成本＋税收＝社会成本，那么，利润最大化的原则就会使生产者将其产出水平限制在价格等于社会边际成本之处，而这正好符合了资源有效配置的条件，如图 13.4 所示。相应地，对产生正外部性的经济主体，政府应该给予相当于正外部性价值的补贴 T，即使得私人收益＋补贴＝社会收益，从而鼓励市场量的扩大，使资源达到帕累托有效配置，如图 13.5 所示。

193

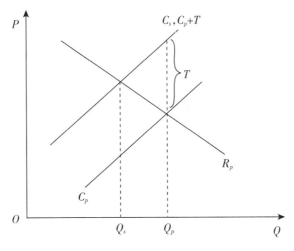

图 13.4 纠正负外部性：庇古税

① 用于纠正负外部性的税收被称为庇古税，以纪念最早提出此用法的英国经济学家亚瑟·庇古（Arthur Pigou）。

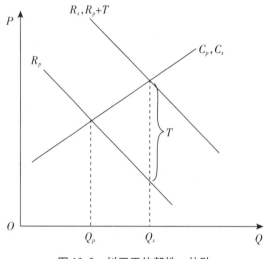

图 13.5　纠正正外部性：补贴

三、合并

我们通过一个例子来说明合并是如何解决外部性问题的。假设一个企业 A 生产一定数量钢铁的同时产生一定量的污染物，并排放到一条河流中。企业 B 是一个渔场，在这条河里养鱼，受到企业 A 排除的污染物的不利影响。这是一个典型的负外部性的例子。企业 A 在生产钢铁，追求利润最大化的时候，只计算了生产钢铁的成本，而没有考虑他加在企业 B 上的成本。随着污染增加而增加的企业 B 的成本，是生产钢的一部分社会成本，可企业 A 对这种成本是忽略不计的，于是负外部性产生。从社会的角度看，企业 A 产生了太多的污染，因为企业 A 忽略了这种污染对企业 B 的影响。如何消除这种外部性呢？一个很自然的想法就是让企业 A 必须考虑这种污染对企业 B 的影响。那如何做到这一点呢？一个很简单的办法就是让 A、B 两个企业合并成一个新的企业 C，这样外部效应就消除了。因为外部效应只在一个企业的行为影响到另一个企业的生产时才会发生。如果这两个企业合二为一，那么，新的企业在追求利润最大化的时候就会将内部"不同部门"间的相互影响考虑在内。也就是说，新企业在行动时考虑的是整个社会成本，此时外部性被内部化，外部性自然就消失了。

四、可交易的许可证制度

在现代社会中，可交易的许可证制度是一种行之有效的解决污染等负外部性的方法。在这种制度下，政府给企业发放污染许可证，政府选择的许可证的数目是达到社会的最优水平的污染数量。许可证在企业之间分配，拥有许可证的企业才能排放污染，拥有多少数量的许可证才能排放相应数量的污染，超出此数量，企业会受到严厉的惩罚（这有点类似于排污标准）。但这种制度的一个最大特点就是，这些许可证可以在企业间进行买卖交易，所以叫作可交易的许可证制度。一旦一个竞争性的许可证市场发展起来，"看不见的手"就会保证这种新市场有效配置排污权。那些只能以高成本才能降低污染的企业愿意以一定的价格购买许可证，而那些能以较低成本降低污染的企业也愿意出售其拥有的许可证。最终市场达到均衡，许可证的价格就等于所有厂商减污的成本，政府选择的排放水平就会以最低的成本实现。可交易的许可证制度产生了一个新的外部性市场，由于这一市场方法结合了排污标准和庇古税的优点，因此非常具有吸引力。政府决定了总的许可证数量，从而决定了总的排污量，这就像排污标准制度那样。同时，排污企业购买许可证而进行支付时，又类似于政府征税，使企业在决策时必须考虑到所有的成本。

第四节　解决外部性的市场方法

正如前面所分析的，我们看到外部性的出现，是由于市场在污染等问题上不能很好地发挥作用，而之所以会出现这样一些市场失灵的现象，一个根本的原因在于产权的不清晰。比如，在吸烟者和被动吸烟者的例子中，我们之所以把这种现象称为负外部性，是由于吸烟者给被动吸烟者带来了危害，而吸烟者没有给被动吸烟者赔偿。其中关键的原因在于清洁的空气这种稀缺资源的产权是不清晰的（它似乎属于所有人，却不属于具体的某个人），吸烟者没有必要赔偿，被动吸烟者也没有权力要求赔偿，于是外部性产生，资源没有得到有效利用。又如，我们常见的企业排放污染物到河流带来的负外部性问题，其关键原因也在于河流产权界定是不明晰的。那么，如果产权界定清楚了，私人市场又能否解决外部性问题，而不必像前几种方法那样借助政府力量呢？答案是肯定的。科斯[①]最早对这个问题进行了研究，其后的经济学家在科斯的基础上继续研究，总结出了我们常见的科斯定理：当产权清晰，交易成本很低甚至为零，无论把初始产权赋予谁，私人市场总能解决外部性问题，并且实现资源的帕累托有效配置。为了更好地理解科斯定理，我们先看看下面这个例子。

假设企业 A 生产一定数量的钢铁可以获得 1 000 元的收益，但与此同时产生一定量的污染物，并排放到一条河流中。企业 B 是一个渔场，在这条河里养鱼，受到企业 A 排放的污染物的不利影响，会产生 600 元的损失。这是一个典型的生产中的负外部性的例子。我们从社会的角度来看，是否应该让企业 A 生产并同时排放污染呢？很明显，让企业 A 进行生产对整个社会是有利的，此时社会可以获得 400 元（1 000 元–600 元）的净收益，而禁止企业 A 生产，社会就会亏损 400 元。因此，企业 A 进行生产，从社会角度来看才是有效率的结果，资源才得到了有效配置。当然，我们可以用前面介绍的方法，即借助政府的力量消除外部性，实现经济效率。但根据科斯定理，私人市场也能消除外部性，实现资源的有效配置，只要产权是清晰的。现在我们做一个具体分析：

---

① 科斯（Ronald Coase），因发现和澄清了交易成本和产权对制度结构和机制的重要性而荣获 1991 年诺贝尔经济学奖。

如果我们把河流的产权界定给企业 B，企业 B 可以禁止也可以允许企业 A 排放污染。如果企业 B 禁止企业 A 排放，此时 A 没有任何产出和收益，虽然 B 可以避免 600 元的损失，但社会却丧失了 1 000 元的收益，这是一个没有效率的结果。实际上，企业 B 和企业 A 有更好的办法来解决此外部性问题。企业 B 可以和企业 A 进行协商，企业 B 可以出售河流的产权，允许企业 A 排放污染，只要企业 A 能够支付足够高的价格。比如，企业 B 可以要求企业 A 支付 750 元，B 就允许企业 A 排放污染。此时企业 B 可以获得 750 元的收益，比禁止的时候多 150 元（750 元-600 元），企业 A 可以获得 250 元的收益（1 000 元-750 元），比禁止的时候多 250 元。我们看到，通过协商和交易，在企业 B 和企业 A 之间建立起一个关于河流产权的市场，两个企业都能获得更大的好处。同时，整个社会也实现了资源的有效配置，企业 A 进行生产，社会得到 400 元的净收益，外部性也由于企业 B 得到足够的补偿而消失。

如果我们把河流的产权界定给企业 A 会出现什么结果呢？企业 A 可以生产并同时排放污染物，也可以应企业 B 的要求不排放污染。但是，由于企业 B 不愿或不能支付足够的价格购买河流的产权（因为企业 B 最多愿意支付 600 元，而企业 A 至少要求 1 000 元），于是企业 A 生产，但此时社会也达到了有效率的结果，社会获得 400 元的净收益。

从上面的分析中可以看出，无论把产权界定给企业 A 还是企业 B，只要产权清晰，那么，私人可以通过讨价还价来消除外部性，实现资源的最优配置。科斯定理扩大了我们对市场作用的认识，也在理论上指出了解决外部性的私人途径，但在现实经济中，科斯定理的运用有很大的局限性：

第一，科斯定理存在的重要前提是，产权是清晰的。而在现实生活中，由于历史、文化、经济、技术等原因，很多东西的产权是无法界定清楚的，如空气。

第二，科斯定理存在的另一个重要前提是要求交易成本很低甚至为零。交易成本简单来说就是指交易各方在达成交易或协议以及实施交易或协议过程中所发生的成本。如果交易成本过高，那么，有关的交易或市场就无法达成，外部性就无法解决，经济也就没有效率。在上面的例子中，假如河流的产权属于企业 B，如果企业 A 和企业 B 协商会发生 500 元的律师费（这就是一种交易成本），那么，企业 A 和企业 B 肯定无法达成协议（如果由 A 支付律师费，那么，企业 A 最多支付给 B 企业 500 元，但企业 B 至少要 600 元；同理，如果由 B 支付律师费，那么，企业 B 至少要 1 100 元，而企业 A 最多只能支付 1 000 元），于是企业 B 禁止企业 A 生产和排放污染物，此时社会没有实现经济效率。

第三，科斯定理要求涉及外部性的经济主体能以较低的成本进行谈判和协商，并达成协议。但随着涉及外部性的经济主体的数量的增加，谈判的成本会越来越高（交易成本会增加），同时可能会出现严重的"搭便车"现象，最后的结果就是交易无法达成，社会处在一种低效率的状态。

所以，在现实经济中，很多外部性问题还是依靠政府来解决的。

第十四章
公共物品与共有资源

上一章我们论述了，对于某些外部效应，我们只要界定清楚初始产权，各经济主体就能通过正常方式交易产生外部性的产权，市场就能发挥作用，消除外部性，实现资源的有效配置。但是，并非所有的外部性都能用这种方法加以处理，特别是当外部性影响的人数众多时。比如，上游某企业排放污染物进入河流，污染了河水，影响到了下游的众多企业和消费者。由于这些企业和消费者的偏好、能力各不相同，要达成一项一致性的协议就非常困难，于是这种外部性通过私人的手段就很难解决。最后通常是由政府进行干预。这样一种外部性非常特殊，这是一种被称为公共物品的现象。那什么是公共物品，它有什么样的特殊性？它会产生什么样的问题？在讨论这些问题之前，我们必须对物品的性质做一个分类和解释。

第一节　非排他性和非竞争性

我们这里主要从物品是否具有非排他性（或排他性），是否具有非竞争性（或竞争性）来对物品进行区分。

一、非排他性与排他性

非排他性是指当一种物品被提供出来之后，没有一个经济主体可以被排除在该物品的消费过程之外，或者说，为排除某经济主体对该物品的消费而需付出的成本或代价无穷大。关于非排他性我们有两点需要注意：一是非排他性也意味着这样的含义，即某种物品一旦提供出来，即使对某些社会成员来说是不必要的甚至是有害的，但这些社会成员也别无选择，只能接受或消费这类物品。比如"温室效应"，一旦产生，社会上的所有人都必须忍受它。二是非排他性意味着如果某个经济主体提供出来了这样的物品，因为无法排除其他经济主体对此类物品的使用，那么，就存在着其他经济主体不花钱就免费使用的可能性，也就是通常所说的"搭便车"现象。

和非排他性相对应的就是所谓的排他性，排他性是指如果物品被提供出来，可以比较容易把某个经济主体从该商品的获益中排除出去。在现代社会中，我们通过付费的方式来阻止或排除他人对某些物品的使用。如果消费者付费就可以享用该物品，不付费就不得享用。比如，商店里出售的商品都是具有排他性的物品，而像路灯、国防这些物品，则不需消费者付费就可使用，所以是具有非排他性的物品。

二、非竞争性和竞争性

非竞争性是指一种产品一旦被提供出来，其他经济主体消费它的额外成本为零。即某经济主体对该物品的消费不会减少或影响其他经济主体对该物品的消费和使用。"非竞争性"意味着：增加一个经济主体的消费，因增加消费而发生的社会边际成本为零；经济主体之间对这种物品的消费和使用是互不干扰和互不影响的，每一个经济主体都能享受到整个物品带来的益处，而不只是享受到其中的一部分。例如，路灯就是最常见的具有非竞争性的物品。

而现实生活中，绝大多数的物品都是具有竞争性的物品，如像面包这样的物品。竞争性是指某个人消费或使用了该物品时，其他人就不能同时使用该物品。

在实际生活中，有些物品由于"拥挤程度"的变化，可以由"非竞争性"而转变为"竞争性"。比如，一条很少有人走的道路，消费者在行走时相互不影响，此时就具有"非竞争性"。而当行人越来越多的时候，道路会越来越拥挤，比如会出现交通堵塞的现象，此时消费者之间就会相互影响，道路就会由"非竞争性"转为"竞争性"了。

三、公共物品和私人物品

按照非排他性和排他性、非竞争性和竞争性的区分，我们可以把物品分为以下四类。

第一类：既有排他性又有竞争性的物品，我们称之为私人物品。这实际上是我们前面大多数章节研究和讨论的物品，也是经济中最常见的物品。比如，商店出售的衣服，你必须付费才能使用，而且你使用的时候，其他人就不能同时使用了。

第二类：既有非排他性又有非竞争性的物品，我们称之为公共物品，如国防，就不可能排除任何一个人不享有国防的好处；同时，当一个人享受到国防的好处时，并不会减少其他人得到的好处。

第三类：具有非排他性但具有竞争性的物品，我们称之为共有资源。这种物品不能排除其他人使用，但在使用时，经济主体间会相互影响。比如，公共图书馆的书，大家都有权借阅，但一旦某人借阅后，其他人就无法同时借阅了。

第四类：具有排他性但具有非竞争性的物品，我们称这种物品为俱乐部物品。这种物品必须付费才能使用，但经济主体之间不存在相互影响，如有线电视。

表 14.1 是对四种类型物品的一个总结。

表 14.1 物品的分类

类型	非竞争性	竞争性
非排他性	公共物品： 国防、路灯 不拥挤不收费道路	共有资源： 图书馆的书 拥挤但不收费道路
排他性	俱乐部物品： 有线电视、网络 收费但不拥挤道路	私人物品： 面包、衣服 拥挤且收费道路

第二节 公共物品的供给与效率

在以前讨论私人物品的时候，我们知道通过私人的决策（消费者购买、生产者生产），一个竞争性的市场可以使私人物品达到帕累托有效配置。但这种分析的一个重要假设前提是一个人的消费不会影响到其他人的效用，即不存在外部性问题。此时每个人使自身消费达到最优，同时也实现消费的社会最优化。但对公共物品而言，私人市场就不能很好地实现公共物品的最优配置。因为在消费公共物品的时候，每个人消费的是数量和质量完全相同的公共物品。因此，个人之间的效用是相互联系和相互影响的，此时就存在着明显的外部性问题。像最常见的公共物品如国防、路灯等，一旦提供出来，会带给社会极大的正外部性。由前面的分析可知，正外部性会使得经济中对该物品的投入和产出不足，使得资源不能得到有效利用，对于公共物品这种特殊的正外部性的物品，经济中会产生很多特殊的问题。

一、非排他性与"搭便车"问题

我们知道公共物品具有非排他性，是指一旦公共物品由某个经济主体提供出来，就不能排除其他经济主体对该物品的享用。有的经济主体不花成本而获得了收益，这就是所谓的"搭便车"问题。如果每个经济主体都希望别人提供公共物品，而自己"搭便车"，则整个社会公共品的提供必然不足，甚至为零，即使公共物品提供出来对整个社会是有利的。我们来看这样一个例子：在一个甲、乙两人的寝室里，同室的两人决定是否购买空调。我们假设任何人都不能阻止其他人享受空调，那么，实际上空调就是一种公共物品了。如果两个人中每个人对空调的评价都是 800 元，空调的成本是 1 000 元，从社会的角度看，购买空调是有利的（因为空调带来的收益为 1 600 元，而成本只有 1 000 元）。但由甲、乙两人分别做出决策时，甲、乙都会做出不购买的决策，因为甲、乙两人的私人收益都小于空调的成本（800 元 < 1 000 元）。同时，两人都会希望对方购买，一旦对方购买了，自己就会只享受好处，而不用付出成本。这就是所谓的"搭便车"现象。但最后的结果却是无效率，空调最终不会被购买，即使购买空调是一种有效率的结果。我们可以把上面的例子转化为图 14.1 中的博弈。

		乙方	
		买	不买
甲方	买	-200，-200	-200，800
	不买	800，-200	0，0

图 14.1 是否购买的博弈

我们看到此博弈的纳什均衡是（不买、不买），实际上这也是占优策略均衡，也意味着，无论甲买还是不买，“搭便车”（不买）是乙的最优选择；同理，无论乙买还是不买，“搭便车”（不买）也是甲的最优选择。由于“搭便车”现象的出现，甲乙双方都决定不购买，使得经济中本来可以出现的有效率的结果没有发生，经济就没有实现帕累托最优状态。

二、非竞争性与零价格问题

接下来我们分析公共物品的非竞争性带来的问题。我们知道，如果是私人物品，则市场均衡时资源配置是最优的，这时的市场价格反映出消费者消费或生产者生产每单位私人物品时的边际机会成本。但对于公共物品而言，由于其具有非竞争性，因此每增加一个消费者消费所增加的成本为零。如果按照市场定价方式，消费者知道自己消费的机会成本为零，他就会以尽量少的价格支付给生产者以换取对公共物品的消费，在均衡时，市场价格为零。此时，消费者的支付将不足以弥补公共物品的生产成本，企业缺乏动力进行生产，不愿意提供（生产）公共物品，使得公共物品的产出低于社会所要求的最优数量，经济缺乏效率。

总之，由于公共物品的非排他性和非竞争性，公共物品由私人市场来供给往往是不足的，缺乏效率的。因此，在现实生活中，公共物品的供给常常需要借助政府的力量。

三、公共物品的最优数量

在讨论公共物品的最优数量前，我们先讨论私人物品的最优数量。假定社会上只有两个消费者 A、B，其对商品的要求曲线分别为 D_A 和 D_B，这反映了商品带给消费者的边际收益，商品市场的供给曲线为 S。私人物品的市场需求曲线 D_{A+B} 由 A、B 的需求曲线 D_A 和 D_B 水平加总得到，此时市场均衡价格为 P^*，每个消费者分别消费 Q_A^*、Q_B^*，均衡数量为 Q_{A+B}^*（$Q_{A+B}^*=Q_A^*+Q_B^*$）。均衡价格 P^* 反映了每个消费者的边际收益，也反映（等于）了企业的边际成本，如图 14.2 所示。

现在我们来讨论公共物品的最优数量。假设消费者的需求曲线还是 D_A、D_B，公共物品的市场供给曲线为 S，如图 14.3 所示。这里和私人物品不一样的是，对公共物品的需求曲线不是个人需求曲线的水平加总，而是个人需求曲线的垂直加总。这是因为公共物品具有非竞争性，每个消费者都消费相同数量和质量的公共物品，同一数量的公共物品带给社会的（边际）收益是所有消费者得到的（边际）收益的总

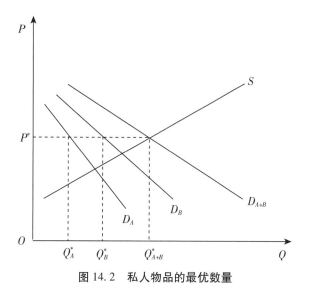

图 14.2 私人物品的最优数量

和。此时形成的需求曲线为 D_{A+B}，均衡价格为 P^*_{A+B}，均衡数量为 Q^*。所有的消费者能消费公共物品的共同数量为 Q^*，P^* 既反映了社会的边际收益，又反映了社会的边际成本。此时的公共物品量 Q^* 为社会最优量，实现了资源的有效配置。均衡价格 P^*_{A+B} 反映出的社会边际收益，实际上由两部分构成，即 P^*_A、P^*_B（$P^*_{A+B} = P^*_A + P^*_B$）。$P^*_A$ 反映出公共物品 Q^* 带给 A 的（边际）收益，P^*_B 反映出公共物品 Q^* 带给 B 的（边际）收益。这里需要注意的是，对于私人物品，最优标准是每个消费者的边际收益等于边际成本，而对于公共物品，最优标准是每个消费者的边际收益之和等于边际成本。

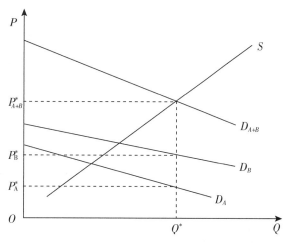

图 14.3 公共物品的最优数量

我们在讨论公共物品的最优数量的同时，也为公共物品的提供找到了一条思路。很明显，只要让消费者 A 支付 P^*_A 的费用，让消费者 B 支付 P^*_B 的费用，或者让企业得到 P^* 的收益，那么，社会就能够得到数量为 Q^* 的公共物品。那要如何保证消

费者愿意支付 P_A^*、P_B^* 的费用，如何保证企业愿意生产 Q^* 的公共物品呢？在现实经济中，政府可以通过征税、补贴、直接生产等方式来实现。

四、公共物品的政府供给机制

公共物品的非排他性和非竞争性，很容易引发"搭便车"现象，且市场机制不能有效配置公共物品的数量，造成市场失灵。因此，长期以来经济学认为公共物品只能由政府供给。我们这里讨论的公共物品的政府供给机制，政府不仅负责提供和安排而且直接生产公共物品。政府提供公共物品的资金来源主要是政府财政，即政府通过征税来补偿公共物品供给的成本。政府的直接生产是指政府通过其拥有的国有企业来生产公共物品。在现实经济中，许多国家的国防、教育等公共物品都采取的是这种供给方式。政府可以通过其拥有的公共权力，动员各种公共资源，实现公共物品的有效供给和社会福利的最大化。在图 14.3 中，政府可以对消费者 A 征收价值 P_A^* 的税收，对消费者 B 征收价值 P_B^* 的税收，就可以使得边际社会收益等于边际社会成本，从而实现公共物品的帕累托最优配置。

但由政府直接提供或直接生产公共物品，也会出现很多问题：一是政府提供公共物品，会产生高昂的行政费用，同时征税造成激励扭曲，导致经济效率的下降和社会福利的损失；二是政府直接生产公共物品，由于缺乏相应的激励竞争机制，公共物品的生产成本居高不下，产品质量低劣，企业严重亏损，造成大量的浪费和效率损失；三是政治家和政府官员也是"理性人"，其自利行为与公共物品供给的公益行为往往不能完全一致，这也会使得公共物品的供给不能达到帕累托最优。因此，在现实经济中，还出现了很多其他的公共物品供给机制。

五、公共物品的市场供给机制

公共物品由政府来供给会产生一些问题，而这些问题都是市场擅长解决的。政府能否借助市场的力量来提供公共物品，从而使公共物品的提供更有效率呢？随着社会经济技术的发展，人们对市场、政府作用有了更深入的了解，通过市场机制供给公共物品已越来越普遍。从公共交通的商业化经营到高等教育的民营化经营，政府利用市场机制来提供公共物品的手段也越来越成熟，方式也越来越多样化，其中最常见的做法有：

1. 政府购买模式

政府购买是指政府通过合约将公共物品的生产委托给一个私人企业。这可以看作政府向这个私人企业购买某产品，当然这种购买不同于一般买卖关系，它是以政府与企业签订合约为前提的。政府购买时，一般会采用竞争性的招投标方法，通过引入竞争机制，提高财政支出的效率。

2. 特许经营模式

特许是指一种私人团体为提供服务而服从政府长期租赁资产的安排的模式，私人团体在此期间有责任为特定的新固定投资提供资金，这些新的资产在合同期满时将返回政府或公共部门。目前，很多公共物品项目中常采用一种叫作 BOT

（建设-经营-转让）的经营方式，这是特许经营方式的一个创新。在政府监管下的BOT中，一般是由私人团体（或国际财团）提供资金，从事公共物品的生产或经营，并在一定时期内负责设施的维修，特许期结束后再将这些设施转让给政府机构。

在具体的实践中，BOT模式还变形为了BOOT（建设-拥有-经营-转让）模式和BOO（建设-拥有-经营）模式。

3. 政府经济资助模式

当政府考虑到某些公共物品的社会收益和私人收益之间的不对称时，会有选择地对提供这些公共物品的企业给予经济资助，以确保其提供对全体公民有效的公共服务。这种方式主要适用于那些盈利不高或只有在未来才能盈利、风险大的公共物品。资助方式包括补贴、优惠贷款、减免税等。基础研究或应用技术的超前研究以及教育事业是政府资助的主要领域。

4. 政府参股模式

在私人投资生产的某些公共物品领域，政府以不同的比例参股。政府参股分为政府控股和政府入股。这种方式主要适用于初始投入较大的基础设施类公共物品项目，如桥梁、道路、电站等。

总之，政府利用市场间接提供公共物品，不仅有效地弥补了公共物品供给资金单一的不足，而且也大大提高了公共物品生产资金的使用效率。一方面，发挥了市场的效率优势，另一方面，政府基于其所有者和管理监督者的地位，也在一定程度上实现了公平，使效率和公平有机地结合在一起。

203

第三节　共有资源的使用与效率

一、共有资源与"公地的悲剧"

同公共物品类似，共有资源也是一种具有非排他性的物品，非排他性往往意味着外部性，只不过共有资源的外部性不同于公共物品的外部性。因为共有资源具有的是竞争性，而不是非竞争性。共有资源带来的特殊问题，我们称为"公地的悲剧"。下面我们以一个常见的例子来分析。

假设有这样一个乡村：村民在村里的一块草地上牧羊，这块草地为村民共同所有，任何村民均可在草地上免费且没有限制地放牧，即这块草地具有了所谓的"非排他性"。如果一个村民在这块草地上多放养一只羊，那必然会影响到其他村民在这块草地上养羊的数量和质量，则这块草地具有了"竞争性"。因此，这块草地是一种典型的共有资源。由于这种非排他性和竞争性，每个村民所养的羊在共有的草地上吃草时，降低了其他村民的羊能得到的草的数量和质量，给其他村民带来了一种负外部性。但是，每个村民都会忽略这种负外部性，而只考虑自身的利益，尽量多养羊，结果羊的数量过多，土地和草场失去自我维持的能力，最终造成村民却无法再牧羊，这就是所谓的"公地的悲剧"。更具体一点，我们假设养一只羊花费的

成本为 C，如果在这块共有的草地上的羊的数量有 Q，其总的价值为 $f(Q)$，$f(Q)/Q$ 为每只羊的平均收益。首先我们讨论一下，最优的养羊数量是多少。很明显，从整个村子的角度看，就是要实现 $f(Q)-C \cdot Q$ 的最大化，即当养羊的边际成本等于养羊的边际收益时，即 $f'(Q)=C$ 时，整个村子实现了利益最大化，此时最优的养羊数量为 Q^*。接下来，我们看看每个村民是如何决策的。当一个村民决定多养一只羊时，此时羊的总价值变为 $f(Q+1)$，羊的数量变为 $Q+1$，每只羊的平均收益为 $f(Q+1)/(Q+1)$。如果 $f(Q+1)/(Q+1)>C$，多养一只羊就是有利可图的。换句话说，只要养羊的平均收益高于养羊的成本，对单一的村民来说，养羊就是划算的，从而每个村民都会尽量养羊。只有当 $f(Q)/Q=C$ 时，村民才不会养更多的羊。此时，羊的数量为 Q'。由于每个村民在决定放牧的时候，只考虑了养羊带给自身的收益，忽略了其行为对其他村民的负外部性，忽略了其行为的社会成本，最终使得公共草地上所放牧的羊多于社会所要求的最优量，即 $Q'>Q^*$。图 14.4 对此做了说明。最后造成的结果就是草地被过度放牧，植被被严重破坏，社会经济环境不能有效持续发展。

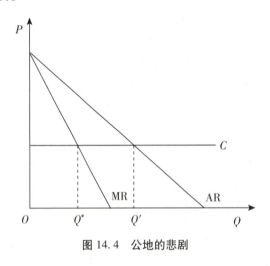

图 14.4 公地的悲剧

二、"公地的悲剧"的解决思路

从上面的分析中我们可以看到，共有资源被过度使用，"公地的悲剧"就产生了，这样的例子在现代社会也屡见不鲜，如清洁的空气和水、海洋的鱼类资源都是典型的共有资源。因此，它们也存在着"公地的悲剧"的问题，如空气和水被过度污染，鱼类被过度捕捞等。如何才能有效阻止这些问题发生呢？外部性的分析已给我们提供了相应的思路。

1. 政府干预

比如，政府通过立法或强制的手段使得村民养羊的数量不能越过社会最优的数量 Q^*，或者政府可以通过收税的方式，提高养羊的成本，使得每个村民在自利的决策下，使养羊的数量达到 Q^*。

2. 明晰产权的办法

共有资源具有非排他性，所以产生了外部性问题或"公地的悲剧"，究其原因，就在于公地的产权是不清晰的，每个人都可以免费且不受限制地使用。解决这一问题的办法就是重新界定产权，使产权明晰化。比如，把共有的草地以某种方式分发给每个村民，每个村民只能在自己的土地上养羊，于是草地就变为一种排他性、竞争性物品，即由共有资源变为了私人物品，于是私人的决策或者市场的方式就能有效地配置这样一种资源，使羊的数量达到最优数量，"公地的悲剧"也就消失了。

第十五章
公共选择与政府失灵

在前面的分析中我们看到，对于外部性问题、公共物品问题和"公地的悲剧"等问题，私人市场不能充分地发挥作用，实现资源的有效配置。因此，社会往往就会借助政府的力量来纠正和解决上述问题。但政府应该生产哪一种公共物品，该生产多少？政府应该在什么条件和场合下，采用什么手段和方式来解决外部性问题？政府在纠正这些问题的时候，是否会产生新的问题，是否会出现政府失灵的现象？理解政府为什么做出决策、如何做出决策以及这些决策对社会经济有何影响，成为经济学研究的一个重要领域。另外，政策和规则是最大的公共物品，政府制定法律法规、政策就是供给公共物品。对这个方面的研究被称为公共选择理论。

第一节　法律市场均衡理论

一、法律的公共物品特性

法律与市场一样，都是人类社会经济演进过程的产物——都源于人类自身发展的需要。生产分配与交换产生早期的市场，在此基础上产生的社会生产生活关系和资源配置模式，经过国家权力的合法化和秩序化形成法律。市场是一种资源配置机制，法律也是一种资源配置机制，只不过商品市场中交换的是商品，而在法律市场上交换的却是法律权利、法律义务、法律权力、法律责任，以及相关信息资源。在法律市场里，法律生产者是通过立法、司法、执法活动从而供给各种法律产品的国家机构，法律消费者是对一定数量、质量和体系化的法律产品及其相应秩序产生有效需求的个人和组织。这样一来，法律就被看作一种由国家提供而得到社会公众普遍遵守的公共产品。因此，法律通常被理解为人们在长期的社会历史发展中集体选择的产物，是在一定领域内强制实施并由国民一体遵循的公共产品。法律制度在经济学视角中有如下五个特点：

1. 法律资源的稀缺性

法律的供给与需求受特定历史时期社会经济、文化、政治等条件的约束，具有稀缺性。社会生活中人们彼此"争权夺利"，便是法律资源或者说权利资源稀缺的真实写照。法律的稀缺性通常与法律公共品供给的非营利性相联系，即由于制定法律规范和维护法律秩序需要支付大量的费用，供给者的私人成本大于社会成本，其私人收益小于社会收益，即在经费不变的前提下，供给量愈大，支出负担愈重。因此，按照市场价格机制来配置法律资源，私人生产者没有积极性，从而使有效率的公共品供给难以实现。为此，我们需要一个特殊的主体——国家机关来负责法律的供给，并采用一种特殊的机制——强制收费（财政收入、税金）来组织法律资源的生产和实施，并通过规模经济（垄断法律活动）来实现。即使如此，由于国家机关（法律生产者）及其组成人员缺乏向社会提供"优质适量"法律产品的内在动机，加之其立法执法意愿和能力水平所限，致使"善法"资源十分稀缺。

2. 法律供给的垄断性

国家垄断法律及其秩序的供给，一是法律资源的稀缺性，以及社会利益冲突与合作关系的特点，使得国家作为"秩序和秩序构成的共同体"，独占立法、司法、行政执法权力资源，有利于秩序的形成和稳定；二是由于用一个机构建立一套保护产权与社会发展的大规模武力系统比建立许多小规模的私人武力系统，即用国家的公力救济取代私力救济更能带来规模经济效益。

3. 法律消费的非竞争性

相对于国家机构从事法律生产经营的垄断性而言，社会成员对法律的消费则是公开、均等地进行，守法者对同种法律的需求和消费量的增加，一般说来不会引起立法成本的增加，个人消费法律的行为也不会导致他人法律消费量的减少。由此可见，守法者愈多，法律收益愈大，而法律生产成本却基本保持不变。在既定数量的法律供给条件下，法律服务的对象越多，就越值得立法；反之，则要控制甚至减少立法数量和规模。

4. 法律的利益一致性

代议民主政治的国家理论，普遍宣称政府服务于全社会的利益，除全民利益之外无任何特殊利益追求，政府官员是人民公仆，法律的制定、颁布和实施是为了人民的和平、安全和公众福利，政府为社会公众的利益制定并执行法律。这些宪政民主理论作为法律道义权威性的基础，其经济学含义便是法律生产者和法律消费者之间的利益是一致的。

5. 法律的普遍适用性

对法律的消费只能在保持其完整性的前提下，由众多的守法者共同享受，具体的法律规范不能单独产生法律效力。换言之，非市场经济活动中的法律产品本身是浑然一体的，不能割裂使用或任意歪曲解释。

二、法律供求的静态均衡

法律市场区别于其他市场的一个显著特点，是法律市场的形成必须依赖媒介物，这个媒介就是法律行为。法律行为包括合法行为与违法行为，如果所有人的行为都是合法的，那么法律也就没有存在的必要，反之亦然。

法律规则所产生的激励是主体选择法律行为的"参照物"。它认为，法律规则的存在事实上为主体的不同行为产生了不同的隐含"价格"，这样就可以把主体的行为（如守法或违法）视为对这些价格参数做出反应的结果。可以把主体对法律的态度当成主体对商品的偏好来看待。主体守法或违法代表着主体对法律的选择和偏好，每个主体都有一个以此来定义的效用函数。当然，主体对法律的态度并非完全一样，对大多数主体来说，守法是优等品，而违法可能是个劣等品。在这种情况下，要让这部分主体"消费"更多的劣等品，必须向他们支付更高的"收入"才行。对另外一些主体而言，守法和违法都是优等品，但两者的边际替代率呈递减趋势。在此情形下，该主体消费商品的相对价格，如果相对于守法而言违法的价格高，他们将趋于减少对违法的需求而更加守法；反之亦然。

在图 15.1 中，法律供给线 S_0 与法律需求线 D 的交点 e_0，是一定的法律环境下法律供求的静态均衡点（Q_0，P_0）。在其他条件不变时，随着法律供给的增加或减少，S_0 线会向右或向左平移到 S_1 或 S_2，对法律的需求线 D 可进行类似的分析。法律供给或需求的变化，会引起法律市场均衡价格和均衡数量的变化，从而使主体改变心理预期。例如，"严打"就是法律供给者主动增大法律供给，在法律需求不变的条件下，均衡点将从 e_0 变动到 e_1（Q_1，P_1）。此时，相对守法价格来说，违法价格增加了，这样违法犯罪者将趋于减少。

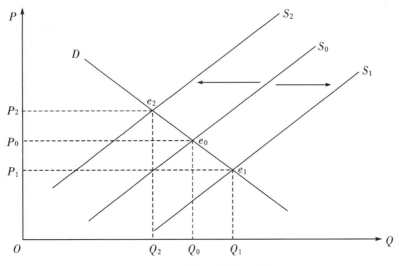

图 15.1　法律市场的供求均衡

法律供给和法律需求共同决定法律的均衡价格。这里，我们只分析守法价格，守法价格与违法价格呈反向关系。影响法律供给或法律需求的变量，都将影响法律的均衡价格。在比较静态的模型中，社会法制环境，尤其是执法和司法变量的变动将对法律均衡价格的改变产生根本影响，因为一定时期经济活动主体的素质较为稳定，主体对法律的需求不会发生剧烈变动，其需求弹性较小，相比之下，法律的供给则更易波动，其供给弹性也较大。

低的守法均衡价格，或者说高的违法均衡价格意味着"硬法制"；相反，高的守法均衡价格或者低的违法均衡价格意味着"软法制"。可见，从均衡价格的决定过程中，我们不难领会：我国社会治安的综合治理，重点在于尽快从"软法制"过渡到"硬法制",而不能总在法律供给左右波动的环境里,过分要求民众增强法律意识,增大法律需求。

三、法律市场的动态均衡

预期是决策主体对于那些与其决策相关的不确定的环境变量所做的预测。预期直接来源于未来的不确定性,对企业、组织或者个人而言,只要存在未来的不确定性,就会对未来的环境情势形成一定的预期。理性预期假说的提出,减弱了任何不利于自身利益的法律供给效应。

作为理性的经济人的理性预期行为,对政府或执法、立法及司法部门决策的科学化具有极为重要的意义。一般地,决策有两个层次:第一个是政府或执法、立法及司法部门层次的决策,第二个是公众层次的决策。不论哪个层次的决策,都必须考虑理性预期的作用。对前者来讲,当其做出某项决策或者提供某个法律法规时,它们应在公众做出反应之前对该项政策或法律规范的实际效果等预先进行理性预期。对后者而言,当他们进行某项决策的时候,以及应根据现有的环境情势预测政府或执法、立法及司法部门将做出什么样的决策,此项决策对自己的经济活动将会产生什么样的影响。因此,政府或执法、立法及司法部门决策的效果如何,一方面取决于决策本身的科学性,另一方面取决于公众的反应。

蛛网模型是价格形成的动态模型,反映跨时期的产品需求、供给和价格之间的变动关系。相对于理性预期模型来说,蛛网模型描述的是经济当事人简单的预期行为。两者的差别体现在:第一,理性预期模型中设有随机变量,而蛛网模型中没有这一随机变量;第二,在理性预期模型中,预期价格是根据经济体系结构内生决定的变量,它等于均衡价格加随机且独立的扰动因素,而在蛛网模型中,预期价格是前期市场的实际价格。

209

尽管如此,简单的蛛网模型对研究法律市场动态均衡极富启发意义。在下面三种情形中,P代表法律价格,Q代表法律数量,D代表法律需求曲线,S代表法律供给曲线,它们的交点代表均衡法律价格。法律价格将分别收敛于均衡价格、发散于均衡价格和始终与均衡价格保持一定距离的循环价格。价格究竟是收敛、发散还是循环取决于法律供求曲线的相对倾斜程度,即斜率的大小。

在图15.2中,供给曲线斜率较需求曲线斜率大,即法律供给缺乏弹性("硬法制")。比较来说,民众对法律的需求富有弹性,即民众素质高,对法律变动较敏感。此种情形下法律市场的实际价格将趋于均衡价格,经过一定时期,最后收敛于均衡价格。此时的经济主体会预期实际价格将等于均衡价格,从而不会改变自己的行为,整个社会较为和谐。

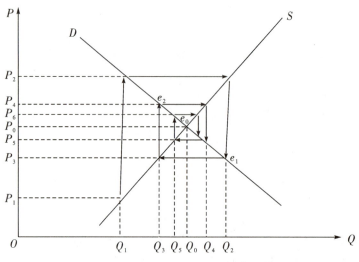

图 15.2　硬法制与法律市场的收敛型蛛网

在图 15.3 中，供给曲线斜率比需求曲线斜率小，即法律的供给富有弹性，而民众的法律需求相对缺乏弹性，这样法律的均衡价格是发散的、无法达到均衡，这种情况属于动荡时期的法律市场。

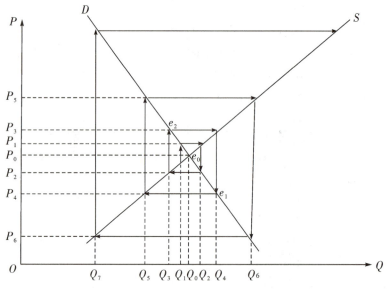

图 15.3　软法律与法律市场的发散型蛛网

在图 15.4 中，供给曲线斜率和需求曲线斜率大小一样，即法律的供给弹性和需求弹性一致。在这种条件下，当法律市场受到外力的干扰偏离均衡状态时，法律的供给和需求始终按照同一幅度围绕均衡点上下波动，不偏离均衡点，也不趋向均衡点，这种市场是专制国家的法律市场。

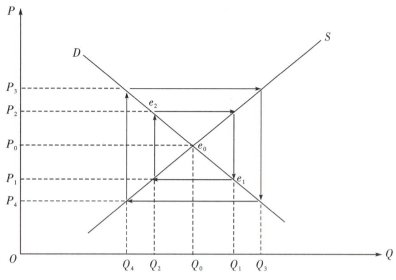

图 15.4　专制国家与法律市场的稳定型蛛网

第二节　投票规则和投票悖论

一、政治市场和公共选择

布坎南认为，经济学不是一门选择科学或资源配置理论，而是一门交易科学或市场理论。经济学的主题本来是研究个人的交易倾向、交易过程和个人在自由交易中自发产生的秩序。经济学的基本命题是个人之间的交易。政治市场上的基本活动也是交易，政治是个人、集团之间出于自利动机而进行的一系列交易过程。政治过程和经济过程一样，其基础是交易动机、交易行为，是利益的交换。集体行动是以个人行为为基础的，集体行动可以看作一个集团（或组织）全体成员之间的复杂交易或契约。市场是自动交易过程的制度体现，个人是按照各自的交易能力进入自动交易过程的。经济学就是研究具有不同利益的个人之间的交易或协商的关系。人们在不同的社会组织下通过交易来谋取相互利益，而不同的社会组织就是人们进行合作行动的结果。

不过，政治市场上的交易和经济市场上的交易有以下的差别：①经济市场上交易的是私人物品，交易媒介是货币；政治市场上交易的是规章、政策、议题等公共物品，决定公共物品"生产什么""生产多少"和"如何生产"，且必须通过集体选择，因而需要通过一些特殊的媒介，如投票、利益集团、代议制、政党和政府等。②经济市场上的交易主要在个人或单个厂商之间进行，而政治市场上的交易主要是集团（或组织）、政党之间的交易。个人通过政治过程实现他无法通过独立的个人行动所实现的目标，获得他所需要的但又无法通过个人行动获得的交易对象。③经济市场上的交易基本上是一种自愿的、平等的和等价的交易，而政治市场上的交易具有一定程度的非自愿性、不平等性和强制性。在多数票规则下，少数必须服从多数。少数的大型利益集团通过游说使国会立法，这项立法即便体现的是少数人的偏好，也会强加给全社会成员。政治市场上个人与政府的交易是"服从与统治"的交易。在个人独立地维护自己的利益成本过高时，理性的经济人必将以服从换取政府提供的安全。

二、投票规则

公共选择理论的基本主张是决策规则决定决策效果，决策规则重于决策效果。公共选择理论认为决策规则有很多种，但大致可以分为以下几类：

（1）一致同意规则。它是指一项集体行动方案，只有在所有参与者都同意，或者至少没有任何一个人反对的前提下才能实现的一种表达方式，此时每一个人都对将要达成的集体决策享有否决权。它是一种符合帕累托改善条件的制度安排，经一致同意得出的决定最为公平，不会对任何个人的权益造成危害，也是最有效率的。但其缺点是该规则十分复杂，行动起来费时，更为严重的是，一旦其中某一个人认识到自己具有可以否决整个方案的威力，他可以敲诈那些支持该议案的人而使自己及那些支持者都获益。所以，达成一致的可能性很小，而且成本过高。

在现实生活中，我们有不少机会运用或感知一致同意规则。例如，赵、钱、孙、李四人倾其所有合办了一家小公司，公司的生存、发展对每一个人自然都十分重要，因此在涉及该公司的利润分配与风险承担等重大问题上，需要四人协商，达成一致意见。有一个人不愿意甚至反对，事情就不好办了。这里的决策规则就是一致同意规则。

再举一个典型的例子，联合国安理会的任何决议的实施都必须事先得到安理会五个常任理事国——美国、俄罗斯、英国、法国、中国——的一致认可（这里的认可指不反对）。如果有一个常任理事国反对，就意味着相关议案被否决。1990年海湾战争爆发时，联合国安理会曾就是否出兵干涉进行过投票表决，最终以四票赞成、一票弃权（不同意，但也不反对）而获一致通过。

（2）多数票制规则。俗话说，众口难调。主妇要做出一顿适合家中每个人口味的饭菜，也不是件容易的事，更别说在人数众多的团体中统一所有人的意愿了。每个人的爱好各有差别，如果每个人都有充分的自由表达自己的意愿，要达到一致同意自然比较困难，有时甚至是不可能的。因此，在现实中，人们通常退让一步，寻求一种能按多数人意愿来进行集体决策的多数投票规则。

多数票规则是指一项集体行动方案，必须由所有参与者中超过半数以上的某一比例，比如三分之二的认可才能实施。所谓认同是指赞成或者不反对。如果我们以参与者中刚好一半的人数为取舍标准，规定所有参与者中有一半以上的人同意，或者反对的人数低于所有参与者的一半，某议案就作为集体决策结果付诸实施，那么我们就称该项集体决策是按简单多数规则做出的。类似地，我们可以定义2/3、4/5多数制等。

按照多数票制来进行集体决策，最终的结果体现的是参与者中多数派的利益，而少数派参与者的利益则被忽略了，因而最终决策的事实会使多数派的福利增加，而少数派的福利则可能受到损害。多数票制选择出的方案都具有内在的强制性，因为最终的集体决策是按多数派成员的意愿决定的，而决策结果又要求全体成员服从，这就意味着，多数派成员无形中将自己的意愿强加给了那些投票遭到否决的少数派成员。同时，由于单个参与者的选择行为在多数票制中有可忽略性，无形中让参与者不重视投票权的行为。因此有人可能会这样想：既然我的选票对最后的选举结果几乎没有什么影响，那我何必劳神费力去投票呢？当许多人都这么想而且这么做时，便会出现一种危险的倾向：选举结果被利益集团操纵。利益集团可以通过一定的小代价，收买这些不重视自己的选举权而打算弃选票的选民，让他们按利益集团的意愿投票，从而使利益集团拥有更强的能力显示自身偏好。这是多数票制规则中值得引起重视的收买选票的现象。在实行民主政治的初期，这种行为更值得关注。

多数票制规则下，集体决策要比全体一致同意情形容易做出。因为顾及大多数人的偏好，总比照顾全体偏好要好办些，所以人们在多数票制规则下，做出集体决策所需花费的时间、精力等大大降低了。但是对单个选民而言，特别是那些预期到自己的选票可能被否决的参与者，因为集体决策结果与他们个体的偏好差异很大，使多数票制规则强加给他们的外在成本（集体结果与个人愿望不一致时对个人造成的损失）增加了。

三、投票悖论和阿罗不可能定理

美国的大多数立法和惯例都是根据多数票规则制定的。欧盟的决策机构——部长理事会在对财政政策、人员的自由流动和雇员的权利（有关这三方面的决策需要获得"一致同意"）以外的议题进行表决时采用的是"合格多数票"。欧洲中央银行进行货币政策决策采用的是 2/3 多数票规则，即在 6 位董事局成员中至少有 4 位投赞成票，一项决策才能获得通过。在大多数西方国家的立法机构、俱乐部和委员会中，通行的都是多数票制规则。

但是，在多数票制规则中，存在投票悖论，也称为孔多塞悖论，即在多个备选方案中，社会选择不能达成一个稳定的均衡，而是处在无穷无尽的循环之中，多数票结果取决于投票顺序。通俗地说，周期多数现象或"投票悖论现象"，即在运用简单多数制进行集体选择时，容易出现投票结果随投票次序的不同而变化，大部分甚至全部备选方案在特定的分步骤的部分方案比较过程中，都有机会当选的循环现象。

现在举例说明周期多数现象，假设有同属一个系统的三家企业正准备合并成一家大公司，而总经理将从三家企业的厂长中产生。总经理的产生存在三种可供选择的方案：职工普选（A）、上级主管部门任命（B）、按各自拥有的资金额决定权力分配（C）。如果要由三位厂长从三种供选方案中挑出一个作为最终决策方案，那么由于牛厂长、杨厂长、马厂长分别拥有职工规模大、与上级关系好、资金丰厚的相对优势，他们对三种选择方案的偏好次序自然不同：

牛厂长：A>B>C 　　（A 优先于 B，B 优先于 C）

213

杨厂长：B>C>A　　（B 优先于 C，C 优先于 A）

马厂长：C>A>B　　（C 优先于 A，A 优先于 B）

如果从 A、B、C 三个方案中任意挑选两个，按照简单多数制，即三人中有两个或两个以上的人支持某方案，该方案就当选。将此方案与余下的第三个方案相比较，并依据同样的简单多数规则产生最终结果，这时便出现了一个奇怪而有趣的现象。若先比较 A 与 B，相对来说，牛厂长与马厂长更偏爱 A，故 A 方案当选。然后将 A 与 C 比较，因为杨厂长与马厂长更偏好 C，最后 C 方案当选。若从对 A 与 C 的比较开始，最终获胜的将不是 C 而是 B；从 B 与 C 的比较开始，最终当选的方案又变成了 A。

由此我们看到，这时的最终投票结果完全取决于各方案的排列次序，而不是方案本身的优劣。如果排出简单多数制下集体对三个供选方案的偏好次序，就会产生 A>B>C>A 的循环或周期，这就是周期多数一词的来源。

既然多数票规则往往导致投票循环，那么是否存在一种政治机制的社会决策规则能够消除这种投票悖论现象呢？美国斯坦福大学教授阿罗对此进行了研究，他得出的结论是：如果我们排除效用人际比较的可能性，各种各样的个人偏好次序都有定义，那么把个人偏好总合成表达社会偏好的最理想的方法，要么是强加的，要么是独裁的。阿罗的意思是说，不可能存在一种能够把个人对多种备选方案的偏好次序转换成社会偏好次序，并且准确表达社会全体成员的各种各样的个人偏好的社会选择机制。阿罗的这个结论后来被称为阿罗不可能定理，又称作"阿罗悖论"。

第三节　官僚理论和利益集团理论

一、预算扩大与官僚理论

1. 官员或者官僚

政治市场上的需求者是个人和利益集团，政治市场上的供给者是政治家（立法者）和官僚，他们负责公共物品的供给。公共选择理论中的官僚指公共经济活动中的公共部门。在现代民主国家，政府官员一般都由两部分人组成，极少的一部分是由选举产生的，叫作"政务员"或其他；另一部分占绝大多数，是政府聘任的人员，通常称作"公务员"。在美国，学者们称前一种人为"政客"（politicians），而称后一种人为"官僚"。实际上，官僚可以定义为一组司、局，即负责提供政府服务的各个部门。因此，这里的 bureaucracy 不是指具体的政府官员，而是指"官员机构"，是一个被人格化了的机构。

尼斯卡兰（William A. Jr Niskanen）认为，官员具有以下四个特征：①官员是一个非营利性的组织或机构中的一员，他的资金主要来自一次性拨款，而不是他的产出销售（他所提供的服务）。②官员机构中的主管和雇员不会将预算拨款扣除支出费用后的余额私分装入腰包。③官员追求的目标是在他的任期内获得最大化预算。官员的效用函数包括薪金、机构或职员的规模、社会名望、额外所得、权力或地位，因此，作为效用最大化者的官员将也是预算最大化者。④官员只把他的服务卖给政府，而政府只从官员那里购买服务，官僚和政府之间的关系是一种双边垄断关系。

2. 官员预算极大化模型

尼斯卡兰在《官员与代议制政府》一书中，试图用官员供给理论来弥补公共选择理论中只有对代议制政府服务需求的理论。该书试图对现代社会普遍存在的一个现象做出解释：为什么政府机构愈来愈臃肿、政府预算规模愈来愈大？

官员的预算是由政治家确定的。那么，政治家又根据什么来决定预算规模呢？政治家主要是通过预期官员提供的产出量的大小来决定他所偏好的预算额的，也就是说，政治家批准给官员的预算额是官员预期产出的函数。分析结果表明：在一定的预算约束下，官员生产的产量会超过完全竞争下厂商生产的均衡产量。也就是说，在多数票制规则下，官员提供的产量比中间投票人（消费者）所愿意消费的数量大得多。因此，在给定预算下，官员过多供给这种物品，会造成福利损失，在这种情况下，消费者（选民）倾向于消减预算规模。

另一方面，如果政治家提供给官员的预算小于官员生产的总成本，那么官员的产出水平将低于消费者所需要的产出水平。在这种情况下，政府将处于消费者（选民）要求增加预算规模以满足需求的压力之下。

这样，在官员、政治家和选民之间形成了三角博弈，官员为了追求自己的利益最大化，将从政治家那里寻求预算规模最大化；而政治家为了获得政治支持或选票最大化，将尽可能扩大预算规模以满足选民的需求，只要这种预算规模在选民的可承受范围之内。

在官员与政治家的博弈中，最终的结果取决于权力分配和两方在交易方面的影响。虽然政治家拥有立法权和法律赋予的其他职权，但是他们常常要依靠官员提供与服务供给有关的信息。这些信息包括有关服务供给状况、各种投入的价格、对公共服务需求的趋势等。由于存在信息不对称，因此，这些官员实际上是通过他们的政治上司来提出预算请求，而政治家往往因缺乏充分的信息不能对官员的预算请求提出异议。这就出现了这样的结果：政治家对拨出使产量最大化的预算感兴趣，因为这将有助于保证他再次当选。另一方面，官员希望最大化他的预算规模，因为这为他提供了使他的效用最大化的资源。由于与政治家相比，官员对公共物品的生产函数和成本函数具备更多的知识，因此，在对预算进行讨价还价谈判时，官员能更多地榨取消费者剩余，并把这种剩余转化为更多的产出以及由此而来的更大的预算。既然官员的效用是预算规模的增函数，那么官员就有扩大预算规模的刺激。

二、寻租与利益集团理论

1. 利益和利益集团

利益集团又称压力集团，是指那些有某种共同目的并试图对公共政策施加影响的个人的有组织的实体。它既包括由自愿的成员构成的组织，也包括由非自愿的成员构成的组织，前者如美国的青年人俱乐部，后者如禁止非工会会员雇用的工会组织。利益集团可以由普通公民、非营利性组织、公共部门组织组成，也可以由寻利的厂商组成。不同的利益集团在其规模、资源、权力和政治倾向等方面存在明显的差别。

为什么会存在利益集团？特别是，当公民或厂商可以"逃票乘车"时，为什么还需要有利益集团呢？集团（或组织）的存在是为了增进其利益，有共同利益的个人或企业组成的集团总是具有进一步增进这种共同利益的倾向，个人可以通过代表其利益的集团来实现或增进他个人利益。工会的目的是为工会会员争取更高的工资和更好的工作条件，农场主协会谋求的是保护农产品价格的法律和政策，卡特尔是为其成员企业争取更高的价格，股份公司的存在是为了增进股东的利益，国家则被认为是为了增进全体国民的共同利益。理性的经济人可以通过纯粹个人的、没有组织的行动来有效地增进他的个人利益。但是，如果仅仅依靠没有组织的个人行动，要么根本无法增进共同利益，要么不能有效地增进共同利益。尤其当社会变得更复杂、更动态且政府经常干预经济时，人们对集体行动的需要进一步提高了。于是，理性的经济人便结成利益集团来追求和实现他们的共同利益要求。集团或组织的存在是为了谋求个人不能通过他的纯粹个人行动来增进的那一部分利益。

社会中的每一个人总是归属于某一或几个利益集团，这些利益集团的目的是各不相同的，而这些相互竞争的集团所施加的压力汇总起来就决定了社会政治活动的进行。社会决策或公共选择是通过许多强大的特殊利益集团的相互作用做出的，这些集团可能通过竞选捐款、友情、对特殊议题的较多知识，或者通过直接的贿赂手段，对政治家产生影响。

2. 奥尔森的集体行动理论

奥尔森认为，集团或组织的基本功能是向其全体成员提供不可分的、普遍的利益，这种利益是一种具有非排他性的公共物品或集体物品。这种集团利益的共有性意味着，任何单个成员为这种共同利益做出的贡献或牺牲，其收益必然由集团中的所有成员所分享。因此，即使一个大集团中的所有个人都是有理性的和寻求自身利益的，而且作为一个集团，他们采取行动实现他们共同的利益或目标后都能获益，他们仍然不会自愿地采取行动来实现共同的或集团的利益。正是这个原因，集团的规模大小与其成员的个人行为和集团行动的效果密切相关。

奥尔森认为，就集团行动的效果——提供的公共物品数量接近最优水平或增进集团利益来说，小集团比大集团更有效。奥尔森是根据获取集体物品所需的成本与分配给集团成员的利益的关系，以及集团成员对这种关系的认知程度来分析集团规模与其行动效果的。对于小集团来说，每个成员不难发现他从集体物品中获得的个人收益会超过他为这种集体物品所付出的总成本，即便有些成员要承担提供集体物品的全部成本，他们得到的利益也比不提供集体物品时要多。所以，在一个小集团中，由于成员人数很少，每个成员都可以得到总收益的相当大的一部分。在这种场合，集体物品可以通过集团成员自发自利的行为来提供。但是，奥尔森认为，这不意味着小集团的集体物品总是可以达到最优水平。相反，小集团提供的公共物品通常会低于最优水平，这是因为公共物品的非排他性会导致搭便车行为。

奥尔森认为，由于以下三个因素，大集团提供的集体物品离最优水平更远，集团越大，就越不可能去增进其成员的共同利益。第一，集团越大，增进集团利益的个人在集团总收益中占有的利益份额就越小，增进集团利益的行动所获得的报酬就越少，这样即使集团能够获得一定量的集体物品，其数量也会大大低于其最优水平。第二，由于集团越大，任意一个成员在集团总收益中占有的利益份额就越小，他们从集体物品中获得的收益就越不足以补偿他们为集体物品所付出的成本。第三，集团成员的数量越大，组织成本就越高，因而为获得集体物品所需要跨越的障碍越大。根据以上分析，奥尔森得出结论："集团或'潜在'集团不会受到激励为获取集体物品而采取行动，因为不管集体物品对集团整体是多么珍贵，它不能给个体成员任何激励，使他们承担实现潜在集团利益所需的组织成本，或以任何其他方式承担必要的集体行动的成本。"

因此，大集团的行动一般都不是依靠它所提供的集体利益来取得成员的支持，而是通过采用"选择性的刺激手段"来驱使单个成员采取有利于集团的行动。这里的选择性的刺激手段是指集团或组织有权根据成员有无贡献来决定是否向他提供集体利益。选择性的刺激手段既可以是积极的，也可以是消极的。积极的刺激手段是指通过正面的奖励来引导个人对集体利益做出贡献，例如，加入工会的会员与非工会会员相比，前者在就业机会和工资待遇等方面都享有更多的好处。消极的刺激手段是指通过反面的惩罚来对没有或不愿意承担集团行动成本的个人进行惩处或停止其权利。国家税收就是一种反面的选择性刺激手段，逃税的个人将受到补税和罚款的双重惩罚。显然有选择性刺激手段的集团比没有这种手段的集团能更容易、更有效地组织集体行动。

在一个多元社会里往往存在几类压力集团操纵国家权力的局面，尤其是会出现代表狭隘的特殊利益的压力集团，而代表"公共利益"的压力集团要么是力量弱小，要么就根本不可能存在。这种情况存在的原因，在于压力集团向其成员提供集体物品的性质。在一个组织严密的集团内，每个成员都能认识到集团行动的利益所在，而且存在一种强有力的约束来阻止其成员成为"逃票乘车"者，因而这类集团会获得相当大的成功。因为这类集团的每个成员将从参与压力集团活动中看到他或她的利益所在。另一方面，松散的公共利益集团获得成功的可能性极小，因为这类集团的单个成员不能指望获得他们活动的大部分利益，如果对其成员没有一种有效的约束的话，这类集团的集体行动往往不可能发生。

3. 政治企业家理论

根据奥尔森的理论，大集团获得集体利益相当困难，但是现实情况并非如此。许多人经常做的恰恰是奥尔森模型认为不可能做的事情，如人们去投票，人们愿意做出牺牲，人们愿意参加集体行动，甚至可以"逃票乘车"时人们还愿意为集体行动做出贡献。继奥尔森以后，罗伯特·萨利兹伯里（Robert Salisbur）等人提出政治企业家模型，用来弥补奥尔森理论的不足。

萨利兹伯里等人把利益集团的组织看作政治企业家，这种政治企业家一方面愿意为集体行动负担所必要的成本，另一方面期望从集体行动中获得利润和利益。他们强调这种政治企业家在集团形成和集团有所行动方面的重要性，强调政治企业家在集体行动中战胜成员"逃票乘车"问题的能力。

萨利兹伯里把利益集团提供给成员的利益归纳为三种：第一种是物质利益，第二种是观念利益，第三种是团结一致的利益，即参加集体行动可以获得一种归属感、享受社会化的利益。这种利益与集团行动获得的社会报酬联系在一起，只有献身集体行动的人才能获得这种利益。萨利兹伯里认为，奥尔森模型强调的是物质利益，而忽视了后两种利益。但是，只向成员提供一种利益的集团毕竟很少，大多数集团同时提供的是多种利益。萨利兹伯里认为大多是与参与集体行动联系在一起的，因此，大集团可以通过利益诱导有效地行动，并不一定需要采取刺激性的手段或强制性的措施。在萨利兹伯里看来，政治企业家之所以愿意作为集团行动的组织者，是因为政治企业家不但可以从集体行动中获得物质利益，而且可以从集体行动过程中获得非物质利益。政治企业家既可以向其成员收费和征收其他资源，也可以通过集团的有效行动从政府那里获得利益（如通过游说使政府制定对本集团有利的政策），还可以通过组织集团行动获得成就感、名声和荣誉等非物质利益。

这样，政治企业家也好，集团成员也好，在集团行动过程中，都有一个承担成本和分享利益的关系问题。集团的绩效和发展方向就取决于集团成员和政治企业家对这种成本分摊和利益分配的关系的认可程度。如果双方对这种关系不满意，这种关系将会发生调整。

4. 利益集团与寻租和避租

租金是指超出资源所有者机会成本的报酬。这种租金可以有两种来源：一种是在价格制度中自然产生的，例如，需求曲线和供给曲线的移动会产生租金；另一种是人为创造的，例如，政府可以通过帮助创造、提高或保护某个集团的垄断地位，提高他所偏爱的那个集团的垄断租金。

通常把对自然产生的租金的追求称为寻利，而把对人为产生的租金的追求称为寻租。寻租与寻利的主要区别是：寻利是一种生产性的活动，这种活动会通过生产新产品或重新配置资源来创造价值；寻租则是一种非生产性活动，这种活动通过浪费有价值的资源来消灭价值。租金是无所不在的，哪里有垄断、特权和管制，哪里就存在租金；哪里有信息和流动性不对称阻碍资源流动，哪里就存在租金。租金既存在于私人物品市场、要素市场和资产市场，也存在于公共物品市场和政治市场。哪里有租金存在，哪里就有寻租活动存在。

布坎南认为，寻租活动至少可以划分为三个层次。他认为，一旦政府创造出一种认为的稀缺性，如市政府限制出租车的数量，寻租便会发生。如果获取租金的权利既不是在所有的人中间平等地或随机地分配，也不是公开拍卖，那么，潜在的进入者将会通过游说政府给他们优惠的差别待遇来进行寻租，这便是寻租的第一层次。如果政府职位的薪水和额外收入包含有经济租金，而且这些薪水和额外收入高于私人部门类似职位的待遇，潜在的政治家和官员将会花费大量的资源来谋取这种政府职位，这便是寻租的第二层次。第三层次的寻租是指个人和集团为保护对自己有利的差别待遇或者避免对自己不利的差别待遇而展开的活动，如通过政治程序制定对本集团有利的税收政策。

寻租通常表现为通过游说政府和院外活动来获得某种垄断、限制和特权。寻租过程中往往会出现这种情况：一个利益集团为了获得某种租金展开游说活动，试图从政治家或政府那里获得某种对自己有利的限制，而另一个或者一些集团为了避免这种限制损害自己的利益展开反对这种限制的活动。这后一种行动称为避租。避租也要浪费社会资源，避租由寻租引起。

第四节　公共选择中的政府失灵

政府失灵是指因为政府计划不能有效配置社会资源，实现经济效率、公平、稳定和增长的现象。萨缪尔森给出的定义是："当国家行动不能改善经济效率或者当政府把收入再分配给不恰当的人时，政府失效就产生了。"由于社会经济的三大基本经济问题中，生产什么、如何生产主要是资源配置效率问题，而为谁生产主要是分配公平问题，所以萨缪尔森所说的政府失效就是指政府干预不能改进效率和公平的现象，或者说政府干预不能解决三大基本经济问题的现象。

一、政府失灵的原因

为什么会出现上述"政府失灵"呢？归纳起来大致有以下几个方面的原因：

第一，理性预期。西方新古典主义经济学家们认为，在人们没有预料到政府政策的作用的条件下，政府干预经济的政策能够奏效，但在人们预料到政府政策的作用时，政府干预经济的政策就不可能奏效。他们认为人们在进行经济决策时依据当时所取得的信息，能够对有关变量的未来变动做出正确的预测，也就是说具有所谓的"理性"预期，这样政府的政策的运行结果处在人们的预期之内，因此也就无法实现其预期目标。尽管他们过分夸大了人们预期的"理性"，但是人们的确可以根据过去的经验和政策运行的轨迹在一定程度上预测到政府政策作用的后果，从而采取相应的对策，使政府政策失去或部分失去效力。

第二，政府并不是一个没有自身利益的超利益的组织，而是将政府官员和职员的利益内在化为政府的利益。政府政策奏效的一个隐含前提是政府是完全"大公无私"的组织，但是实际上并非如此。政府机构有自己的利益，这种利益乃是政府机构工作人员（官员与职员）个人利益的内在化，这样政府机构就往往借公众利益之名行私利之实，产生了诸如提供不正确的信息等问题。这样不仅会造成政府政策本身的不合理，而且会产生低效率。

第三，政府往往为一些有影响的特殊利益集团所左右。西方国家政体从形式上来看是"民主"政体，政治家是通过民主程序选举出来的，但是实际上他们并不代表公众的利益。他们在拉选票时的承诺与在当选后的实际行为并不一致，他们实际上是为某些具有影响力的特殊利益集团所左右的，政府的政策是为这些特殊利益集团服务的，这样政府政策要想解决公众所期望解决的问题就成为不可能的事情。

第四，政府搜集信息的困难。政府要制定正确的政策，必须要获得全面、准确的经济信息，但是由于广泛的私人利益的存在，政府要得到全面、准确的经济信息是十分困难的，而且获得信息的成本也是非常高的，这也限制了政府的信息获取。这样，依据并不全面、也不准确的信息制定的经济政策也就很难产生预期效果。

第五，提高政府效率存在着内在的障碍。首先，政府是一个非市场机构，其收入来源于税收，支出则用于提供公共开支等，政府实际上只是一个中介分配机构，收支状况如何对政府来说并不很重要，政府缺乏像企业那样的市场硬约束。对企业来说，若其收不抵支，就要倒闭、破产，因此企业必须要精打细算、提高效率、降低成本，但对政府来说则不存在这个问题，这样政府也就缺乏提高效率、降低成本的动力。其次，政府机构没有竞争压力，政府实际上是一个垄断性组织，它提供的服务往往是唯一的，不像企业那样面临着别的企业的竞争。由于政府机构缺乏竞争压力，因此失去了提高效率的重要刺激。再次，对政府机构绩效的评判标准的确定十分困难。对企业来说，利润是评判企业绩效的根本性标准，但是对政府机构的绩效却不存在这样的单一的具体的标准。由于不同利益集团的利益影响，标准的设定十分复杂和困难，这样也就很难对政府行为进行有效监督，这也不利于政府效率的提高。最后，西方国家的"民主"程序本身也制约了政府效率的提高。西方国家的"民主"程序往往造成一件事一议再议，议而不决，而且由于所谓"民主"只是不同利益集团经过讨价还价后的利益折中，不同的利益集团为了自身的利益各不相让、争吵不休，导致政府的低效率。

第六，政府政策目标和政策手段相矛盾，各种政策的作用互相抵消。西方国家政府制定的许多政策所要达到的目标互相矛盾，例如，西方国家政府将经济增长、充分就业、物价稳定以及国际收支平衡作为四项基本目标，但是这四项目标并不是能互相协调的。政府实行所谓扩张性财政和货币政策，虽可增加就业，但却导致通货膨胀，而且对国际收支平衡产生不利影响。政府采取的一些政策手段往往互相抵触，例如，增加货币供应量会刺激经济扩张，但同时实行增税政策则又抑制了经济扩张，这样政府实施的政策就不可能实现预期目标。

二、解决政府失灵的思路

经济学者认为，在处理政策问题方面，应区别三种利用私人交换的一般方法，即解放市场、促进市场和模拟市场。

第一，在经济学者看来，解放市场一般包含三个方面，即放松管制、合法化、私有化。

首先，放松管制。历史上在美国和许多其他国家，其政府都曾对竞争市场的价格、申报和出口进行管制。像对竞争市场的政府管制的主要解释一样，我们通常能够识别各种形式的政府失效。在其他情况下，技术或需求格局的变革可能已根本改变产业结构，从而需要管制。在这些情况下，管制的效率及合理性可能不再适用于某个时刻。被称为管制的合理性不管什么样，放松管制几乎必然含着复杂的效率和分配上的问题。在只有少数企业运转的那些行业里，从效率前景来看，放松管制可能是成问题的。既得利益集团（受保护企业的工人和管理人，享受交叉津贴的消费者，有时还有管制者他们自己）都得到鼓励要为保留在管制下他们享有的利益而奋斗。所以，成功地放松管制往往需要强有力的辩护，即详细说明受规章限制的制度的失效和减轻关于扩大分配效果的忧虑。

其次，合法化。合法化涉及通过消除犯罪惩罚以解放市场，合法化的推动往往基于变革中的社会观念，例如，关于性行为和麻醉剂使用。有时，非犯罪行为被鼓吹为合法化的部分形式：犯罪惩罚用法律规定的罚款来取代。非犯罪行为减轻了与以前犯罪活动有关联的污点和惩罚，但不完全认同社会上可接受的活动。

最后，私有化。私有化包括非国有化（国有企业出售给私营企业）和非垄断化（阻止私营企业同政府部门或国有企业竞争的种种限制，政府对其予以放宽或消除），这两种类别的私有化才直接与市场的解放有关系。但是，如果其他私营企业本身就限制同新的私有企业竞争，即使非国有化也不可能产生自由市场的成果。

第二，促进市场。所谓"促进市场"，意指通过或者确立现有物品的产权或者创造新的有销路的物品而促进市场运行的产生的过程。

首先，分配现有物品。科斯定理暗示，从事后效率观点看，谁得到产权，这是无关紧要的（只要产权是可靠的和可实施的）。可是，从分配观点来看，谁取得产权，这确是至关重要的。所以，人们可能花费财力到政治活动上以增加更多分配（他们从事于寻租）。从事前效率观点看，我们需要那些限制新产权的政治竞争的分配机制，拍卖和奖券有时就是服务于这个目的。在美国西部，产权分配是用水政策的一个重要问题。西部各州立法机关已日益认识到确立用水的产权的重要性。最近许多研究成果已证明对这种产权的确立，还存在法律的、行政的、政治的、社会的和分配的障碍。

其次，新的有销路的物品的创造。这些物品的最通常形式就是可交易的许可证（通常对环境排泄物的许可）。在这种可交易的许可制度下，厂商通过限制排泄物达到追加排泄物许可等于边际失效成本这一点来使利润最大化。如果行业中所有厂商都能买卖许可证（包括潜在的新加入者），那么每个厂商都面临所生产的最后一单位污染物的同一价格，而且将会不可能找到满足总排泄物的特定水平的更低代价的方法。

显然，可交易的许可证，从效率观点来看，有着直观的要求，可是在环境领域内却很少存在贯彻执行的例子。近来好些评论者都强调可交易的许可证的实际运用存在难对付的制度障碍，如买卖者很少的市场。

第三，模拟市场。在有效市场不能起作用的情况下，政府可通过模拟市场。埃德温·查德威克早在一百三十多年前就指出，即使在市场内的竞争不可能得到保证时，这个市场的竞争也是可能的。换言之，通过拍卖，可以出售提供产品的权利。

拍卖经营自然垄断权给出价最高的投标人，这不是高效率的。在竞争拍卖中，获胜的投标人会对经营自然垄断的超额利润的预期价格全部付清。于是，获胜的投标人被迫照此定价，这就造成分配的低效率。相反地，更有效率的方法是要求投标人服从于按他们将供给顾客的最低零售价格定价。虽然没有投标人能表示要按边际成本供给产品（这样将导致负利润），但是获胜的投标人会被迫出价接近于平均成本。

奥利弗·威廉森指出，利用拍卖来分配经营自然垄断的权利，存在着一个潜在的严重问题。获胜的投标人具有通过降低产品质量来进行欺骗的动机和机会。为避免这种后果，就必须完全规定和实施产品规格的说明书。可是，要预见到一切意外事故和付出高代价以监督契约的履行是困难的。拍卖被广泛地用于对公有自然资源的权利分配。这些资源往往产生稀少性租金。如果政府单纯地放弃开发权利，那么租金就由开发者得到，而不归于公众了。

相对于确定开发权利的固定价格来说，拍卖也是有利的。一方面，按固定价格出售，就需要政府估计资源的价值，而这就依次要求对资源质量、资源的将来需求和价格，以及替代品的将来需求和价格，都做出估计。另一方面，拍卖则允许市场，从而允许市场上可得到的一切信息来决定适当的价值。可是，如果投标人很少，那就会产生一些问题。如果投标人的数目是微不足道的，那么就存在投标人将串通在一起来限制价格的威胁。即使投标的数目是相当大的，如果被提供出售的单位数目是众多的，投标人也不可能发生竞争的投标出价。

在政府必须分配稀少性资源的情况下，拍卖也许是有用的分配工具。例如，赞比亚银行就分配外汇给出价最高的投标人。当1985年第一次开始拍卖时，获胜的投标人必须支付约超过50%的克瓦查对每一美元的兑换价，这就暗示以前的分配体制实际上对本地通货定价过高。

三、市场失灵和政府规制

在西方经济学家看来，有效市场应该是一个完全竞争市场。在这个市场上，个人都是效用极大化的追求者，厂商都是利润极大化的追求者。同时，由于存在大量的市场参与者、产品完全同质、信息充分、资源流动自由，所以人们都是既定价格的接受者。此外，竞争性市场没有交易成本。在经济学家眼中，完全竞争市场是效率最高和福利最大的。在实际经济生活中，由于垄断、外部性、公共物品、信息不对称等原因，市场机制的作用无法实现经济资源的合理配置，而且会导致贫富分化和经济波动，从而出现市场失灵。因此，就需要依靠政府来弥补市场失灵。

竞争市场上，厂商都是价格接受者，按照边际成本来定价。但是，垄断厂商具有把价格制定在高于边际成本的水平而又不失去全部市场的垄断力，因而其资源投入量和产出量均低于社会最优水平，存在经济效率和社会福利的损失。

在完全竞争市场上，仅仅依靠价格就能够合理配置经济资源了，因为价格几乎反映了市场决策所需要的全部信息，自然每个行为主体的全部成本和全部收益都包含在价格之中。但是在实际生产和生活中，有些成本没有或无法包含在相应的成本中，也有些收益没有或无法包含在相应的收益之中，这就存在外部性。显然，外部性的存在就意味着市场是不完善的。如果一种行为会产生外部经济，那么市场就会对私人行为产生过度激励，私人的市场投入将超过社会的最佳投入，相应的产品和服务量也就要超过社会的最佳产出量。反之，如果一种行为会产生外部不经济，那么由市场激励的私人行为就会偏少和不足，私人的市场投入就达不到社会的最佳投入，相应的产品和服务量也达不到社会的最佳产出量。换句话说，由于存在外部性，经济主体对社会有利的行为就会减少，对社会有害的行为就会增加，最终使市场行为偏离社会最佳状态，不仅大大地降低了经济效率，而且还严重地损害了社会福利。

　　市场机制对资源的合理配置，是在经济利益的诱惑和驱动下，直接依靠买卖双方的自愿选择来实现的。在完全竞争市场上，如果产品或者服务都是具有排他性的和竞争性的私人产品，市场机制就能够有效地激励生产者合理配置资源。但是，公共物品市场并不是一个完全竞争性的市场，它的经济效率远远低于竞争性市场。一方面，由于公共物品的消费存在明显的非排他性，人们可以"免费乘车"，因此它的生产者就不能够直接从市场交易中得到补偿和获利；另一方面，公共物品还具有非竞争性，不仅人们可以同时消费同一物品，而且一个人消费的多少对其他人的消费量没有影响，生产者的边际成本等于零，从而公共产品的生产者也不应该直接从市场交易中来补偿耗费和获得利润。既然公共物品的生产者不能够也不应该从交易中获得利益，市场就无法有效地激励人们充分地、长期地把资源配置到它的生产上来。公共物品的市场供给短缺，不只是无法满足人们的合理需要，还会进一步导致政府在生产公共物品上的垄断、寻租和低效率。

　　无论是竞争性市场还是垄断性市场，在买卖双方信息充分对称的条件下，商品价格与商品质量是正向相关的——质量越好的商品价格就越高，质量越差的商品价格就越低，质量相同的商品价格就相同。按照这样的供给法则，社会就会把更多的资源配置到高质量和高效率的厂商和产品中去，而只会把更少的资源用于低效率和低质量的厂商和产品上去，从而实现经济效率。然而，现实的市场质量信息是严重不对称的，哪怕是质量不同的商品，劳动和管理也只能以相同的价格交易，结果就会出现"劣品驱逐良品"的逆向选择，就会存在动机的"时间不一致性"的道德风险。逆向选择和道德风险的存在，使得市场参与者和市场交易量明显减少，这不仅会大大增加交易成本，还可能会导致市场的完全消失，甚至出现完全依靠非市场的手段来配置资源的现象，比如依靠地缘、亲缘和血缘关系或者通过自给自足的方式来分配资源。

　　在竞争性市场中，由各个要素的市场供给和市场需求均衡决定的要素价格构成各个要素所有者的收入。收入是按照要素的贡献来进行分配的。尽管竞争市场保证了最优效率，但是帕累托最优也可能是收入分配极为不公的，更何况由于各个个体之间因为资源的禀赋等因素的差异、资源垄断性和竞争性的差异，以及其他不同，收入分配出现极端分化在所难免。

　　根据亚当·斯密"看不见的手"定理，20世纪30年代以前，在西方经济学界居于正统地位的新古典派经济学坚信"萨伊定律"，即"供给本身会创造自己的需求"。据此，从古典派到新古典派的传统经济学始终宣扬资本主义经济通过市场上的自由竞争总会自动调节以达到充分就业均衡境地，从而不可能发生普遍性生产过剩或生产不足的经济危机和经济萧条。然而，不仅20世纪30年代的大危机用事实给了古典和新古典经济学一记耳光，凯恩斯主义理论证明总供给和总需求并不能自动实现充分就业均衡，周期性或者非自愿失业可能存在，真正意义的通货膨胀也可能存在，所以经济波动不可避免。

223

在垄断损失效率和社会福利不能通过市场来解决的条件下，政府可以通过价格管制、进入管制、国有化和反垄断法来保护和加强市场的竞争性；在市场不能内部化外部性的条件下，政府可以通过对造成外部性的个体征收庇护税和补贴、强制性的合并以及在明确界定和保护产权的方式下把外部行为内部化；在市场不能提供充分的公共物品的时候，也可以通过政府生产和政府提供、私人生产和政府提供、私人生产提供但是政府进行相应的管理来增加公共物品的供给；在存在信息不对称的时候，政府还可以通过生产和提供信息、优化制度及机制等方式来克服信息不对称，减少交易成本并提高交易效率。政府不仅可以弥补市场在资源配置效率上的不足，还可以通过税收、转移支付以及其他收入再分配手段实现经济公平，通过宏观财政政策、货币政策、国际贸易和国际金融政策、经济增长政策实现经济稳定。

第十六章
信息不完全与经济选择

到目前为止，我们在书中对个体决策所做出的各种分析都基于一个假设之上，那就是：决策者确切地知道关于每一个决策的边际效益与边际成本。尽管对于许多决策，决策者后来确实掌握了大量信息，但是他们常常要在事先并不确定后果的情况下做出决策。举个例子，一位经理可能投资一项新的生产设备，他希望这项新技术可以降低生产成本。但是，即使研究过几百份技术报告，经理仍然不能确切知晓这个新设备到底能节约多少成本，直到此设备建成并投入使用。换句话说，建设新设备决策的后果是随机的，因为在做出决策的时候，成本减少（后果）并不是确定的。

在介绍不确定条件下的选择之前，我们想先强调一个可能会困惑你的问题：既然很清楚大部分选择是在不完全信息——也就是在风险和不确定下做出的，为什么我们还要用如此大量篇幅来讨论在确定和完全信息下的决策呢？原因有二：其一，无论一个决策者掌握的关于各种行动潜在后果的信息量是多是少，我们在前面阐述的权衡边际效益与边际成本的最优化原理，为所有决策都提供了最根本的基础。要想学会在非理想条件下做一件事情，必须首先学会在理想条件下完成它。其二，即使一个决策者并未掌握关于某行动或选择变量所有水平的边际效益与边际成本的全部信息，前面的 MR＝MC 规则仍是很多相关条件下做出利润最大化决策的最有效方法。

225

第一节　风险和风险的测量

一、风险与不确定性

1. 风险

当一个决策的后果并非确定获知时，人们就会面对一个决策问题，或是在风险条件下，或是在不确定条件下。若一个决策是在风险下做出的，则意味着决策者可以列出一个决策的所有可能后果，以及与之相关的后果出现的可能性或者概率。为各种后果确定概率的过程有时涉及相当复杂的分析，这种分析基于决策者在相同情况下丰富的经验或其他数据，以这种方式确定的概率被称为客观概率。反之，当决策者对某特定决策情况有较少经验或无相关历史数据时，分配于各种后果的概率就是通过主观方式获得的，这被称为主观概率。主观概率主要基于预感、直觉和个人经验，而非科学的数据。

不管是普通的消费者，还是公司经理，都会面临在风险下进行决策。比如，小王受聘于一家实行佣金制的销售公司，他的收入取决于他的销售业绩，业绩好时月收入为 2 000 元，业绩平平时月收入为 1 000 元，而且历史和市场资料显示，业绩好的可能性为 60%，而业绩一般的可能性占 40%。

又比如，一个经理决定花 1 000 美元在杂志上做广告，他相信有三种可能后果：20% 的机会是广告对销售只会有较小影响，60% 的机会是适中影响，还有 20% 的机会是非常大的影响。这就是一个风险下的决策，因为该经理可以列出所有潜在后果，并决定每种后果出现的概率。

2. 不确定性

与风险不同，不确定性意味着决策者不能列出全部可能后果，或者不能确定各种后果出现的可能性。在不确定情况下，决策者只知道不同的可选决策方案及其可能的自然状态。自然状态是可影响最终决策后果或决策报酬但不为决策者所控制的未来事件或情况。尽管在风险和不确定下均不存在完全信息，但是风险下的信息毕竟多于不确定的情况。比如，对于一个制药公司的经理来说，是否值得花费 300 万元研制开发一种治疗高血压的新药，就是一个不确定决策的例子，此研发费的收益取决于政府的新健康方案是否对新药品的价格加以限制。在这个问题中，制药公司经理面临的两种自然状态为：一种是政府加以价格限制，另一种是政府不加以价格限制。尽管经理知道不同自然状态下的报酬是多少，但却不知道政府对制药公司加以价格限制的概率有多大。类似这样的情况，决策就是在不确定条件下做出的。

本章的大部分内容将用来分析风险下的决策，而不是不确定的情况。因为，就像你们将看到的，经理面临随机效益与成本时，更多碰到的是涉及风险的情况，而非不确定性。你们也将会发现，我们在本章介绍的在风险与不确定下决策的方法，仅是提供了决策后果不定时的指导方针，因为没有那种可直接做出决策（可被所有经理在任何时候所通用的决策）的单一法则。尽管如此，我们介绍的这些规则仍然给出了一个分析风险与不确定时有效方法的概要。

二、风险概率分布的测量

消费者在进行消费或投资时，怎样把风险考虑进去呢？在讨论风险下决策的规则之前，我们要首先讨论一下风险是如何衡量的，以便在不同的选择之间进行比较。最直接的衡量方法涉及特定决策相关后果的概率分布的特征。量化风险的指标很多，概率、期望值、方差、离差、标准差等都可以在一定程度上反映风险的大小，而且每一种指标都有自己的优缺点。

1. 概率分布的期望值

概率分布就是一个决策所有可能结果（报酬）及其相应概率的图表。概率就是某种选择所面临的各种可能性的大小。每一种后果都有大于 0 而小于 1 的概率，所以概率是 0~1 的某个数。如果某种后果必然出现，其概率就为 1；如果某种后果肯定不会出现，它的概率就为 0；介于二者之间的后果出现的概率介于 0~1，因为没有其他可能后果。对于特定的选择来说，各种后果的概率之和等于 1。

为了说明概率分布，我们假设一个大公司的广告部主任相信目前该公司的广告攻势对销售额存在五种可能影响，其概率分布如表 16.1 和图 16.1 所示。

表 16.1　广告攻势对销售量影响的概率分布

后果（销售量 Q）/件	概率 P/%	后果（销售量 Q）/件	概率 P/%
47 500	10	55 000	25
50 000	20	57 500	15
52 500	30		

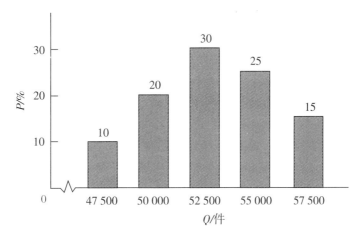

图 16.1　广告攻势对销售量影响的概率分布

从概率分布的角度，决策风险是通过不同后果的出现概率来反映的。为了做出正确的决策，经理们经常依据概率分布的数学属性来进行正式的风险分析。通过研究以期望值衡量的概率分布的中心强度，以及标准差和离差系数衡量的分布离散性，可以总结出风险的性质。我们先讨论概率分布中心强度的测量。

从一般意义上说，把存在风险事件的所有可能性结果按其发生的概率进行加权平均，即得到期望值。期望值用于衡量一个总体趋势，即平均结果。也就是说，以每种后果的概率为相应权重，计算出所有后果的加权平均，即决策后果概率分布的期望值。注意在计算期望值时，概率 P_i 的取值为分数或小数，而非百分比。概率分布的期望值也常常被称为分布的均值。

如果以 X_i 表示某决策的第 i 种后果，P_i 表示第 i 种后果的概率，n 表示概率分布中所有可能后果的总数，那么，X 的期望值 $E(X)$ 就为 $\sum_{i=1}^{n} P_i X_i$。如图 16.1 中概率分布所示，该广告攻势的期望销售量就为

$$E(Q) = 0.10×47\ 500+0.20×50\ 000+0.30×52\ 500+0.25×55\ 000+0.15×57\ 500$$
$$= 4\ 750+10\ 000+15\ 750+13\ 750+8\ 625$$
$$= 52\ 875$$

尽管广告攻势结果的实际销售量是在 47 500、50 000、52 500、55 000 及 57 500 间随机取值的变量，而该销售水平的期望值是 52 875 件，如果 5 个销售水平只有 1 个会出现，那么，实际出现的结果就不会等于期望值 52 875，但是期望值确实反映了风险决策大量重复时后果的平均值。

2. 概率分布的离散程度

概率分布的一般特征不仅有期望值（均值），还有方差。方差用于衡量概率分布围绕均值的离散程度。图 16.2 展示了两个不同决策 A、B 的利润后果的概率分布。如图 16.2 所示，两个决策有相同的预期利润 π，但具有不同的方差。决策 B 的较大方差可由其较大离散程度（取值围绕均值分布更广泛）中看出，由于分布 A 更紧密（较少分散开），A 就具有较小的方差。

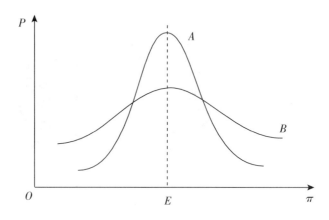

图 16.2　均值相同方差不同的两个概率分布

某决策后果概率分布的方差常常用来表示与该决策相关的风险水平或程度。如果两个分布的期望值相同，则方差越大，风险也越大。如图 16.2 所示，决策 B 的风险就大于决策 A。甚至当分布的期望值不同时，也常常用方差来比较两个决策的风险大小。

从数学上讲，用 σ_X^2 表示后果 X_i 概率分布的方差，是以概率为权重的关于 X 期望值的偏差平方和：

$$方差(X) = \sigma_X^2 = \sum_{i=1}^{n} P_i[X_i - E(X)]^2$$

以图 16.3 中的两个分布为例，结合表 16.2 可知，这两个分布的均值相同，均为 50，但它们的方差不同。决策 A 的方差小于决策 B，因此就有较小风险。每个分布的期望值及方差的计算如表 16.2 所示。

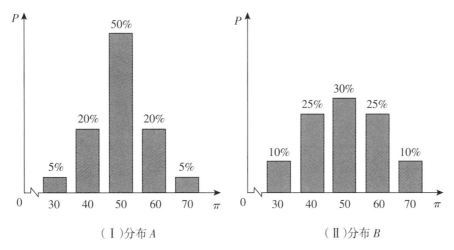

（Ⅰ）分布 A　　　　　　（Ⅱ）分布 B

图 16.3　方差不同的概率分布

表 16.2　期望值及方差的计算

利润(X_i)	决策 A			决策 B		
	概率(P_i)	$P_i X_i$	$[X_i - E(X)]^2 P_i$	概率(P_i)	$P_i X_i$	$[X_i - E(X)]^2 P_i$
30	0.05	1.5	20	0.10	3	40
40	0.20	8	20	0.25	10	25
50	0.50	25	0	0.30	15	0
60	0.20	12	20	0.25	15	25
70	0.05	3.5	20	0.10	7	40
		$E(X)=50$	$\sigma_A^2 = 80$		$E(X)=50$	$\sigma_B^2 = 130$

　　因为方差是平方，所以通常比均值大得多。为了避免这个问题，常常用概率分布的标准差来衡量离散程度。概率分布的标准差用 σ_X 表示，它是方差的平方根，即：

$$\sigma_X = \sqrt{\text{方差}(X)}$$

　　如图 16.3 所示，经表 16.2 计算，概率分布的标准差为 $\sigma_A = 8.94$，$\sigma_B = 11.40$。与概率分布的方差一样，标准差越大，决策的风险也越高。

　　当期望值相近时，经理可通过比较标准差，来比较不同决策的风险程度。比如说，如果决策 C 和 D 的标准差均为 52.5，如果他们的期望值相近，他们的风险程度就可以看作是等同的。但是，如果他们的期望值相差很远，则只考虑标准差就可能产生误导。假设决策 C 的后果均值为 400 美元，决策 D 的均值为 5 000 美元，但标准差仍然是 52.5 不变，则决策 D 后果的离散度相对于它的均值 5 000 美元来说，就大大小于决策 C 后果的离散度相对于其均值 400 美元。

　　当后果的期望值相差很远时，经理应以相对期望值来衡量决策的风险。相对风险的测量方法之一，就是决策分布的离差系数。用 v 表示离差系数，它等于决策后果概率分布的标准差除以期望值，即：

$$v = \frac{标准差}{期望值} = \frac{\sigma_X}{E(X)}$$

离差系数可衡量相对于概率分布均值的风险水平。在上面的例子中，离差系数分别是 $v_C = 52.5/400 = 0.131$，$v_D = 52.5/5\,000 = 0.010\,5$。

第二节　风险和不确定下的决策原则

我们已经介绍了特定决策下衡量风险的方法，下面将讨论这些方法如何帮助人们（经理）在风险条件下决策。我们先提出三条指导人们（经理）进行风险决策的原则。

一、期望值最大化

尽管各种后果出现可能性的信息在进行决策时很有用，但却不能解决经理的决策问题。在不同决策中，每种决策又具有多种可能后果的情况下，经理该如何选择呢？期望值法是一个解决这个问题的规则或方法，即选择具有最高期望值的决策。

这个方法应用起来很简单。但这个方法只使用了关于后果分布的一个特征——均值的信息，而没有把与后果的概率分布相关的风险（离散度）考虑在内（这种决策者被称为风险中性，这个概念将在本章后面讨论）。并且，期望值法也仅在不同决策有不同期望值时有用。显然，当决策的期望值恰巧相等时，期望值法就不能在决策中指导选择。或者说，只考虑均值时决策者就无法做出决定。除了上文提到的情况，期望值法在决策的期望值相同时不能使用，且在决策风险水平不同时也不应使用。

举个例子来说明期望值法（也为方便以后讨论其他方法）。我们来看看一位正在选择开设新疆羊肉串烧烤店地点的经理兼所有人。图 16.4 显示了可选择的三个地点，并预期每周利润的概率分布。这三个地点分别是北京、广州和成都。每个分布的期望值、标准方差和离差系数均在图上标明。

在过去经验的基础上，这位经理计算出，北京的周利润 π 会有四种取值：每周 3\,000 元或 4\,000 元的情况各有 30% 的机会；每周 2\,000 元或 5\,000 元的情况各有 20% 的机会，北京的预期周利润为 3\,500 元。如果在广州开店，周利润 π 根据所示概率在 1\,000~6\,000 元有 6 种取值，其期望值为 3\,750 元。在成都，周利润 π 为 1\,000 元或 6\,000 元时各有 30% 的概率，其他 2\,000 元、3\,000 元、4\,000 元和 5\,000 元的概率各为 10%，且分布的期望值为 3\,500 元。如果这位经理不考虑风险（为风险中性）并使用期望值法，新店的开设地点将为广州，因为其具有最高的预期利润 3\,750 元。请注意，如果经理只能在北京和成都两个地点间做出选择，则期望值法失效，因为这两个地点均具有 3\,500 元的期望值。在这种情况下就要考虑使用其他方法了。

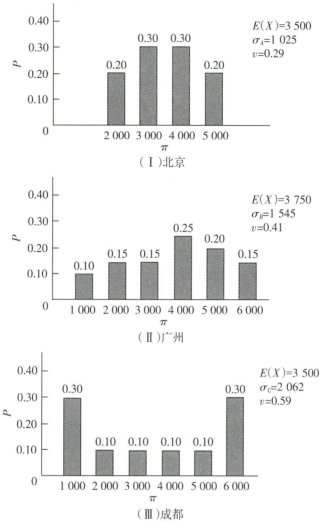

图 16.4　三个地点烧烤店周利润的概率分布

二、均方差

在风险选择下使用期望值法的经理，实际上只考虑了均值后果而忽略了风险（离散程度）。另一种在风险下决策的方法同时使用了概率分布的均值和方差，即把关于风险的信息纳入了考虑。这种方法通常被称为均方差分析的方法，运用了均值和方差（或标准差）进行决策，即已知两个风险决策（以 A 和 B 表示），其风险下决策的均方差法的法则为：如果决策 A 的预期后果高于决策 B，而方差低于决策 B，则应选择决策 A；如果决策 A、B 的方差（或标准差）相等，则选择具有较高期望值的决策；如果决策 A、B 的期望值相等，则选择具有较小方差（标准差）的决策。

均方差法建立在一个假设之上，那就是在其他条件相等时，决策者偏好高预期回报；或在其他条件相等时，偏好低风险水平。因此，预期后果越高、方差（风险）越小，决策越好。根据法则一，经理永远会选择比其他所有决策期望值都大，同时方差都小的某个决策。法则二说明当风险水平相同时，经理应选择具有较高期望值的决策。根据法则三，如果决策的期望值相等，则经理选择较低风险（较小标准差）的决策。

回到新疆羊肉串烧烤店的例子，依据均方差分析的三个法则，没有哪个地点是最优的。广州优于成都，因为它的期望值更高且风险更小（法则一）；北京也优于成都，因为根据法则三，两个地点期望值相等（3 500 元），但北京的标准差更小，从而具有更低风险（$\sigma_A = 1\ 025 < 2\ 062 = \sigma_C$）。

如果经理再比较北京与广州，则均方差法无法应用。广州有较高的周预期利润（3 750 元 > 3 500 元），而北京风险更小（$\sigma_A = 1\ 025 < 1\ 545 = \sigma_B$）。因此，在做这个选择时，经理必须权衡风险与预期回报。而最终选择将依赖于该经理对较高回报与较低风险的价值判断。

下面，我们将设定一条补充决策法则，它同时使用了期望值与离散度的信息，并可以在涉及预期回报与风险的权衡时帮助决策。

三、离差系数

我们在前面测量概率分布的风险讨论中已提到，方差和标准差可以衡量绝对风险。与之相对，离差系数可衡量相对于分布期望值的风险。因此，离差系数能够帮助经理们在相对风险而非绝对风险的基础上决策。离差系数法提出："在风险下决策时，选择离差系数最小的决策。"这个法则既考虑了分布的期望值，也考虑了标准差，标准差越小、期望值越大，则离差系数越小。因此，概率分布这两种好的变化可使离差系数更加如人所愿。

我们再次回到新疆羊肉串烧烤店经理所面临的问题。每种可能决策地点的离差系数为：$v_{北京} = 1\ 025 / 3\ 500 = 0.29$；$v_{广州} = 1\ 545 / 3\ 750 = 0.41$；$v_{成都} = 2\ 062 / 3\ 500 = 0.59$。具有最小离差系数的地点是北京，其系数为 0.29。现在，用均方差法无法解决的在广州与北京之间决策的问题，用离差系数法解决了。北京优于广州，因其离差系数更小（0.29 < 0.41），而成都则落在末选。

到现在，你可能已搞不清这三种风险下决策的方法，哪一个才是"正确"的方法。毕竟，新疆羊肉串烧烤店经理依据不同的方法可做出不同的决定，或无法做出选择。运用期望值法，广州为上选；运用离差系数法，北京为上选；而运用均方差法时，成都被排除了，但在广州与北京间无法做出选择。如果不同的决策方法不能得出同样的结论，则决策者必须决定使用哪种方法。

如果一种决策被反复做出，且每次概率都相等时，期望值法是经理最大化（预期）利润的最可靠方法，其风险行为的平均回报将高于其他具有较低期望值行为的平均回报。举个例子，一个公司总经理做决策指挥几十个、甚至几百个国内或世界各地分部的活动，当这个决策重复很多遍时，公司总部的经理有理由相信：每种决策选择将很可能得出等于预期利润的平均利润水平，尽管每个分部的回报或高或低。并且，在实际中，当一个决策在同等条件下重复很多次时，期望值法也是可证实的且有效的。

当经理要做一个一次性风险决策时，接下来将没有可抵消坏结果（或好结果）的重复决策。在决策为非重复性时，没有最好的方法可遵从。我们为风险决策介绍的方法，将可用来帮助经理分析和指引决策过程。最终，在风险（或不确定）下决策将既是一门科学也是一门艺术。

第三节　利润效用函数和预期效用

风险和不确定下决策的"艺术"是与决策者对待风险的态度紧密相关的。经理在决策中愿意承担风险的程度是有很大差别的。有些人非常谨慎，而另一些人则四处寻找高风险的机会，因为通常情况下高风险可能有高收益。在本节中，我们将介绍一种风险下决策的理论，而非法则，它可以在形式上解释经理对待风险的态度。这个理论通常被称为预期效用理论，它假定经理以利润的预期效用最大化为目的进行决策。预期效用理论适合于个人和厂商在风险或者不确定下进行选择，本节以经理的决策为例来说明。

我们刚刚提到，经理愿意承担风险的态度不同。一些经理尽可能回避风险，而另一些则在决策中偏好更多风险。为了把对待风险的不同态度融入决策过程，现代决策理论认为，经理能从他们公司挣得的利润中得到效用或满意度。就像消费者可以从物品消费中得到效用一样，预期效用理论假定经理可以从利润中得到效用。预期效用理论认为，经理以利润的预期效用最大化为目的进行风险决策。尽管预期效用理论为风险下决策提供了工具，但这个理论的主要目的和在此介绍它的原因，是要解释在涉及风险时，经理为何要选择他们所做出的决策。必须强调的是，预期效用理论是一个风险下经理如何决策的经济模型，而不是一个风险下经理应该如何决策的方法。

一、经理的利润效用函数

假设一个经理面临一个风险项目的决策，或更一般地说，必须决定采取一种会产生一系列可能利润后果 π_1，π_2，$\cdots$，π_n 的行动，且每种后果出现的概率分别为 p_1，p_2，$\cdots$，p_n。这种风险决策的预期效用是每种可能利润后果的效用以概率为权重的加权和：

$$E\left[U\left(\pi\right)\right] = p_1 U\left(\pi_1\right) + p_2 U\left(\pi_2\right) + \cdots + p_n U\left(\pi_n\right)$$

式中，$U\left(\pi\right)$ 是衡量特定利润水平的效用函数。注意，预期效用与预期利润的概念不同。预期利润是以概率为权重的加权利润。要理解预期效用理论，你应先理解经理对待风险的态度是如何在利润的效用函数中反映出来的。我们先讨论经理的利润效用的概念，再演示如何推导利润的效用函数，然后再说明经理如何利用利润的效用进行风险决策。

既然预期效用理论是建立在经理从获利中得到效用或满意度的基础之上，那么，

233

在解释经理在风险下决策时，经理的效用与获利水平间关系的性质就十分重要了。我们要说明，经理对待风险的态度是由经理的利润边际效用决定的。

当利润增长时，若经理不期待一个更高水平的总效用将是很不寻常的。所以，效用指数与公司获利水平之间的关系应该呈现为一条上升趋势的曲线（凹曲线）。如果 $U(\pi)$ 是经理对于利润的效用函数，那么，公司每增加 1 美元的利润，其总效用的增长量就是利润的边际效用：$MU_{利润}=\Delta U(\pi)/\Delta\pi$。

当挣得给定数量的利润，利润效用函数给出的指标值就可以用来衡量此时的效用水平。举个例子，假设利润边际效用是 8，这就意味着：公司挣得的利润增长 1 美元，可使经理的效用指数增长 8 个单位。关于风险的研究发现：大多数经营决策者的利润边际效用递减。尽管每 1 美元的利润增长，依然可以增加经理们的总满意程度，但对于他们中的大多数人来说，典型的情况是，额外利润带来的附加效用下降了。

在预期效用理论中，利润效用曲线的形状起着决定性的作用。因为 $U(\pi)$ 的形状决定了经理对待风险的态度，从而也决定了最终的选择。对待风险的态度可分为风险厌恶、风险喜好和风险中性三类。在面临两个具有相同预期利润的风险决策时，选择风险较小的决策的态度为风险厌恶。反之，同样在预期利润相等的情况下，选择风险较高的决策则被称为风险喜好。第三种对待风险的态度，就是对上述两种情况没有偏好，经理在做出决策时忽略风险，即被称为风险中性。

图 16.5 显示了与三种不同风险偏好相关的效用函数的形状。

图 16.5（Ⅰ）显示了风险厌恶的经理的效用函数。此利润效用函数的趋势是上升的，但其斜率随利润增加而递减。这符合边际效用递减的情况。当利润从点 a 到点 b 增加 50 000 美元时，经理的效用增长 10 个单位。当利润从点 a 到点 c 下降 50 000 美元时，效用减少 15 个单位。也就是说，50 000 美元的损失产生的效用增加，50 000 美元收益带来的效用减少。所以，回避风险的经理们对每 1 美元的损失比对每 1 美元的收益更敏感，他们也将会把决策重点放在避免损失带来的风险上。

在图 16.5（Ⅱ）中，利润的边际效用是个常数（$\Delta U/\Delta\pi = 15/50 = 0.3$)，50 000美元损失减少的效用与 50 000 美元收益增加的效用一样大。在这种情况下，经理对防止损失与寻求受益的重视程度是一样的。当利润的效用函数是线性的，或等同地讲，利润边际效用是个常数时，经理们是风险中性的。

图 16.5（Ⅲ）显示的是喜好风险方式决策的经理的效用函数。利润增加 50 000美元带来的额外效用（20 个单位），大于利润下降 50 000 美元时产生的效用损失（10 个单位）。因此，喜好风险的决策者会把更多的力量放在收益潜力的研究上。

简而言之，经理对于风险决策的态度与他（或她）的利润边际效用相关：具有利润边际效用递减（递增）的人就会是一位回避风险（喜好风险）的决策者，若某人的利润边际效用为常数则他（或她）是风险中性的。

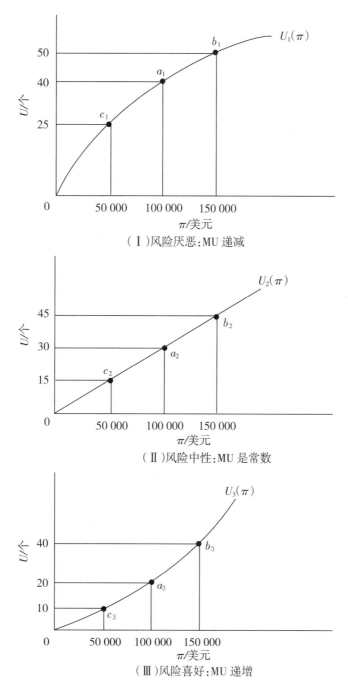

（Ⅰ）风险厌恶：MU 递减

（Ⅱ）风险中性：MU 是常数

（Ⅲ）风险喜好：MU 递增

图 16.5　经理对待风险的态度

二、利润效用函数的推导

像上面讨论的，当经理们风险下决策的目的是使预期效用最大化时，正是利润的效用函数决定了经理将如何选择。我们现在演示一下经理可遵循并可推导出自己的利润效用函数的步骤。再强调一下，效用函数不能直接衡量效用。但是，它确实提供了一个数字或是一个指标值，正是这个指标值的大小反映了对于某特定利润后果的渴望程度。

推导利润效用函数的过程在理论上是很直观的，然而，它确实也涉及相当数量的主观评价。为了演示一下这个程序，我们又回到新疆羊肉串烧烤店经理面临的决策问题。回想一下，这个问题就是：新疆羊肉串烧烤店经理必须决定在哪里建立下一个新的餐馆。三个地点的利润后果分布为从每星期1 000元到6 000元。在计算每个地点的预期效用之前，经理必须先推导出其对于从1 000元到6 000元利润的效用函数。

新疆羊肉串烧烤店经理推导$U(\pi)$的第一步是确定指标允许取的最小和最大值。作为指标的下限，假设经理确定的效用指标值为0——尽管对于最低利润后果1 000元来说，任何数字，或正或负，都是可以选定的。作为上限，假设确定的效用指标值为1——对于最高利润后果6 000元来说，任何大于下限制的数值都是可以选定的。我们再次强调，选1和0作为上下限是完全因人而异的，只要上限的代数值大于下限就可以。举个例子，上下限分别为50和-12.5的作用与上述1和0的情况是一样的。经理的利润效用函数在这两点的值为：$U(1\,000\,元)=0$和$U(6\,000\,元)=1$。

下面，必须决定1 000元到6 000元之间每种可能利润后果的效用指标值。在这个例子中，对每1 000元利润增量进行一下分析是很方便的。经理运用下面的主观分析来确定5 000元的效用指标值：从两个决策选择开始，决策A为收到5 000元的肯定利润；而风险决策B包含两种可能性，收到6 000元的利润的概率为P，或收到1 000元的利润的概率为$1-P$。决策A和B均显示在图16.6中。现在必须决定使经理对两种方案A和B偏好无差异的概率P。这是一个主观的决定，不同的经理依赖于他们对于风险的个人偏好很可能有不同的取值。

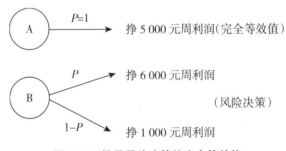

图16.6　推导风险决策的完全等效值

假设新疆羊肉串烧烤店的经理的决定使A和B同等吸引的概率P为0.95，从作用上看，这位经理在宣称决策A的预期效用与决策B的预期效用相等。既然A、B具有相等的预期效用，则根据$E(U_A)=E(U_B)$可得

$1\times U(5\,000\,元)=0.95\times U(6\,000\,元)+0.05\times U(1\,000\,元)$

在这个等式中只有$U(5\,000\,元)$是未知的，所以经理可以解出5 000元利润的效用指标为

$U(5\,000\,元)=(0.95\times1)+(0.05\times0)=0.95$

这个 0.95 的效用指标值是一种对 5 000 元利润的间接衡量。这个步骤得出了利润效用函数中的另一点。这 5 000 元被称为风险决策 B 的确定性等效值，因为这是经理刚刚愿意用来换取从事风险决策 B 的机会的值。换句话说，经理在肯定得到 5 000 元利润和做一个风险决策——具有 95% 机会赚 6 000 元及 5% 机会赚 1 000 元——之间得到的效用是无差异的。4 000 元、3 000 元和 2 000 元的效用指标建立方法完全与上述方法相同。

这种得出利润效用函数的方法被称为完全等效法。我们总结一下得到利润效用函数的步骤：首先，设立最高可能利润（π_H）的效用值为 1，最低可能利润（π_L）的效用值为 0；其次，定义风险决策利润后果 π_H 的概率为 P_0，π_L 的概率为 $1-P_0$。对于每一种可能的利润后果 π_0（$\pi_L < \pi_0 < \pi_H$），经理主观决定概率 P_0，使风险决策的预期效用与确定收到 π_0 的效用相同，即 $P_0U(\pi_0) + (1-P_0)U(\pi_0) = U(\pi_0)$。这个特定数目 π_0 被称为风险决策的完全等效值，并以主观概率 P_0 作为衡量利润为 π_0 时经理满意度的效用指标。

图 16.7 为新疆羊肉串烧烤店经理的利润效用函数。在所有可能的利润后果分布中（1 000~6 000 元），经理的利润边际效用是递减的，所以他是一位回避风险的决策者。

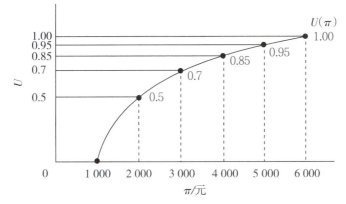

图 16.7　经理的利润效用函数

三、预期效用最大化

当经理们依赖预期效用理论在风险决策中选择时，最终选中的是预期效用最大的决策。与预期利润最大化不同，预期效用最大化考虑到了经理对风险的偏好。你将会在下面的例子中看到：预期效用最大化可能会产生一个与预期利润最大化原理下不同的决策。

再次回到新疆羊肉串烧烤店经理面临的地点决策问题。该经理用其自己的利润效用函数（见图 16.7）计算出三个风险地点决策的预期效用，其计算过程如下：

北京 $E(U_A) = 0U(1\ 000) + 0.2U(2\ 000) + 0.3U(3\ 000) + 0.3U(4\ 000) + 0.2U(5\ 000)$
$\qquad + 0U(6\ 000)$

$\qquad = 0 + 0.2 \times 0.5 + 0.3 \times 0.7 + 0.3 \times 0.85 + 0.2 \times 0.95 + 0$

$\qquad = 0.755$

广州 $E(U_B) = 0.1U(1\,000) + 0.15U(2\,000) + 0.15U(3\,000) +$

$\qquad 0.25U(4\,000) + 0.2U(5\,000) + 0.15U(6\,000)$

$\qquad = 0.1\times0 + 0.15\times0.5 + 0.15\times0.7 + 0.25\times0.85 + 0.2\times0.95 + 0.15\times1$

$\qquad = 0.733$

成都 $E(U_C) = 0.3U(1\,000) + 0.1U(2\,000) + 0.1U(3\,000) + 0.1U(4\,000) + 0.1U(5\,000)$

$\qquad + 0.3U(6\,000)$

$\qquad = 0.3\times0 + 0.1\times0.5 + 0.1\times0.7 + 0.1\times0.85 + 0.1\times0.95 + 0.3\times1$

$\qquad = 0.600$

为了演示一下风险中性的决策者将如何选择，我们构造一个边际效用为常数（像前面解释的，这是风险中性的条件）的利润效用函数。这个风险中性的效用函数显示在表16.3的第（1）（2）列中。作为满足风险中性的必需条件，第（3）列的利润边际效用为常数。从这个表中你可以看到北京、广州、成都的利润的预期效用分别为0.50、0.55和0.50。对于一个风险中性的决策者，把地点定在广州是使预期效用最大化的决策。我们还记得广州也是具有最大预期利润 [$E(\pi) = 3\,750$ 元] 的城市，这不是一个巧合。像我们解释过的，风险中性的决策者在决策时忽略风险而完全依赖于预期利润。在风险中性的条件下，无论是利润的预期值 $E(\pi)$ 最大化，还是利润的预期效用 $E[U(\pi)]$ 最大化，经理做出的决策是相同的。

表 16.3　利润的预期效用：风险中性的经理

(1)	(2)	(3)	(4)	(5)	(6)	(7)	(8)	(9)
利润	效用	边际效用		概率			概率为权重的效用	
π	$U(\pi)$	$\Delta(\pi)/\Delta\pi$	北京(P_A)	广州(P_B)	成都(P_C)	$P_A \cdot U$	$P_B \cdot U$	$P_C \cdot U$
1 000	0	—	0	0.1	0.3	0	0	0
2 000	0.2	0.000 2	0.2	0.15	0.1	0.04	0.03	0.02
3 000	0.4	0.000 2	0.3	0.15	0.1	0.12	0.06	0.04
4 000	0.6	0.000 2	0.3	0.25	0.1	0.18	0.15	0.06
5 000	0.8	0.000 2	0.2	0.2	0.1	0.16	0.16	0.08
6 000	1.0	0.000 2	0	0.15	0.3	0	0.15	0.3
					预期效用=	0.50	0.55	0.50

最后，考虑一下喜好风险的决策者如何决定新店的开设地点。如表16.4所示，第（1）（2）列是利润边际效用增长时的效用函数，第（3）列显示利润边际效用随利润增长而增长（对于一个喜好风险的经理来说，这是必需的）。北京、广州、成都的利润后果的预期效用分别为0.32、0.41和0.43，在决策者喜好风险的情况下，成都是使预期效用最大化的决策。如果可选择地点只有北京和成都，那么，喜好风险的决策者会选择成都。这个决策是与喜好风险的定义相一致的。

总之，如果经理的行为遵循预期效用理论，决策就会使经理的利润预期效用最大化。按照利润预期效用最大化做出的决策反映了经理承担风险的态度，通常这与依照不考虑风险的决策法则做出的决策是不同的。对于一个风险中性的经理，其在预期效用最大化或预期利润最大化下的决策是相同的。

表 16.4　利润的预期效用：喜好风险的经理

（1）利润 π	（2）效用 $U(\pi)$	（3）边际效用 $\Delta(\pi)/\Delta\pi$	（4）	（5）概率	（6）	（7）	（8）概率为权重的效用	（9）
			北京（P_A）	广州（P_B）	成都（P_C）	$P_A \cdot U$	$P_B \cdot U$	$P_C \cdot U$
1 000	0	–	0	0.1	0.3	0	0	0
2 000	0.08	0.000 08	0.2	0.15	0.1	0.016	0.012	0.008
3 000	0.2	0.000 12	0.3	0.15	0.1	0.06	0.03	0.02
4 000	0.38	0.000 18	0.3	0.25	0.1	0.114	0.095	0.038
5 000	0.63	0.000 25	0.2	0.2	0.1	0.126	0.126	0.036
6 000	1.0	0.000 37	0	0.15	0.3	0	0.15	0.3
					预期效用=	0.32	0.41	0.43

第四节　风险防范和风险规避

一、保险

假设你现有财产为 w，你有概率为 ρ 的可能性损失 L。假设保险市场的保险费率为 p，如果你投保金额为 x（$x \leqslant L$），则需支付的保险费用为 px。假设不存在运营费用，则保险公司从投保人得到的期望利润为 $E(\pi) = px - \rho x$。假设保险市场是完全竞争市场，这样 $E(\pi) = 0$，即 $p = \rho$，保险费率等于损失发生的概率，这被称为公平的保险费率。

下面我们要分析的是，如果保险费率是公平的，即 $p = \rho$，那么，投保人会为多少财产投保呢？投保人的目标是期望效用最大化，即：

$$\max_x E(u) = \rho u(w - L - px + x) + (1 - \rho) u(w - px)$$

一阶条件为

$$(1 - \rho) \rho [u'(w - L - px + x) - u'(w - px)] = 0$$

满足此条件要求 $u'(w - L - px + x) = u'(w - px)$。我们知道等式左边是损失发生时的边际效用，等式右边是损失没有发生时的边际效用。因此，这个表达式告诉我们投保人的最优选择是使得损失发生时 1 元钱的额外收入的边际效用等于不发生损失时 1 元钱额外收入的边际效用。

要满足等边际效用的原则，就要求 $w - L - px + x = w - px$，由此可以得到 $x = L$。即公平的保险费率下，风险厌恶者会选择全额保险。不论损失是否会发生，投保人都可确定得到 $w - \rho L$。那么，保险如何增进投保人的福利呢？如果没有投保，财产的期望值同样为 $w - \rho L$，但是通过保险，现在可以确定得到 $w - \rho L$。对于风险厌恶者来说，显然，效用水平会上升。

保险是风险分担的主要手段之一，每个人通过保险公司把自己的风险分散到所有相关的投保人身上，从而将自己的风险降到最低限度。因此，并不是保险公司真正提供了保险或赔偿了损失。例如，在火灾保险的情况下，失火的风险通过许多面

239

临着该风险的投保人的分担而分散了，也即那些没有遭受损失的投保人为遭受损失的投保人支付了赔偿。

正是这种风险分担性质，使得保险市场要有效运作，必须满足两个前提条件：一是分担风险的人必须是相互独立的，否则就无法分担风险。例如，一个地方性的保险公司是无法独立承担自然灾害业务的；二是不存在严重的逆选择和道德风险行为，这两个问题会在下章中介绍。

二、资产多样化

假如你准备投资 100 元，可供选择的行业有两个：太阳镜或雨伞。显然利润取决于天气状况。如果你只投资于一个行业，不同天气情况下的投资利润情况如表 16.5 所示。

表 16.5　投资利润情况

变量	太阳镜	雨伞
雨天	−50	+100
晴天	+100	−50

假如雨天和晴天的概率各为 50%，如果只投资于一种行业，期望利润为 $E(\pi) = \frac{1}{2} \times (-50) + \frac{1}{2} \times (100) = 25$。但是，如果你分散投资，每个行业投资 50 元，雨天的利润为 25，晴天的利润也为 25。这样，你总是可以获得 25 元利润，风险就被规避了。

但是，如果每个行业的最低投资额为 100，你只有 100 元，又如何分散风险呢？证券市场中最重要的一个发明——股票就可以解决这一问题。通过把公司总值划分为一些面额较小的股份，就可以满足分散投资降低风险的需要。

三、期货市场的作用

农产品、金属产品、金融资产等商品除了现货市场外，还存在一个期货市场，即买卖双方签订一份标准化的合约，规定卖方有义务在事先商定的将来某一特定时间按事先约定的协议价格，向买方交付一定数量的商品，买方则有义务按合约规定的价格付款。

期货市场同样可以规避风险。例如，一个存在生产周期的生产过程，现在需要投下成本，半年后才能获得销售收入，但半年后产品的价格可能会发生变化，进而影响利润水平。为了规避这一风险，期货合同可以现在就规定未来的价格，这样价格变动的不确定性就被消除了。

四、信息收集

当存在风险时，消费者是基于有限信息进行决策的。如果他能够收集到更多的信息，就一定能够进行更好的预计，风险也可以降低。获取信息可以改变选择结果的概率分布，从而减少主观不确定性。也就是说，消费者获取的信息越多，他越能做出更好的预测，从而减少风险。从这个意义上说，信息是有价值的商品，使用信息应当向信息所有者支付费用，信息的价值也就来自信息所减少的风险。那么，信息的价值如何确定呢？或者说，一个风险规避者愿意支付多少信息费用来收集信息以规避风险呢？为了简化分析，我们在此主要研究完全信息的价值。完全信息的价值是指一种选择结果在完全信息下的期望价值与不完全信息下的期望价值之差。下面，我们举例来说明信息的价值。

某商店经理需要决定订购多少件秋季服装。如果订购 100 套，每套定价 180 元；如果订购 50 套，每套定价 200 元。每套服装的售价为 300 元，售不出去可以退还，但只能返还定价的一半。假若没有更多的信息，该商店经理只能相信售出量为 100 套的概率是 0.5，售出量为 50 套的概率也是 0.5。

表 16.6 给出了两种情况下商店的利润情况。

表 16.6　信息的价值　　　　　　　　　单位：元

情况	销售 50 套	销售 100 套	期望利润
订购 50 套	5 000	5 000	5 000
订购 100 套	1 500	12 000	6 750

在完全信息的情况下，不论销售量是 50 套还是 100 套，商店经理都能正确地做出订购件数的选择。如果销售量是 50 套，他就订购 50 套，得到 5 000 元利润；如果销售量为 100 套，他就订购 100 套，获得 12 000 元利润。由于销售 50 套和销售 100 套的概率都是 0.5，因此完全信息情况下商店的预期利润为 8 500 元（0.5×50×100+0.5×100×120=8 500）。

在信息不完全的情况下，如果该商店经理是一个风险中立者（或风险喜好者），那么他会选择订购 100 套，他的利润可能是 12 000 元（300×100−180×100=12 000），也可能是 1 500 元（50×300−50×180+50×90−50×180=1 500）。但是，如果他是风险厌恶者，就可能会选择订购 50 套，因为这样他可以确保 5 000 元（50×300−50×200=5 000）的利润。

按照不完全信息下的最高预期利润计算，订购 100 套时，完全信息的价值为 1 750 元（8 500−6 750=1 750）。因此，为了得到对销售量的准确预测，值得付出 1 750 元的代价。即使预测并不完美，也值得对这样的能够提供更好的来年预测的市场营销研究进行投资。

第十七章
隐藏知识与逆向选择

第一节　不完全信息与不对称信息

在前面的对市场的研究中，我们始终隐含着这样一个重要的假设，即信息是完全的，可以无成本地获得，信息都集中地反映在市场价格上。因此，信息不会给市场机制带来任何麻烦和问题。在这样一种假设下，消费者和生产者对市场上交易的商品、服务、要素的质量和特点都拥有完全的信息，于是市场力量通过供求法则实现市场均衡时，均衡价格就能充分反映资源的稀缺程度。具体来讲，对消费者而言，均衡价格可以反映消费者的偏好，并把资源配置给对其评价最高的人。对生产者而言，均衡价格反映了企业的生产成本，企业就必须按照成本最小、利润最大化的原则行事，因此最终的结果就是市场实现了经济的效率。

但在现实经济中，信息往往是不完全的，很多时候，消费者对商品的质量并不是完全了解的。比如，在二手车、二手电脑交易过程中，消费者往往搞不清楚这些商品真正的质量。在劳动市场上，企业也往往难以确定招聘的员工的能力和才干。同时，雇主很难掌握或确定员工工作的积极性和努力程度。而且，在现实世界中，人们为了获取这些信息要花费大量的成本，信息在获取和传递过程中还会出现失真的现象。总之，在现实生活中，信息不完全的现象是广泛存在的，使得市场不能充分发挥有效配置资源的作用，出现市场失灵的问题。

在"不完全信息"中有一种非常特殊但又非常重要的情形，我们称之为"不对称信息"，这也是现代经济学和信息经济学研究的重要内容。本章重点讨论的就是由于信息不对称造成的效率的损失以及通过什么样的方法和机制来减轻这种效率的损失。在讨论"信息不对称"的问题之前，我们要先了解一些基本概念。

所有的不对称信息问题都涉及一个重要概念——"私人信息"。简单地说，私人信息就是指在订立契约或执行契约过程中，有些信息为一方所知道而另一方却并不清楚。这些信息被拥有它们的个人所观察到，而对于其他人而言却是不可观察的或者观测到这些信息的成本非常高。与"私人信息"相对应的概念是"公共信息"，公共信息是指人人都可以观察或掌握的信息。由于私人信息的存在使得在订立契约或契约执行中，一部分人比其他人拥有更多的信息，我们将这种行为人之间在信息占有上不同的现象称为"信息不对称"。通常我们把拥有私人信息的一方称为"代理人"，而处于信息劣势的一方称为"委托人"①。任何一项交易总是与特定的契约联系在一起的，因此我们也常常将不对称信息情形下的交易视为委托人和代理人之间签订的某种契约。

在不对称信息中，代理人拥有的私人信息各种各样、千差万别，但归纳起来主要有两种。一种是代理人拥有委托人所不知道的某种知识。例如，参加健康保险的投保人往往比保险公司更加清楚自己的健康状况、家族病史等资料，此时，投保人为"代理人"，而保险公司为"委托人"。又比如，在二手电脑的买卖中，卖方拥有更多的关于二手电脑质量和使用情况的信息，而买方往往很难掌握这些知识。我们将以上的这些情况称为"隐藏知识"造成的不对称信息。另一种信息不对称我们称为"隐藏行动"的信息不对称。这时候代理人拥有的私人信息是他的某种行为或行动的具体情况。比如，企业的经理是否严格按照企业股东的要求和利益努力经营和管理企业。又如，健康保险人在投保以后，是否在从事一些不利于自身健康的工作或活动。这样一些行为或行动，企业和保险公司很难观察得到。这就造成所谓"隐藏行动"的信息不对称。

由于信息不对称，市场就会失灵，从而会出现很多问题。由"隐藏知识"造成的问题，我们称之为"逆向选择"，逆向选择往往发生在契约订立之前。由"隐藏行动"造成的问题，我们称之为"道德风险"，道德风险往往发生在契约订立之后。接下来，我们就对这两种信息不对称带来的问题进行详细的讨论。

243

第二节　旧车市场隐藏知识与逆向选择

一、信息对称市场的均衡

对产品质量信息不对称的分析首先是由美国经济学家乔治·阿克洛夫做出的，他讲述了一个非常经典的例子——"旧车市场"，并通过这个例子来考察信息不对称所引起的逆向选择如何干扰市场的有效运转。

让我们先看看没有隐藏信息的市场吧。在一个信息对称的市场中，消费者能够把低质量的产品与高质量的产品区分开来，并在他们之间进行选择。有些人会选择低质量的，因为它们的价格低，有些人会选择高质量的，因为他们愿意付高价格。从而高质量的车和低质量的车各自会有一定的成交量。

比如，设想某个旧车市场有 100 个卖者，每个卖者出售一辆旧车，共有 100 辆旧车待出售。市场上恰好有 100 个车辆购买者，每个买者购买一辆旧车。假定 100 辆旧车中质量较好的车为 20 辆，质量一般的为 50 辆，质量较差的为 30 辆。假定购买者对质量较好的车愿意出 20 万元的价格购买，对质量一般的车愿意出 10 万元的价格购买，对质量较差的车愿意出 5 万元的价格购买。出售者对质量较好的车愿意

---

① 这里的委托人和代理人的概念和法律上的概念不太一样。

接受的最低价格为 16 万元，对质量一般的车愿意接受的最低价格为 8 万元，对质量较差的车愿意接受的最低价格为 4 万元。

若买卖双方的信息是对称的，即买者与卖者双方都知道进行交易的车的质量，则市场达到供求相等的有效均衡是没有问题的。20 辆质量较好的车的供给 S_1 和需求 D_1 决定它将在 16 万~20 万元的价格成交，50 辆质量一般的车的供给 S_2 和需求 D_2 决定每辆都将在 8 万~10 万元的价格成交，30 辆质量较差的车的供给 S_3 和需求 D_3 决定每辆都将在 4 万~5 万元的价格成交。市场既不存在过剩的供给，也不存在过剩的需求，如图 17.1 所示。

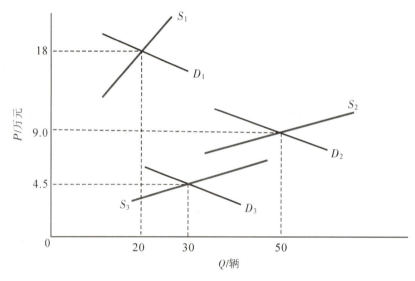

图 17.1　信息对称市场的市场均衡和效率

二、不对称信息：高质量旧车被中低质量旧车淘汰

实际上情况并非如前文所述，因为旧车的卖主比潜在的买者更加了解旧车的质量。实际上，买卖双方关于旧车质量的信息是不对称的：卖者知道自己车的质量，买者只知道待出售的 100 辆旧车中有 20% 质量是较好的，质量一般有 50%，还有 30% 的质量较差，但是买者并不知道每一辆旧车的具体质量，也就是买者无法区分旧车的质量优劣。在这种情况下，每一位买者对所购的旧车愿意支出的价格肯定是介于 5 万元到 20 万元之间的一个价格，按照加权平均价格计算是 10.5 万元（20×20%+10×50%+5×30% = 10.5）。

我们看看 10.5 万元的价格对供给会产生什么影响。哪一个卖者愿意以 10 万元的价格出售旧车？由于拥有较好质量旧车的出售者愿意接受的最低价格是 16 万元，只有那些拥有一般质量和较差质量车的人愿意按 10.5 万元的价格出售旧车。因此在 10.5 万元的价格水平，不会有一辆质量较好的旧车成交，可能成交的只有一般质量和低质量的旧车。因此，高质量的旧车市场就不复存在了，还存在的只有中低质量的旧车市场，如图 17.2 所示。

三、不对称信息：中等质量旧车被低质量旧车淘汰

如果旧车的购买者知道，在 10 万元的价格水平不会有一个出售者出售质量较好的旧车，而只有质量一般和较差的旧车可供购买。在这种情况下，每一位买者对所购的旧车愿意支出的价格就不是 10.5 万元，而是介于 5 万元和 10 万元之间的一个价格，按照加权平均计算为 7.5 万元（10×0.5+5×0.5＝7.5）。

我们再看看 7.5 万元的价格对供给会产生什么影响。哪一个卖者愿意以 7.5 万元的价格出售旧车？由于拥有中等质量旧车的出售者愿意接受的最低价格是 8 万元，只有那些拥有较差质量车的人愿意按 7.5 万元的价格出售旧车。因此在 7.5 万元的价格水平，不会有中等质量的旧车成交。

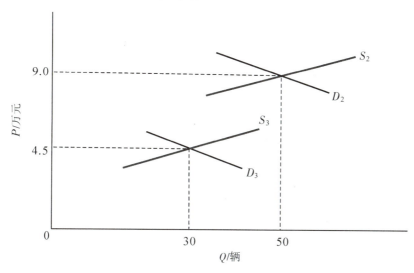

图 17.2　第一轮逆向选择：中低质量的旧车淘汰了高质量的旧车

如果旧车的购买者知道，在 7.5 万元的价格水平不会有一个出售者出售中等质量的旧车，而只有质量较差的旧车可供购买，他愿意支付的价格就不是 7.5 万元，而是 5.0 万元。

所以旧车市场最终可能只是 30 辆质量较差的车在 4.0 万元到 5.0 万元的价格间成交，次品充斥市场，如图 17.3 所示。也许还有更为严重的情况，那就是没有什么车能够成交。

逆向选择是指在信息不对称的情况下，由于交易的一方无法观察到另一方重要的外部特征，交易市场上出现的"劣币驱逐良币"或劣质品驱逐优质品的现象。如在跳蚤市场（旧货市场）买东西，特别是一些贵重的物品（电视、冰箱），人们多不愿意出高价，对旧货的质量总有疑虑或担心，觉得旧货市场上的商品没有好货。为什么消费者普遍对二手货的质量没有信心呢？因为买卖双方存在信息不对称，也就是卖者对所售旧货质量的了解要远远多于买者。

考虑更加一般的情况，将市场上的旧车质量从高到低分出 A、B、C、D、E 等多个档次。根据上面的例子可知，当消费者以平均出价买车时，一部分价格被低估

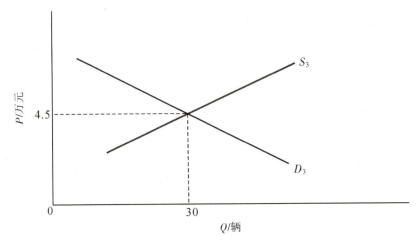

图 17.3　第二轮逆向选择：低质量的旧车淘汰了中等质量的旧车

的车会退出市场，其结果是旧车市场中好车的比例变得更低。当消费者开始明白市场上的这种变化后，他对旧车的平均评价就会调整得更低，那么又有另一部分价格被低估的车退出市场，消费者将评价再一次调低，再有一部分车退出市场，那么经过很多个回合后，有可能旧车市场上只存在最次质量的车，稍好一点的车都不会在市场上出现。

　　该例子十分生动地描述了存在信息不对称时，市场上某些商品交易受到的巨大干扰，也就是市场失灵了。在旧车市场上如果信息是完全的、对称的，消费者本来是可以根据自己的预算约束在不同质量、不同价格的旧车之间进行自由挑选的，可是只要存在信息的不对称，消费者就无法在市场上买到质量较好的商品。

　　信息不对称引起的逆向选择不仅仅存在于旧货市场，保险市场、劳动力市场、信贷市场也很常见。对于市场机制来说，逆向选择的存在是一个麻烦，因为它意味着市场的低效率以及市场的失灵，导致市场不能很好地运行甚至消失，市场卖者和买者都很少，成交量也很少，甚至根本不能成交，市场交易量会少于信息对称市场的均衡量。即使有交易发生，交易成本也很高，因为双方要经过反复的讨价还价过程。优质产品和要素不可能在市场上成交，也会造成资源的浪费。

第三节　劳动力市场的逆向选择与信号

一、劳动市场上的"逆向选择"

　　我们首先来看一个劳动市场上的逆向选择的例子。假设企业招聘员工，在劳动市场上有三类应聘者：能力强的、能力中等的和能力差的，每种类型的人各占 1/3。这三类应聘者都清楚地知道自己能力的强弱，而企业却不清楚某个应聘者到底属于哪一种类型。这就是一个典型的在契约订立之前的"隐藏知识"的信息不对称的现象。应聘者是"代理人"，拥有私人信息，即关于自身能力的信息，而企业是"委托人"，处于信息的弱势方。我们再假设，能力强的应聘者要求的工资水平为 5 000 元，能力中等的应聘者要求的工资水平为 2 500 元，能力差的应聘者要求的工资水平为 1 500 元。

如果企业能确切地知道应聘者的能力水平，即不存在信息不对称的问题，那么，劳动市场就能良好运行，企业也能招到所需要的类型的员工。但现实中，企业往往不能确切知道应聘者的能力，即信息往往是不对称的。那么，情况会怎么样呢？首先我们能肯定的是企业一定不愿意出 5 000 元的工资来招聘员工。因为企业知道如果出 5 000 元的工资，由于其不能区分应聘者的能力类型，那么，招聘到的员工中就会有很多能力中等或能力差的，企业会得不偿失。在这种情况下，企业肯定会降低工资水平。另外，企业不知道某个应聘者具体的能力强弱，但企业知道在劳动市场上三类应聘者各占 1/3，企业的一个很自然的想法就是出一个平均工资来招聘员工，即企业开出的工资水平为 3 000 元（1/3×5 000+1/3×2 500+1/3×1 500＝3 000）。

企业之所以开出这种工资水平，是由于其处于信息的劣势，不能区分员工的能力。企业期望在 3 000 元的工资水平下招到的员工中，能力强的、中等的和差的各占 1/3，这时企业就可以正常运营下去。然而，现实与企业的期望却是不一致的。显然，在 3 000 元的工资水平下，能力强的应聘者是不会来应聘的，因为企业开出的工资低于其要求的 5 000 元的工资水平，而应聘的都是能力中等和能力差的（因为 3 000 元的工资大于能力中等的人所要求的 2 500 元的工资，也大于能力差的人要求的 1 500 元的工资）。由于企业的信息劣势，企业最后招到的都是能力中等和能力差的应聘者。当企业意识到这个问题时，它知道 3 000 元工资水平过高，企业得不偿失，于是企业又会进一步降低工资。由于现在劳动市场上只剩下两类应聘者，即能力中等的和能力差的，并各占 1/2。于是企业会开出新的平均工资水平，该工资水平为 2 000 元（1/2×2 500+1/2×1 500＝2 000）。但此时企业会发现能力中等的人也不会来应聘了，因为 2 000 元低于能力中等的人所要求的 2500 元的工资水平。那么，企业招聘到的应聘者就只可能是能力差的应聘者，但企业开出的工资水平 2 000 元大于 1 500 元，企业又得不偿失了，那么，企业又会再一次降低工资。最后我们会看到这样的劳动市场的均衡，企业开出 1 500 元的工资，招聘到能力差的员工，在劳动市场能力强的和能力中等的应聘者都被排除在市场交易之外。

在上面分析过程中我们看到，由于信息不对称的问题，企业不会开出很高的工资，同时随着工资水平的下降，能力越强的人就越早被淘汰出市场，留下的都是能力较弱的应聘者。而企业最终招聘到的都是能力差的人。这显然不是帕累托最优的。因为如果企业能招聘到能力强的应聘者，能力强的人也得到相应的工资水平，则双方都有利，换句话说，这就是一种帕累托改进。但由于信息的不对称，这种帕累托改进不能发生，造成效率的损失。

二、劳动力市场上的信号发送与信号甄别

从前面的分析中可以看到，逆向选择的存在导致市场严重失灵。那么，可以通过什么样的手段和方法来纠正和减少这种市场失灵对社会经济的不利影响呢？政府

可以发挥相应的作用，如通过强制性的手段来阻止逆向选择行为的发生。比如，政府可以规定商品的质量标准，那么，商品市场上信息不对称的问题和逆向选择的行为就可以得到缓解和纠正。

在现实经济中，逆向选择的问题也可以通过私人的行为得到部分或完全解决。因为逆向选择产生于信息的不对称，那么，一个直接的解决方法就是降低信息不对称的程度。那谁会去这样做呢？我们来看看商品市场的例子中谁会想法解决信息不对称的问题。首先是拥有高质量商品的卖方，他们手头上的商品会由于信息不对称的问题而卖不出去，所以他们希望通过各种方式让买方能够了解商品的质量信息；其次是想购买高质量商品的消费者，由于信息不对称，他们买不到高质量的商品，因此他们也希望通过各种方法尽量多了解一些商品的质量。实际上这就为我们提供了解决逆向选择的的两个途径。第一种途径，我们称之为"信号发送"的方式。信号发送是指拥有私人信息的一方（代理人）通过采取可被观测的行为（发送信号）来向另一方（委托人）显示自己的真实信息。另一种途径，我们称之为"信号甄别"方式。信号甄别是指没有私人信息的一方（委托人）设计某种方案或机制来主动识别代理人的私人信息，以缓解信息的不对称问题。

接下来，我们来看看一些实际生活中的信号发送和信号甄别的例子。首先，我们来看劳动力市场上会出现的逆向选择现象。由于个人能力是私人信息，一部分能力强的应聘者就可能找不到工作，或者即使找到工作也只能得到平均工资，而得不到其理想收入，于是应聘者就有很强烈的动机去向企业表明自己的能力，这就是一个"信号发送"的问题。能力强的应聘者应该发送什么样的信号才能使企业相信其是能力强的求职者呢？现实生活和经济理论的研究告诉我们，受教育程度是一种较好的信号。受教育有两个方面的作用，一是增加个人的知识和技能，积累人力资本，使得劳动生产率得到提高；二是完成一定的学业本身也表明一个人具有相应的智力水平、学习和工作能力。在第二个作用中，教育实际上起着一个信号的作用，这也是我们在这里强调的作用。现实中，我们看到企业招聘时往往看你是否有大学文凭，是否是名牌大学、重点大学毕业，因为这里含有重要的关于能力的信息。所以，能力强的应聘者愿意通过接受教育来发送信号，表征自己的能力以获得较高的工资。但教育这样的信号能起作用，关键在于教育能区分不同能力。因此，"教育"这种信号就要求强能力者必须接受足够高的教育来证明自己是强能力的，以区别弱能力者。如果强能力者接受的教育水平不够高，弱能力的人也可以接受相应的教育水平来伪装自己是强能力的，那么，教育就起不到其"信号"的作用。换句话说，强能力者必须达到足够高的教育水平，如果弱能力者要达到这种高度的教育水平，必须付出很大的低价，最后的结果可能是得不偿失。

上面的例子是一个信号发送的例子，实际上劳动力市场上也存在着"信号甄别"的例子。由于信息不对称的问题，企业可能招不到能力强的员工，因此企业也有动机去获取应聘者的能力信息。现代企业往往会设计出一些机制，通过这些机制来辨别或甄别应聘者有关能力的私人信息。一种简单而常见的机制是计件工资和计时工资制度。比如，一家企业同时实施这两种工资制度，任员工选择；那么，最后结果很可能是，强能力的员工会选择计件工资制，而弱能力的劳动者会倾向于选择计时工资制。企业通过这种制度就能甄别出员工的私人信息，招到企业想招聘的员工，从而有效地解决了逆向选择问题。

第四节　金融市场的逆向选择与信号

一、金融市场的"次品车"

在债务市场和股权市场中，也会出现"次品车"问题。假设投资者郑文是普通股票的潜在购买者，他不能识别哪些是有较高预期收益和低风险的优良公司，哪些是有较低预期收益和高风险的不良公司。在这种情况下，郑文只愿意支付反映发行证券的公司平均质量的价格——该价格介于不良公司的证券的价值与优良公司的证券的价值之间。如果一个优良公司的经理比郑文拥有更多的信息，他们便知道该证券的价格被低估了，他们就不愿意按照郑文的出价卖出证券，而愿意向郑文出售证券的只有那些价格高于该证券价值的不良公司。但郑文并不是傻瓜，他不会愿意持有不良公司的股票，因而他就会决定不在市场上购买证券。这个后果类似于二手车市场。由于很少有公司通过销售证券来筹资，证券市场就不会运行得很好。

如果郑文不是购买股票而是购买公司的债务，只有在利息率高到足以补偿优良公司以及不良公司设法卖出的债券的平均违约风险时，郑文才会购买债券。老谋深算的优良公司的所有者意识到，他们将要支付的利息率比应该支付的高，因而他们就不愿意在市场上借款。只有不良公司才愿意借款，但是像郑文这样的投资者又不愿意购买不良公司的债，所以他们将不买任何债券。由丁公司的债券很少在市场上销售，因而这个市场不是良好的融资源泉。

金融市场上的逆向选择是交易前发生的信息不对称现象。潜在的不良贷款风险来自那些积极寻找贷款的人。因此，最有可能导致与期望相违的借款人往往就是最希望从事这笔交易的人。极端地说，冒险者或纯粹的骗子最急切地要得到贷款，因为他们知道自己极可能不偿还贷款。由于逆向选择使得贷款成为不良贷款的风险的可能性增大，即使市场上有风险较低的贷款机会，放款者也决定不发放贷款。

在证券市场上，会出现"次品车"——不良公司的股票和债券，当买主所出价格低于卖主愿意接受的最低价格时，卖主不会卖；反之买主也不会买。因此，证券市场的成交量会很小，市场运行会很差。总之，市场是高风险的、低成交的、多不良公司的、运行低效率的。

二、金融市场的信息生产和信号传送

如果证券的购买者能识别优良公司和不良公司，他们将为优良公司的证券支付足额的价值，优良公司也将愿意在市场上推销它们的证券。这样，证券市场就会把资金转移到有最佳生产投资机会的优良公司手中。

1. 私人生产和销售信息

要解决逆向选择，就要向资金供应者提供那些正在为投资寻找资金的个人或公司的详细情况，以消除信息不对称。储蓄贷款协会获得这些材料的途径之一就是设立私人公司，由它们负责收集和生产区别好坏公司的信息，然后卖给证券的购买者。在美国，如标准普尔公司、穆迪公司和价值线公司就在从事此类工作。它们将各种公司的资产负债表以及投资活动的信息收集起来，出版这些数据，并卖给订购者（个人、图书馆以及购买证券的金融中介机构）。

由于搭便车，私人生产和销售信息的系统并不能完全解决证券市场中的逆向选择问题。当一些人不付费地利用了其他人付费收集到的信息时，搭便车问题就发生了。搭便车问题的存在表明，由私人销售信息只是部分地解决了"次品车"问题。假设你购买了能够分辨好坏公司的信息，你相信这种购买是值得的，因而你可以通过购买那些价值被低估了的好公司的证券来弥补购买信息的成本。然而，当搭便车者看到你购买了某种股票后，尽管他不为此付费也会跟着你买。如果许许多多的投资者都搭便车，那么对价值低估的好证券的需求不断增长，立即就会把他们从低价位拉到高价位。这些搭便车的行为，使得你不再能够买到价格低于价值的证券了。现在，由于你不能从购买信息中获得超额利润，你就会认为你大可不必为首先得到信息付费。如果其他的投资者也有同样的认识，私有公司和个人就可能难以卖出足够的信息，进而不能使其收集和生产信息的工作得到应有的报酬。私人公司从销售信息中获利的能力变低，生产的信息会减少。因此，逆向选择问题阻碍了证券市场有效运作。

2. 政府管制

搭便车问题造成了一种障碍，使得私人不能生产足够的信息来保证证券市场的有效运作。那么政府干预能够使金融市场得益吗？比如，政府能够生产信息，帮助投资者识别好坏公司，并免费提供给公众。然而，这种解决办法，需要政府发布关于公司的负面信息，从政治上说这实行起来很困难。

世界上大多数政府都采用的办法，就是政府对证券市场施加管理，鼓励公司披露真实信息，使投资者得以识别公司优劣。比如，证券交易委员会要求上市公司按照标准会计准则披露有关部门销售、资产和收益方面的信息。

当然，政府管理只是弱化了逆向选择，并不会消灭它。即使公司向公众公布了有关其销售、资产和收益方面的信息，他们仍然拥有比公众更多的信息。比起公布的统计数字来，还存在使你更了解公司真实情况的大量知识。另外，业绩差的公司会对其信息加以包装，使其看起来像好公司，这样一来其股票会得到更高的价格。业绩差的公司向投资者传递的是他们想传递的信息，而不是投资者希望他们传递的信息，这使投资者难以分辨公司的优劣。

3. 金融中介

现在我们已经知道，私人生产信息以及旨在鼓励提供信息的政府管理不能消除金融市场中的逆向选择问题。那么，在信息不对称的条件下，金融机构能够促使资金流向有投资机会的人吗？

在二手车市场上，大多数的二手车并不是在个人之间直接交换，而是由一个中介机构来销售。这些中间商成为鉴别二手车的专家，他们生产信息。一旦他们知道二手车的质量信息，在销售时就会提供某种形式的担保。担保或者是直接的，比如提供担保书，或者是暗含的，以交易商的诚实信誉为担保。由于有交易商居中担保，人们更愿意购买二手车，经纪人就能够通过生产二手车信息获利。如果交易商在生产信息的基础上转售二手车，就会防止其他人在信息生产上搭便车。

金融中介机构也能够发挥二手车交易商类似的作用。金融中介机构，比如银行，成为生产信息的专家，更能够分辨信贷风险的高低。然后，银行能够从存款者处得到资金，再将资金贷给好公司，获得利润。由于银行贷款的大部分是发放给好公司的，它们就能够从其贷款上获得比支付给存款者的利息更高的利息，银行获得盈利，这使它们能够从事此类生产信息的活动。

银行在信息生产中具有获利的能力，一个重要因素是它主要发放私人贷款（非交易的贷款），而不是购买公开市场上的证券。由于私人贷款是不交易的，其他人看不到银行在做什么，这既避免了搭便车，也可防止把贷款的价格拉到银行难以补偿信息生产费用的高点。

4. 抵押和净值

只有当借款者不能归还借款导致违约，贷款者蒙受损失时，逆向选择才会阻碍金融市场的正常运行。抵押品是借款者承诺的一旦违约便交给贷款者支配的财产，它可以减弱逆向选择的不利后果。因为它让贷款者在借款者违约的情况下减少损失。如果借款者发生贷款违约，贷款者可以卖掉抵押品，并用出售所得的款项补偿贷款损失。例如，如果你不能支付你的住房抵押贷款，贷款者可以拿你的房产所有权去拍卖，并用拍卖所得款项偿还贷款。于是，贷款者更愿意发放有抵押品担保的贷款。而借款者也乐意提供抵押品，因为贷款者的风险降低，将使借款者更能优先从贷款者那里获得贷款，更有可能获得较低的贷款利率。

净值也称股权资本，亦即一家公司资产和其负债的差额，发挥着与抵押品相类似的作用。如果公司净值较大，那么即便它从事了导致亏损的投资，从而在贷款偿付上发生违约，贷款者仍可以取得公司净值的所有权并将其售出，用销售所得款项补偿一些贷款损失。另外，公司起初的净值越大，其违约的可能性就越小，因公司拥有可用以偿还贷款的缓冲资产。因此，如果寻求贷款的公司拥有较大的净值，逆向选择的后果就不甚重要，贷款者就比较愿意提供贷款。

第十八章
隐藏行为与道德风险

第一节 道德风险与机制设计

一、道德风险

隐藏信息其实只是信息不对称情况下的一种现象，现在考虑信息不对称情况下的另一种情况——隐藏行为。隐藏行为会带来道德风险。所谓道德风险，是当信息不对称时交易的一方无法观察到另一方所采取的行动，由此所发生的具有私人信息或信息优势的一方故意不采取谨慎行动的情况。

理解不对称信息下的道德风险，还是先看看无隐藏行为的情况吧。

对于没有隐藏行为的情形，我们可以设想委托人和代理人同一的情况。考虑某一个城市，自行车时常被盗。如果某个车主不希望自行车被盗，白白蒙受损失，那么为自行车买个保险不失为一种好办法。当车主没有为自行车保险时，他会为防盗采取一些措施，比如说买防盗锁、每天都将车扛到家里放着等。当然，任何措施也不可能使自行车不被盗，只能使其被盗的概率降低。

当车主不为自行车买保险，我们可以看成是车主自己给自己保险。在这种情况下，委托人（承保人）与代理人（投保人）是同一的，那么投保人的成本 C_p 和收益 R_p 就与承保人的成本 C_s 和收益 R_s 完全一致。因此，投保人基于自身利益最大化的行为，同时就满足承保人的利益最大化。因此，投保人会尽可能地努力来实现自身的最大利益，因而市场均衡就是有效均衡。如图 18.1 所示。

假设车主向保险公司购买了保险，情况就不一样了。

假设当车主谨慎看护自行车时，车的被盗率是 0.01。保险公司根据历史资料也知道该车主的自行车的被盗率是 0.01，那么保险公司索要的保费是 1.5 元（假设一辆车价值 150 元）。但是当车主（投保人）和保险公司签订了保险合同后，车主意识到自行车在被盗后有了足额保险赔偿，车主的行为就会与投保前不一样。既然投了保，自行车被盗后会得到补偿，投保人就不一定会兢兢业业地守护自行车了。总之，投保人在投保后，其行为就会倾向于不谨慎，假设车主因投保而对自行车的看护放松，被盗率上升为 0.05，保险公司的利益就受到了侵害。因为保险公司在签约时是根据 0.01 的被盗率收取保费的，而签约后保险公司由于无法监督投保人的行

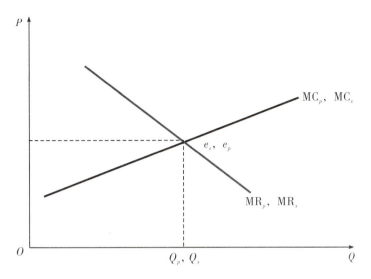

图 18.1　无隐藏行为的保险市场均衡与效率

为，投保人放松警惕，致使自行车被盗率上升为 0.05，即保险公司收取的保费事后来看偏低。所以，道德风险主要是由卖方的信息不完全造成的。

道德风险和逆向选择的区别在于逆向选择属于事前非对称信息下的情况。所谓"事前"，是指信息的不对称发生在市场交易双方签约之前。比如，就业市场上当工资为平均值时，那么在招聘实际完成之前就已经发生了逆向选择（能力弱的应聘人员留在招聘市场而能力强的人却不得不离开）。而道德风险问题则属于事后非对称信息下的情况，即当交易双方订立合约后拥有私人信息的一方（信息优势方）的损人利己的行为。

在隐藏行为下，代理人面临责任心下降的诱惑，这就会出现两个不一致：一是代理人所采取的行动与委托人所期望的不一样，二是出现代理人的实际行为与代理人签约时承诺的行为不一致。在签订合约之后，这种不一致大量存在。

比如，婚姻也是一种合约，结婚誓词也是夫妻双方对彼此的要求和承诺。尽管结婚誓词有差异，但是没有差异的是，婚后的行为与誓词不一致，也就是说婚后存在隐藏行为。

无论什么契约，我们都发现存在大量的隐藏行为。这些隐藏行为会导致道德风险。代理人追求自己最大利益的行为，会改变委托人盈或者亏的概率，使委托人面临更高的风险。在劳动或者经理市场上，劳动者和经理的偷懒行为使企业面临更大的亏损可能性。比如，职业经理人可能以各种借口追求在职消费，追求豪车和豪华办公室，追求不合理的企业并购等。在信贷市场上，借款人为了自己的最大利益，可能冒险投资，使得银行面临更多的不能回收贷款的风险。在保险市场上，投保人的放纵或者大意行为使保险公司面临更大的赔付的可能性。保险市场上的道德风险导致的低效率如图 18.2 所示。

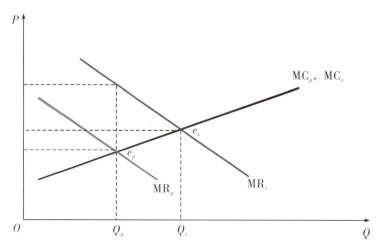

图 18.2　保险市场的道德风险与效率

显然，这种风险是因为代理人签约后的行为动机与签约前不一样了，这种动机的改变仅仅是道德层面的，而不是法律等其他层面的。实际上，道德风险就是签约后，代理人的动机发生改变出现的不诚信和不诚实行为。

二、道德风险与机制设计

道德风险主要存在于售后服务和保险领域中，解决道德风险问题的关键在于监督买方的行为。所以在这两个领域可以通过制定更加严密的制度来防止买方的不道德行为。

如在实行退换制度和售后服务时，厂商对消费者使用商品的方法和程序进行严格的规定，把因消费者使用不当而造成的商品损坏排除在退换制度和售后服务之外。在保险类行业中，商业保险公司应对相关的投保信息进行谨慎的评估，努力提高承保质量，加强核保、核赔等关键工作环节的管理。除了严格理赔范围之外，还要附有细致的审查制度，以防止投保人的欺诈行为。

另外，对于风险问题，除加强监督之外，还可以引入"激励"手段。因为在卖方无法对买方行为进行有力的监督时，可以采取各种奖励措施，鼓励买方按道德原则行事。比如，在汽车保险中，如果保险人在一个保险期内无事故发生，在下一保险期内，保险公司可以给予投保人降低保费率的奖励。而对发生事故的投保人则收取高于本期保费率的保险金作为处罚，以鼓励投保人尽可能避免发生事故。

委托-代理理论的中心问题，就是解决在信息不对称的情况下对代理人的适当激励问题，即设计一个激励方案用以刺激代理人，使其行为符合委托人的利益。一般来说，委托人可以采取"胡萝卜与大棒"政策：一方面是对代理人进行激励，力求实现激励相容；另一方面对代理的过程实行监督，充分发挥"经理人市场"的作用，通过经理人市场的竞争，迫使经理人按照委托人的意愿行事。

委托-代理理论一般假设代理人是私人信息拥有者而具有信息优势，委托人无法直接观察到代理人的行为。以企业中企业主与工人的关系为例，企业主的目标显然是企业利润的最大化，而企业的利润情况与代理人（工人）工作的努力程度息息相关。如果工人工作不卖力，那么企业的盈利肯定不会达到企业主的理想要求。企业主如何在无法监督工人工作（或监督成本很高）的情况下让工人努力工作，就显得十分重要。委托-代理理论的解决思路是从两方面看待这个问题。首先，从业主的角度来看，企业主根据利润最大化的目标与工人签订一份激励合同，尽力做到使工人的努力程度达到要求。其次，从工人的角度来看，工人根据激励合同自愿付出最佳努力程度，即工人在合同的约束下，最大化自己效用的结果正好满足企业主的要求。

三、政府对信息不对称问题的纠正

信息不对称是商品交换本身造成的，市场机制难以完全克服，需要借助国家权力，通过制定法律和法规的方式，消除信息不对称带来的各种不良后果。国家在消除信息不对称带来的不良后果时，其出发点是保护交易中处于信息劣势的一方。所以在政策法规的制定过程中，其指导思想就是在交易前（或事前）和交易过程中重点保护消费者，事后重点保护生产者。对于消费者处于信息劣势的情况，政府主要是从消费者的角度，通过法规和政策强制生产者向消费者提供足够的商品信息。同时，国家以法律的形式制定各种商品的质量标准。一种商品在上市之前，必须经过国家指定的检测部门的检验，取得国家颁发的质量合格证书。出于对国家的信任，消费者大胆地购买商品，这实际上是一种政治信任。国家以自己的信誉作为商品的质量保证，为消费者的不对称信息承担风险。为了确保在信息不对称的情况下消费者的利益不受损失，政府规定生产者或商家必须对所出售的商品负责，因而就有了商品的包退包换保修的三包制度。

国家制定保护消费者权利的法律，规定消费者有安全保障的权利、获得正确信息的权利和选择商品的权利。当消费者的这些权利受到损害时，比如受到虚假广告的欺骗，消费者可以依法追究厂商的责任。针对信息在买卖双方的不对称，国家工商部门特别禁止虚假的或欺骗性的广告宣传，禁止在广告和商品的装潢上向消费者提供与商品实际性能不符的信息。国家对市场的这种干预旨在恢复市场优胜劣汰的功能。

在避免道德风险的问题上，政府的作用更加明显。道德风险发生在交易行为以后，卖方由于缺少关于买方可能行为的了解，无法对买方进行有效的监督，这时就需要借助公共权威机构，制定相关的制度、法律和政策，对买方的行为进行约束。首先，对于那些利用商品售后保证制度和保险业理赔制度进行欺诈的消费者，给予法律制裁，保护生产者的合法权益。其次，对委托-代理关系中的代理方利用职权损害委托方利益的行为给予法律制裁。目前各国都建立了关于股份公司的法律，严格规定经理或厂长的资格，严格限制他们的行为。法律规定经理或厂长的经营行为受股东大会产生的监事会的监督。对于股份公司的会计制度、会计人员资格和权力也有强制性规定，意在防止经理人员伙同会计人员以权谋私。审计制度也是由法律形式固定下来的，股东有权对企业的经营情况进行公开检查。

第二节　股权合约中的道德风险

一、委托人-代理人矛盾与股权合约

道德风险是交易发生后的信息不对称现象。放款者发放贷款后，将面对借款者从事那些贷款者并不期望进行的活动的问题，因为这些活动可能使贷款难以收回。道德风险降低了贷款归还的可能性，放款者宁可做出不贷款的决定。

股权合约是分享公司盈利和资产的要求权，它容易受到被称为委托人-代理人问题的道德风险的影响。当经理只拥有其所在公司的一小部分股权时，拥有大部分公司股权的股东（称为委托人）是同公司的管理者（作为委托人的代理人）相分离的。这种所有权和控制权的分离所涉及的道德风险在于，掌握控制权的经理们（代理人）可能会按照他们自己的利益而不是股东（委托人）的利益来行事，因为经理们利润最大化的动力没有股东那么大。

为了更充分地理解委托人-代理人之间的矛盾，不妨假设这样一种情况：申夫要求你成为他的辣条店的"不说话"的合伙人。这个店要投资 10 000 元才能建立起来，而申夫只有 1 000 元。于是，你购买了 9 000 元的股权，从而拥有了公司 90% 的所有权，而申夫只拥有 10%。如果申夫工作很努力，他制作可口的辣条，保持店面清洁，微笑接待每一位顾客，快捷地收拾餐桌，在扣除了所有的开支之后（包括申夫的薪水），辣条店将每年盈利 50 000 元，其中，申夫得到 10%（5 000 元），而你得到 90%（45 000 元）。

但是，如果申夫不对其顾客提供快捷、友好的服务，而是用 50 000 元的收入购买艺术品装饰其办公室，甚至在本应工作的时候溜到海滩上，那么辣条店就不会有任何盈利。如果申夫工作努力，放弃投资办公室的艺术品，他只能在薪水之外多挣 5 000 元。申夫可能认为，为了这 5 000 元而付出努力去做一个好的经营者并不值得，只有多挣 10 000 元才是值得的。倘若他果真这么想，就不会有足够的动力去做一个好的经营者。事情的结果将是这样的，比如，申夫拥有一间豪华的办公室，得到一身晒得黝黑的健康的皮肤，但辣条店却没有盈利。由于辣条店不能盈利，申夫不为你的利益行事的决定，将使你损失 45 000 元。

如果申夫并不十分诚实，由委托人-代理人问题所造成的道德风险将导致更糟的结果。由于辣条店是现金买卖，申夫可能把 50 000 元揣在自己兜里而告诉你没有盈利。现在他获得了 50 000 元的收入，而你一无所获。

经理们为自己建造豪华办公室，或者驾驶价格昂贵的公司车的情况向我们提供了进一步的例证，说明由股权合约导致的委托人-代理人问题将会多么严重。除了追求个人利益，经理们还追求能扩大其个人权力但并不增加公司盈利能力的公司战略，例如，购买其他公司等。

如果公司的所有者能完全知晓经理们的所作所为，并能够防止浪费性开支或欺

骗，委托人-代理人问题就不会产生。只是因为类似申夫的经理们对于其经营活动拥有比股东们更多的信息，即存在信息不对称，才会发生委托人-代理人问题，这是道德风险的一个例子。如果申夫独自拥有公司，不存在股权与控制权分离的情况，那么委托人-代理人问题也不会产生。如果申夫努力工作，而且不从事非生产性投资，这将使他盈利50 000元。如此，他做一个好的经理就是值得的。

二、解决股权合约中的道德风险

1. 信息生产：股东监管

我们已经知道委托人-代理人问题之所以发生，是由于经理对公司的活动和实际盈利状况比股东了解得更多。对股东来说，防备这种道德风险的办法之一，就是进行一种特殊类型的信息生产来监督公司的活动：经常对公司进行审计，并检查经理在做什么。这种监管要花费大量的时间和金钱，所以股权合约不很吸引人。

搭便车能够减少道德风险的信息生产量。搭便车问题也弱化了监督。如果你知道其他的股东正在花钱监管你持有其股票的公司的活动，你就能搭这些股东的便车。于是，你可以省下用于监管的钱，而用之去加勒比海岸度假。然而，你能这样做，其他的股东也同样能如此。也许所有的股东都会去海岛，而没有人花费资源去对公司进行监管。因此，普通股的道德风险问题会很严重，这使得公司很难通过发行股票来筹资。

2. 政府管理以增加信息

如同对待逆向选择一样，政府一直力求降低由信息不对称产生的道德风险问题。各国都制定了法律，要求公司使用标准的会计准则，以便人们更容易评判公司的盈利。各国还通过了一些法律，对那些从事隐瞒、骗取利润的欺诈行为的当事人施以严厉的刑事惩罚。然而，这些措施只有一定的效力。发现此类欺诈行为并不容易，欺瞒的经理人力图造成障碍和假象，使政府机构很难发现或证实这些欺诈行为。

3. 金融中介作用

金融中介机构有能力避免道德风险中的搭便车问题。有一类叫风险资本的金融中介公司，有助于减少委托人-代理人问题中的道德风险。风险资本公司将合伙人的资金聚集起来，并运用这些资金帮助新生的企业启动事业。公司将风险资本放在新企业中，得到的是企业的股权，它通常坚持委派一些自己人进入公司管理机构，成为董事会成员，以便了解公司的活动。当风险资本公司提供了启动资金后，企业的股份就不能卖给其他人，只能卖给风险公司本身，这样一来就能避免其他投资者搭风险资本鉴定活动的便车。这种安排的结果，使风险资本公司获得了鉴定活动的全部收益，从而有了适当的动力来弱化道德风险问题。

第三节　债务合约中的道德风险

一、债务合约中的道德风险

道德风险是伴随债务合约产生的，债务合约是在任何情况下对利润的要求权。如果一项合约可以安排得使道德风险只在某些特定条件下才会产生，对管理者进行监管的需要就会减少，这种合约就会比股权合约更有吸引力。债务合约恰恰就具有这种特点。

债务合约是一种规定借款人必须定期向贷款者支付固定金额的契约性合约。当公司有较高盈利时，贷款者收到契约性偿付款而不需要确切知道公司的利润。如果经理隐瞒利润，或从事个人得益但并不增加企业利润的活动，只要这些活动并不影响公司按时偿付债务的能力，贷款者就不必介意。只有当公司不能偿付债务，处于违约状态时，才需要贷款者来鉴审公司的盈利状况。只有在这种情况下，作为债务合约贷款方的贷款者才要像公司的股东一样行事：为了得到公平的份额，他们需要知道公司有多少收入。

尽管债务合约有上面提到的优势，它还是容易受到道德风险的影响。由于债务合约要求借款者偿付一个固定的数额，才允许他在此固定数额之上保留利润，借款者便有一种从事比贷款者所愿意从事的风险更大的投资项目的动力。

举例来说，假定由于你对于查证申夫辣条店的盈利问题比较担心，你决定不成为该店的一个股份合伙人，于是你借给申夫所需的 9 000 元支持他建立他的事业，并因而得到一份允诺支付你 10% 的利息率的债务合约。就你所关心的问题而言，这是一项可靠的投资，因为你所在的社区对辣条有强大而稳定的需求。然而，一旦你将资金给了申夫，他就可能把它用在你并不打算投入的用途上。申夫可能不去开辣条店，而是把你的 9 000 元贷款投资在化学研究设备上，因为他认为他有 1/10 的机会发明出一种更加健康而味道同名牌没有差别的辣条。

显然，这是一项风险很大的投资。但如果获得成功，申夫将变成百万富翁。于是他有很强的冲动去从事这项冒险的投资，因为如果成功，他的收益太丰厚了。申夫如果把你的贷款用于这项风险投资，你显然很不乐意，因为如果他未获成功，你给他的钱将蒙受损失，即使不是全部也将是大部分。如果他成功了，你也不能分享他的成功，你将仍然只得到贷款的 10% 的回报，因为本金和利息的偿付都是固定的。由于潜在地存在着道德风险，你可能将不贷款给申夫，尽管在社区内开设辣条店是一项能给每一个人都带来益处的好投资。

二、解决债务合约中的道德风险

1. 净值

当借款者由于自己的资产净值很高而自己处于得失攸关的地位时，他以贷款者反感的方式行事的激励会大大减少。因为，如果这样做，借款者自身将蒙受巨大损失。让我们回到申夫和他的辣条店的例子。假设开设辣条店或投资于研究设备的成本是 100 000 元而不是 10 000 元，这样，申夫就需要把他自己的 91 000 元投入其中，再加上你提供的 9 000 元贷款。现在，如果申夫没有开发出更健康可口的辣条，他将损失净值中的 91 000 元。他在从事风险较大的投资时就会三思而行，他更有可能投资于较有把握的辣条店。这样看来，当申夫自己投入的钱越多，你越有可能向他提供贷款。

实际上，对于高净值有助于解决道德风险的一种解释，就是它使债务合约的动力一致。也就是说，它使得借款者和贷款者的动机一致了起来。借款者的资产净值越大，借款者按照贷款者的希望和意愿行事的动力就越大，债务合约中道德风险的问题就会越少，而公司借款也就越容易；相反，借款者的资产净值越低，道德风险就越大，公司就越难得到贷款。

2. 限制性契约的监督和执行

申夫和他的辣条店的例子表明，如果你确信申夫不会投资于比辣条店更具风险的任何事业，那就值得向他提供贷款。你可以通过在债务合约中写明限制该公司活动的条款，让申夫把你的钱用于你所期望的用途上。通过监督申夫的活动，看他是否遵守和执行限制性契约。如果他不遵守，则强制他遵守，这样你就能确保他不会牺牲你的利益来冒险。通过排除不合意愿的行为或鼓励合乎意愿的行为，限制性契约降低了道德风险。

可以将契约设计成用来防止借款者从事不合意愿的风险投资项目，使道德风险最小化。有一些此类契约规定，贷款只能用于为特定的活动融资，如购买特殊设备或财产。另外一些契约则限制借款公司从事某些风险性活动，如收购其他的公司。

限制性契约可以促使借款者去从事那些有较大把握偿还贷款的活动。在此类限制性贷款中，有一种要求居民户的家长必须办理生命保险，一旦家长去世，即用保险金支付抵押贷款。此类限制性契约的重点，在于鼓励借款公司将它们的净值保持得较高，因为借款公司的高净值减少了道德风险，使贷款者蒙受损失的可能性变小。典型的情况是，此类限制性契约都会指定公司必须维持与公司的规模相对应的某种资产的最低持有量。

限制性契约可以促使借款者将抵押品保持良好状态并保证它归借款者所有。这是寻常百姓最常遇到的一种契约。比如，汽车贷款合约要求车主对该车交投某一最低金额的碰撞险和偷窃险，并防止该车被变卖，除非贷款已支付完毕。住房抵押贷款的接受者必须有足够住房保险，当该财产被变卖时必须偿付抵押贷款。

限制性契约也要求借款公司通过提交季度会计报表和收入报表的形式来定期提供其活动的信息，以便贷款者更易于对公司实施监督，降低道德风险。这种类型的契约也规定贷款者有权力在任何时间对公司账目进行审计。

3. 金融中介的作用

限制性契约有助于缓解道德风险问题，但并不能完全杜绝它发生。制定一份能排除所有的有风险活动的契约几乎是不可能，借款者可能会十分聪明，他们能发现使限制性契约无法生效的漏洞。

限制性契约的另一个问题是它们必须监管和强制执行。如果借款者知道贷款者不会查验契约的执行情况，或不愿意支付诉诸法律的费用，他就会违约，限制性契约因而就会失去意义。由于监管和执行限制性契约要消耗成本，在债务市场中也会像在股票市场上一样产生搭便车的问题。如果你知道其他的债券持有人在监管和执行限制性契约，你就能搭他们的便车。于是，最可能的结果，就是没有足够的资源被用于监管和执行限制性契约。这样，道德风险仍然是可流通的债务的一个严重问题。

金融中介机构，特别是银行，只要它们主要提供私人贷款，就有能力避免搭便车问题。私人贷款是不交易的，所以没有人能搭中介机构监督执行限制性契约的便车。于是提供私人贷款的中介机构获得了监督和执行契约的收益，它们的工作减少了隐藏于债务合约中的道德风险问题。

第四节　金融危机与金融监管

一、金融危机

以资产价格的急剧下降，以及许多金融和非金融公司倒闭为特征的金融市场的大动荡，就是金融危机。如果金融市场中的逆向选择和道德风险问题不断累积，以致使市场不能有效地在储蓄者和投资者之间融通资金，金融危机就发生了。

利率提高、股市下跌、未预见的价格总水平下降、不确定性增加和银行恐慌五个因素导致逆向选择和道德风险严重恶化，引发金融危机。

1. 利率提高

那些从事风险最大的投资项目的个人和公司，愿意支付最高的利息率。如果市场利率因信贷需求增加或货币供应减少而上升，信贷风险低的借款者就不太想去借款，而信贷风险高的借款者却仍然愿意借款。由于逆向选择风险因此而增加，贷款者将不再提供贷款。贷款的大幅缩减，将导致投资和总体经济活动的水平实质下降。

2. 股票市场急剧下跌

股票市场的急剧下跌能加剧金融市场中逆向选择和道德风险问题，从而引发金融危机。由于股票价格计量的是公司的净值，股票市场的下跌便意味着公司净值下降，将使得贷款者不愿意提供贷款。抵押品价值下降，将减少其对贷款提供的保护，这让贷款的损失可能更加严重。

另外，由股市下跌引致的公司净值下降，将刺激借款公司从事风险投资。因为如果投资出了问题，它们蒙受的损失是比较小的。这将导致道德风险增大。道德风险的增大使得人们没有积极性去发放贷款，这就是为什么股市下跌、净值下降导致贷款减少和经济活动水平下降的另一个原因。

3. 未预见的价格总水平下降

未预见的价格总水平下降也会使公司的净值下降。由于契约规定的债务支付是固定的而且是名义值，未预见的价格水平的下降，就会提高公司负债的真实价值，但不会提高公司资产的真实价值。结果是，公司的真实净值下降了。价格水平的急剧下跌，将导致公司真实净值大大下降，使得贷款者面临的逆向选择和道德风险问题增大。这样，未预见的价格总水平的下降将导致贷款缩减，并导致经济活动萎缩。

4. 不确定性增加

一家重要的金融企业或非金融企业的倒闭、经济衰退或股市下跌，都可能使金融市场的不确定性急剧增大。这将使贷款者更难分辨贷款风险的高低，因而便无力解决逆向选择问题。这将使得他们不愿意提供贷款，进而导致贷款减少，投资萎缩以及总体经济活动水平下降。

5. 银行恐慌

银行从事生产信息的活动，便利了经济社会中的生产性投资，发挥了重要的金融中介作用。因此，金融危机中许多银行的倒闭，将减少通过银行进行的金融中介活动，并导致投资缩减和总经济活动水平下降。金融危机期间银行数目的减少，会减少对借款者的资金供给，从而导致微利率提高。由于利率提高也会增加信贷市场上的逆向选择，所以银行恐慌将使经济活动水平进一步下降。

二、信用风险管理和金融监管

解决信息不对称，降低信用风险就要进行信用风险管理。比如，筛选客户。通过要求贷款者填报一些披露大量个人财产信息的表格，并在此基础上进行调查、访问和判断贷款者的信用度，从而区分高风险和低风险的人，然后决定向信用好的人放款。又比如，贷款承诺。即银行同意在未来的某一时期中，以某种与市场利率相关的利率向企业提供某一限度内的贷款。大部分的工业贷款是在贷款承诺的安排下发放的，这实际上减少了银行筛选和收集信息的成本。

解决信息不对称，还要求对金融机构进行最为严格的监管。比如，存款保险。政府提供存款保险的原因，一是解决人们担心存款风险而在存钱时犹豫，二是避免人们因缺乏对银行资产质量信息的了解而导致挤兑和银行恐慌。政府的存款保险有效地抑制了银行挤兑和恐慌，美国联邦保险公司通过偿付法、购买和接管法来处理银行倒闭问题。还比如，银行资产持有额限制和资本要求。限制银行持有风险资产如普通股票的规定，要求银行持有充足的资本，这主要根据巴塞尔协议来定的。此外，注册和审查。开办银行需要营业执照，可以防止骗子和从事投机活动的企业家来控制银行。

参考文献

[1] 萨缪尔森，诺德豪斯. 经济学 [M]. 萧琛, 译. 17 版. 北京：人民邮电出版社, 2004.

[2] 约瑟夫·斯蒂格利茨. 经济学 [M]. 张军, 夏业良, 等译. 2 版. 北京：中国人民大学出版社, 2000.

[3] 曼昆. 经济学原理 [M]. 梁小民, 等译. 北京：北京大学出版社, 2012.

[4] 布拉德利·希勒. 当代微观经济学 [M]. 豆建民, 等译. 8 版. 北京：人民邮电出版社, 2003.

[5] 迈克金·帕金. 微观经济学 [M]. 梁小民, 译. 5 版. 北京：人民邮电出版社, 2003.

[6] 平狄克，鲁宾菲尔德. 微观经济学 [M]. 张军, 等译. 4 版. 北京：中国人民大学出版社, 2000.

[7] 莫瑞斯，托马斯. 管理经济学 [M]. 陈卓武, 等译. 6 版. 北京：机械工业出版社, 2001.

[8] 弗里德里克·S. 米什金. 货币金融学 [M]. 马君潞, 张庆元, 刘洪海, 译. 2 版. 北京：机械工业出版社, 2011.

[9] 高鸿业. 微观经济学 [M]. 3 版. 北京：中国人民大学出版社, 2004.

[10] 厉以宁. 西方经济学 [M]. 北京：高等教育出版社, 1997.

[11] 梁小民. 西方经济学 [M]. 北京：中国广播电视大学出版社, 2002.

[12] 杨伯华，缪一德. 西方经济学原理 [M]. 3 版. 成都：西南财经大学出版社, 2005.